BASKETBALL DEFENSE
LESSONS FROM THE LEGENDS

FEATURING COACHING INSIGHTS FROM **24** NAISMITH HALL OF FAME COACHES

JERRY KRAUSE · RALPH PIM

社会評論社

Foreword . . . . *iv*

Preface . . . . *vii*

Diagram Legend **1**

Bee, Clair **3**
　　１−３−１ゾーン・ディフェンス ・・ 4

Carnesecca, Lou **7**
　　ディフェンス・ドリルの処方箋 ・・・ 8

Gaines, Clarence "Big House" **17**
　　コンビネーション・マッチアップ・ディフェンス ・・・・・・・・・・・・・・・・・・・・・・・・・・・・・・・・ 18

Gill, A.T. "Slats" **21**
　　インディビィジュアル・ディフェンス・プレー ・・・・・・・・・・・・・・・・・・・・・・・・・・・・・・・・・ 22

Harshman, Marv **25**
　　ゾーン・ディフェンス ・・・ 26

Haskins, Don "The Bear" **29**
　　ディフェンス・バスケットボールのガイドライン ・・・・・・・・・・・・・・・・・・・・・・・・・・・・・・・ 30

Holzman, William "Red" **35**
　　インディビィジュアル・ディフェンス ・・・・・・・・・・・・・・・・・・・・・・・・・・・・・・・・・・・・・・・ 36

Iba, Henry "Hank" **41**
　　オクラホマ　A&M のマンツーマン・ディフェンス ・・・・・・・・・・・・・・・・・・・・・・・・・・・・ 42
　　ディフェンスのスタンス ・・・ 45

Keogan, George **47**
　　フィギュア・エイト・オフェンスを止めるためのディフェンス ・・・・・・・・・・・・・・・・・・・・・・ 48

Knight, Bob **51**
　　ディフェンスのルール ・・ 52
　　５対４のディフェンス・ドリル ・・・ 56

Krzyzewski, Mike "Coach K" **59**
　　マンツーマン・ディフェンス ・・ 60

Lapchick, Joseph "Joe" **71**
　　コーチの哲学とは ・・ 72
　　ディフェンス・スキル ・・ 75

Litwack, Harry **83**
    ゾーン・ディフェンス 84
    3－2ゾーン・ディフェンス 86

Lonborg, Arthur "Dutch" **91**
    特別なバスケットボールのディフェンス 92

McLendon, John "Johnny Mac" **95**
    4段階のディフェンス・セオリー 96
    速攻につなげるためのディフェンス法 98

Meyer, Raymond "Ray" **103**
    マンツーマン・ディフェンスの基本理念 104
    オフサイド・ヘルプとリカバーのドリル 110

Miller, Ralph "Cappy" **111**
    哲学的思考について 112
    プレッシャー・ディフェンス＆オフェンスのための分かりやすいドリル・システム 113

Ramsay, Jack **121**
    ディフェンスの任務 122

Rupp, Adolph **125**
    ディフェンスの7つの基本ルール 126

Smith, Dean **129**
    ラン・アンドジャンプ・ディフェンス 130
    ノースカロライナ大学の4対4ディフェンス・ドリル 135

Summitt, Pat Head **139**
    男子に匹敵するテネシー・レディたちのディフェンス哲学 140

Wooden, John **143**
    2－2－1ゾーン・プレス 144

Woolpert, Phil **149**
    サンフランシスコのスリークォーター・プレス・ディフェンス ... 150

Wootten, Morgan **155**
    ブリッツ・ディフェンス 156

About the Authors **174**

FOREWORD
はじめに

私は自分自身のバスケットボール人生を振り返ると、本当に幸せな時間を過ごすことができたと感じている。なぜならば、バスケットボールの真実を知っている巨匠から試合について教えてもらうことができたからだ。マイク・シャセフスキー、ボブ・ナイト、彼らは単に試合中における優れたコーチであるだけではなく、試合とはどのようなものなのかを教える偉大な教師なのだ。彼らは現在使用されている技術や戦術を発明した先人たちの教えを大切にし、尊敬している。そのことを私は目の当たりにしてきた。バスケットボールの真実を教える偉大なコーチになるためには、ゲームがいかに発展、進歩してきたのかを理解しなければならない。そして先人たちが成し得た業績を正しく評価することが必要なのである。現在のゲームがどのようなものなのか、それを把握するための最善の方法は、ゲームがどのように発展し、どのように進化してきたのか、それを理解することである。

バスケットボールの未来はこれから教師たちがどのようなことを教えるのかにかかっていて、そのためにゲームの歴史を学ぶことが指針となる。ジェリー・クラウスとラルフ・ピム、2人の優れた知識を持ったコーチが、私たちにすばらしいものを与えてくれた。それはバスケットボールの殿堂に入った偉大なるコーチたちの教えを包括的にまとめた本書である。この本には役に立つガイドラインと、魅力あふれるアイデアがたくさん含まれている。ジェリーとラルフはすばらしい仕事をしてくれた。バスケットボールのコーチやファンたちはこの「レジェンド・シリーズ」を心から楽しみ、そして役立ててもらいたい。

ジェイ・ビラス
ＥＳＰＮ・大学バスケットボール分析家

はじめに

"レジェンド"というタイトルを見て、どのような内容なのかとても興味を持ちました。本を開いてみますと、それは殿堂入りした名将ばかりの戦術戦略を記したものでした。時代とともにルールが変革して、いまや使わないものや聞いたこともないという名称、語句もたくさん出てきました。しかし、私はあえてこの本を翻訳することにしました。このような成功者の戦術戦略があったからこそ現在があるということを表現したかったからです。そして新しい戦術戦略は、このような戦術戦略があったからこそ生まれたものだということを皆さんに知っていただきたいと思ったのです。歴史とともに風化しそうなことかもしれません。しかし、この歴史的な戦術戦略を知ることで、なぜルールが変革したか、なぜ新しい戦術戦略が生まれたかを理解できると思います。また、戦術戦略などで息詰まったとき、八方ふさがりになったとき、練習でいきづまったときなど、原点に回帰することが良い薬になると考えています。「古臭い」と考える方もいるかと思いますが、もう一度振り返ってみてはいかがでしょうか。歴史的な出来事を振り返ることで、新しいアイデアが生まれるかもしれません。

本の中には、聞きなれない用語が出てくるかもしれませんが、あえて原文のままの語句をカタカナにして表現しています。今は使わない語句も出てきますが、説明を加えてそのまま表現しています。現在の語句に変更して表現するということも考えましたが、原文のままがベストではないかと考えました。原文を尊重し、古い語句のまま表現しています。ここはこだわりたいと思います。

歴史的なことを振り返り原点に戻ろうとするときや、新しいアイデアを生み出そうとするときにこの本は良きアドバイスを与えてくれるものと私は考えます。大いに活用していただければ幸甚であります。

昨今では、年ごとにインターナショナルルールが大幅に変更となります。そしてその変更はアメリカンルールに限りなく近づいています。ペイントエリアが台形から長方形になります。スローインの際はフロントコートからバックコートにパスをできるようになります。ノーチャージングエリアも出現してきます。"レジェンド"はこうした変動に大きな助言を与えてくれるでしょう。今までに考えもしなかった戦術戦略を考えなければならない現在です。有効に活用することを期待しています。

なお、姉妹編である「オフェンス編」も合わせてお読みになれば、より鮮明に"レジェンド"が見えてきます。

「旧きをたずねて新しきを知る」——このレジェンド・シリーズがあなたのチームのビジョンにきっと役立つ"糧"となることでしょう。

倉石　平

**DR. JAMES NAISMITH,
INVENTOR OF BASKETBALL**

PREFACE
序　章

この本は、著者が過去の偉大なるコーチたちの遺産をまとめようと試みたものである。我々は3年かけて、本書に含まれている素材を探し求めた。ネイスミス・バスケットボール殿堂「レジェンドからの教え」第1版である。その中には、マサチューセッツ州スプリングフィールドにある、ネイスミス・バスケットボール殿堂から利用しているものも多い。殿堂入りしたコーチたちが著した文献や、公に出版された文章なども研究を重ねた。新聞の中からもコーチングに関する部分を抽出した。それらに加えて、我々は殿堂入りしたコーチ、選手、アシスタントコーチ、家族や学校関係者などに、実際にインタビューを行った。それぞれのコーチたちの生い立ちや、そのコーチの神髄に迫るためである。

すべての資料を種類別にまとめて、現段階で各コーチの最も正確な記述を作成しようと試みた。すべてに成功したとは言えないが、みなさんに喜んで読んでもらえるものに仕上がったとは思っている。しかもその内容は、世界最高峰のコーチたちによるものだ。本書こそまさに「ベストの中のベスト」であると確信している。ネイスミス・バスケットボールの殿堂という、バスケットボールでも人生でも成功を収めた最高の人々の考え方が凝縮されている。

さて、今こそあなた自身が我々著者を手助けする時である。つまり、本書を発展させて第2版として「次代のゲーム」を作り出すのだ。もしあなたが本書に加えるべき情報をお持ちならば、それらは例えば記事（バスケットボールの技術に限らず、人間ドラマでもよい）、文章、写真などになるが、それらを未来の出版に向けて共有したい。

バスケットボール・レジェンド・シリーズ
クラウス／ピム

DIAGRAM LEGEND	
選手	❶ ❷ ❸ ❹ ❺
動きの方向	⟶
スクリーンの動き	—⊣
ドリブル	∿∿∿⟶
パスの方向	- - - - -▶
パスの順序	1st, 2nd, 3rd Pass
コーチ	C
ディフェンスの向き	\\X₁/
ディフェンスの選手	X_1, X_2, X_3, X_4, X_5

すべての図に一貫性を持たせるため、図の原本から上記の記号に書き直してあります。

LEGACY OF Clair Bee

- バスケットボール史上屈指の戦術家であり指導者である。

- 1－3－1ゾーンディフェンスの考案者である。

- 3秒ルールを考案した。

- 希代のバスケットボール教育者として知られている。

- 大学バスケットボールで最初の八百長事件に巻き込まれた際、「大学バスケットが教育としてのスポーツからビジネスへと変わった結果だ」と語った。

- スポーツの夏季合宿を初めて行った人物である。

- バスケットボールに関する著書は50冊に上る。子供向けの人気スポーツ物語「チップ・ヒルトン・スポーツ・シリーズ」も執筆した。

LESSONS FROM THIS LEGEND...

THE ONE-THREE-ONE ZONE DEFENSE

By Clair Bee

1－3－1ゾーンディフェンスは1937年にロングアイランド大学ブラックバーズ（以下LIU）が初めて使用し、その後同大学が得意としている戦術である。誕生のきっかけは、同年の「ナショナルＡＡＵトーナメント」での敗退だった。ＬＩＵはその予選である「メトロポリタンＡＡＵ」を、幸運にも1年生と控えメンバーで優勝した。あえて1軍を使わなかったのは、翌年の主力となるメンバーに経験を積ませるためだった。ＬＩＵはこのメンバーのままナショナルＡＡＵも勝ち進み、準々決勝でこの大会で優勝するデンバーセーフウェイズと対戦する。

セーフウェイズのセンターはボブ"エース"グルーニングという、身長198ｃｍの均整の取れた体格の選手だった。ＬＩＵにはグルーニングに対応できるような経験豊富な選手はおらず、わずか開始数分でグルーニングに12点を奪われる。ＬＩＵはハーフタイムに、センターの前にディフェンスを置く戦術を試すことを決断し、さらにグルーニングの背後と、リングの下にもディフェンダーを配置する。このゾーンディフェンスが効果を発揮し、後半はゴール下の失点をほとんど抑えることに成功した。セーフウェイズは経験不足のＬＩＵよりも遥かに実力が高く、試合は大差となったが、この敗戦によってＬＩＵの1－3－1ゾーンディフェンスが発展し、その後の大きな武器となった。

1－3－1ゾーンが目指すのは、ボールとリングの間にディフェンダーを3人置くことだ。もし1人目が抜かれた時は、2人目がボールをマークして進路をふさぎ、2人目の背後にはゴール下のエリアを守る3人目が待機している。こうして3人が一線に並ぶ配置が1－3－1ゾーンの大原則で、あらゆる局面でこのラインを作るように心がける。

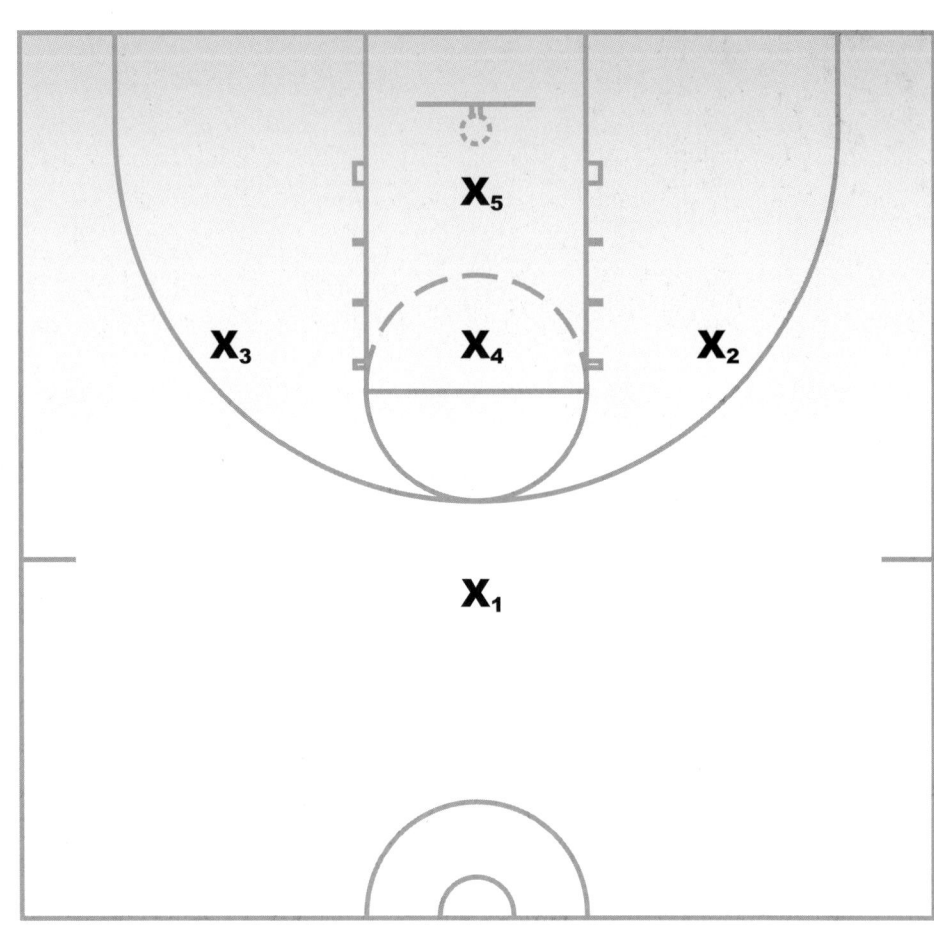

Bee 1.0 BASIC ALIGNMENT

1－3－1ゾーンは特にフリースローエリアとゴール下に強さを発揮する。逆に弱いのはロングシュートとコーナーからのシュートである。しかしこの2つはバスケットボールで最も難しいシュートであり、対戦相手が並外れたシュート力を持っていない限りは、致命的な脅威にはなり得ない。ディフェンダーが滑らかに、かつチームとして動けば、ゴール近距離でシュートを打たれることはまずない。またオフェンス面では、素早く効果的な速攻を出しやすい陣形でもある。どんな局面からでも先頭の1人が飛び出して速攻を先導しやすく、続く2人が2線目を作りやすい形になっている。

1－3－1はゾーンディフェンスの中でも守備的な守り方だ。全員がヘルプディフェンスに動くことを念頭に置き、速攻は確実にボールを得た後のみに考える。ヘルプの動き方はさておき、とにかく3人のディフェンダーが一線に並ぶように努める。選手たちも、まずボールにつくことが最優先課題で、ボールと

LESSONS FROM THIS LEGEND...

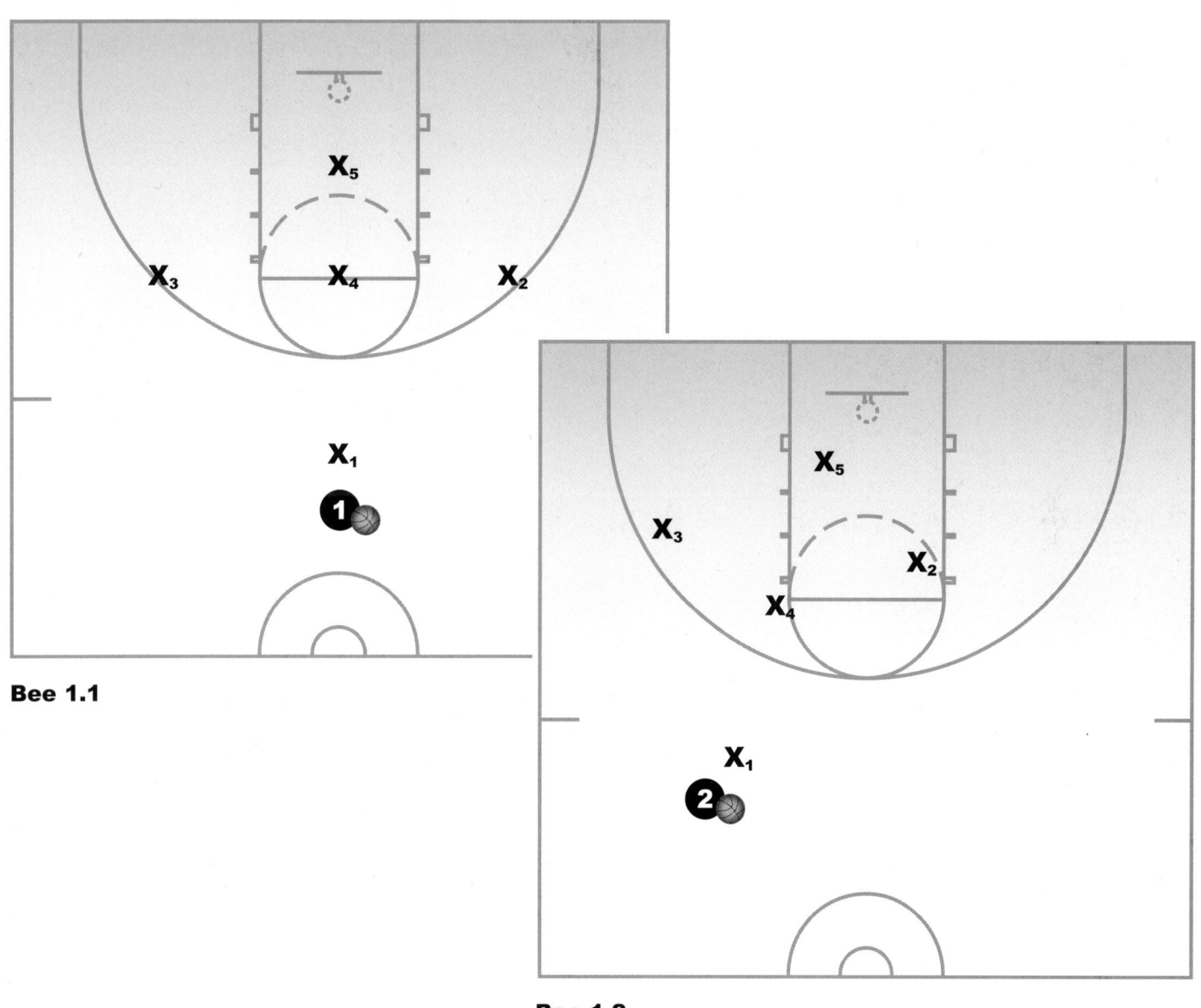

Bee 1.1

Bee 1.2

リングの間に3人を置くことがこのシステムの要点であると、すぐに理解できるだろう。

1－3－1ゾーンの基本陣形は図1.0の通り。選手に求められる資質はさほど難しいものではない。チームにゴール下を守れる選手が2人いたならば、X_4、X_5に配置する。このゴール下の2ポジションは、左右コーナーへの移動によって、自由に入れ替わる。X_4、X_5の主な仕事はリバウンドだ。守備陣形の変化によってリングから遠ざかるケースがあるが、リバウンドの確保を優先し、あまり離れすぎないように努める。ボールを追う役割のX_1は、強気で、攻撃的で、1試合を通して力強いペースを維持できる良好なコンディションの選手でなければならない。X_1の守備範囲、移動範囲はコート全体に及ぶため、並外れた脚力が必要となる。X_2、X_3には平均的なボールマーク力と、ウイングを走る速攻の飛び出しが求められる。

対戦相手がフリースローラインからゴール下の選手にパスを出すことは事実上不可能である。もしパスが通ったとしても、2人もしくは3人でシューターを囲むことができる。この3人が一線に並ぶ守備陣形によって、相手センターは攻撃意欲を削がれることになる。その結果、ボールはアウトサイドを回り、最後はロングシュートもしくはコーナーからのシュートで終わるケースが増える。

LESSONS FROM THIS LEGEND...

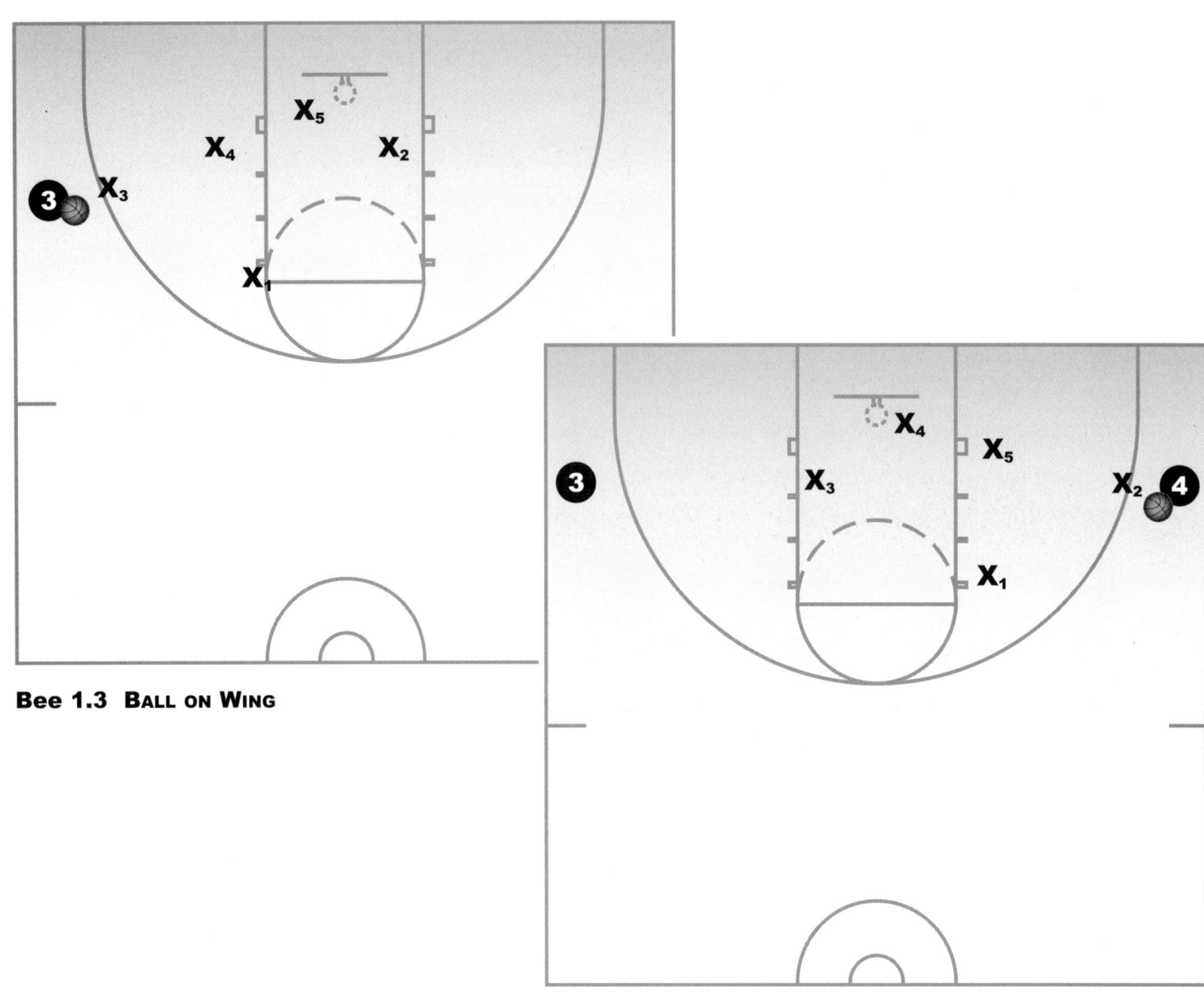

Bee 1.3 BALL ON WING

Bee 1.4 BALL ON OPPOSITE WING

STRAIGHT SLIDES N THE ONE-THREE-ONE ZONE
１－３－１ディフェンス　横への展開の仕方
直線的な横への展開は、図の通り。3人一線の原則を崩さないようにする。

図 1.1
❶はボールを保持している相手選手。これが１－３－１ゾーンディフェンスの基本陣形となる（ボールとリングの間に守備3人が入る）。

図 1.2
❷がボールを保持。パスを追ってきた X1 がそのままボールのマークにつく。X1、X4、X5 が3人一線のラインを形成。X2、X3 はボールの位置に合わせて立ち位置を調整する。

図 1.3
ボールがウイングに展開された場合
❸がボールを保持。ここでは X3 がボールにつく。その後ろに X4 と X5 が入り、ラインを形成。X1、X2 の位置に注目。これがウイング展開時の基本陣形となる。

図 1.4
逆のウイングにパスが渡った場合
❸が❹に難しいパスを通したケース。❹には X2 がつく。X5、X4 がその後ろに並ぶ。X2 が❹に抜かれた場合、X5 がヘルプする。

SOURCE
出典
・クレア・ビー（1942年）。『ゾーンディフェンスとアタック』ニューヨーク：ＡＳバーンズ

LEGACY OF
Lou Carnesecca

- セントジョンズ大学のヘッドコーチとして24年間指揮を執り、すべてポストシーズントーナメントに進出（NCAAトーナメント18回、NIT6回）。

- 1989年にはセントジョンズ大学をNIT優勝に導く。

- ヘッドコーチという仕事を愛し、情熱的で感情豊かな指導を見せる。

- チームプレーの枠組みの中で、有能な選手の力を最大限に引き出す。

- NCAA史上30人目となる通算500勝を達成。

- 1972年にABAのニューヨーク・ネッツ（現NBAニュージャージー・ネッツ）をファイナルに導く。

LESSONS FROM THIS LEGEND...

DIAGNOSTIC DEFENSIVE DRILL

By Lou Carnesecca

この基本練習の目的は、日頃の練習に3～4人参加のメニューを加えることで、マンツーマンディフェンスの向上を図ることである。

様々なディフェンスの問題点の解決や、役割分担の改善を図るためには、構えのスタンスや足の位置といったディフェンダーの個人的要素よりも、こうした練習に力を入れるほうが効果的だ。

このドリルは1対1のディフェンス、オーバープレイ（ディナイ）のやり方、スクリーンへの対処法、そしてポジション争いに勝つ方法も学べる。同様にボックスアウトや、攻守の切り替えも上達する。

コーチから見れば、このドリルは短期間でディフェンスの弱点を見つけ出してくれる方法であり、そこから必要な修正を施すことができる。

3～4人でこのドリルを行えば、容易にディフェンスの問題点を発見し、すぐに修正を施すことができる。チーム全員の参加を必要とせず、3～4人から取り組める点で、柔軟性の高い練習法だ。4つのドリルから2つを交互に日頃の練習に加え、1日に10～12分間取り組めば、チームはディフェンスに必要な動きのほとんどを習得し、精神的にも肉体的にも準備万端となるだろう。またコーチはドリルを通して選手のクイックネス、積極性をチェックしたり、ファウルをしがちな選手を把握することもできる。

実施上のルール

1. 3人参加のドリル（サイドからの1対1、中央からの1対1、オーバープレイの1対1）は、得点が決まるまでプレイを続行する。得点が決まったら、次の3人がスタートする。

2. 2対2のドリルにおいても、攻撃側がリバウンドを奪った場合も含め、得点が決まるまでプレイを続行する。守備側がスティールもしくは得点を封じた場合、列に並んでいる後ろのグループがスタートする。

3. 守備がしっかり位置についてから攻撃を始めること。

4. コーチはすべてのファウルをコールすること。また最初のうちはドライブすべきかジャンプシュートを打つべきかなど、攻撃側のシュートも指示する。これは守備側が焦点を合わせるべきプレイを指示する意味があり、これはもっと重視されるべき練習法である。

5. 最初のうちはほとんどファウルをコールすることはないと思うが、もし導入後2週間の時点でディフェンダーが損失の大きいファウルをしている場合、選手にドリルを繰り返し行わせる。それによってファウルにも差があることを理解していく。

6. 得点が決まった際に、コーチは失点したディフェンダーを交代させず、連続して守備につかせることも可能。その場合は守備が成功するまで継続させる。

LESSONS FROM THIS LEGEND...

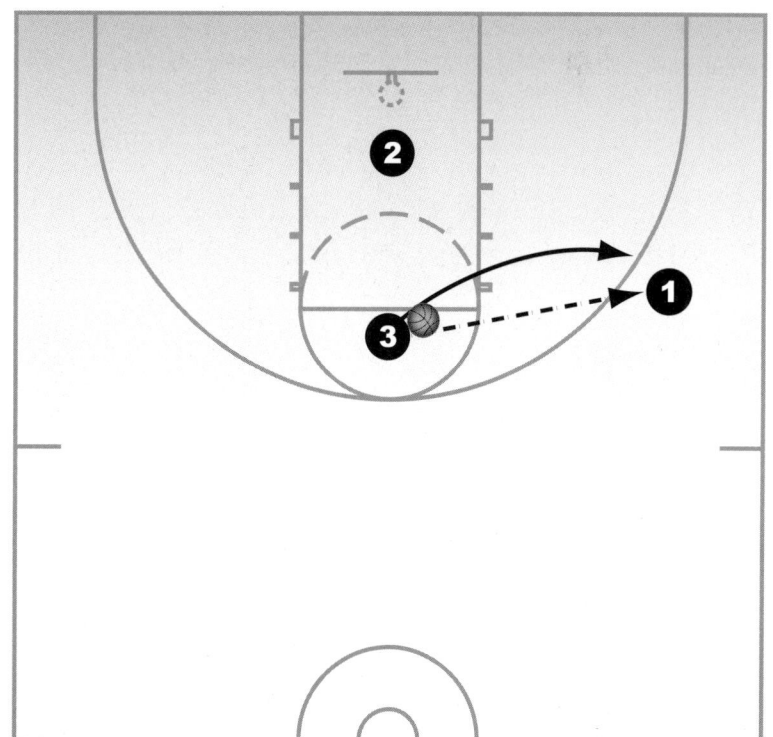

Carnesecca 1.0

ONE-ON-ONE: SIDE
サイドからの1対1

最初の立ち位置は図1の通り。ボール保持者の❶が円の頂点に立ち、❷と❸はフリースローラインの延長線上に立つ。

❶は❷にパスした後、❷の後ろを通って、コートの端で攻撃態勢を取る。❶が❷にパスすると同時に、❸は一度ベースラインのほうにフェイントを入れてから、フリースローラインエリアに走り、❷からパスをもらう。❷は❸にパスをした後、❸の前を通ってぐるりと一周し、ペイントゾーンでヘルプディフェンダーとなる。

❷がヘルプのポジションに入ったら、❸は❶にパスし、そのまま近づいて❶をディフェンスする。❶は左右にどちらにドライブしてもOK。もし❸が抜かれたら、❷はそのヘルプに走る（図1.1）。

注意点：❶は❸や❷がしっかり守備態勢を整えてから攻める。

Carnesecca 1.1

LESSONS FROM THIS LEGEND...

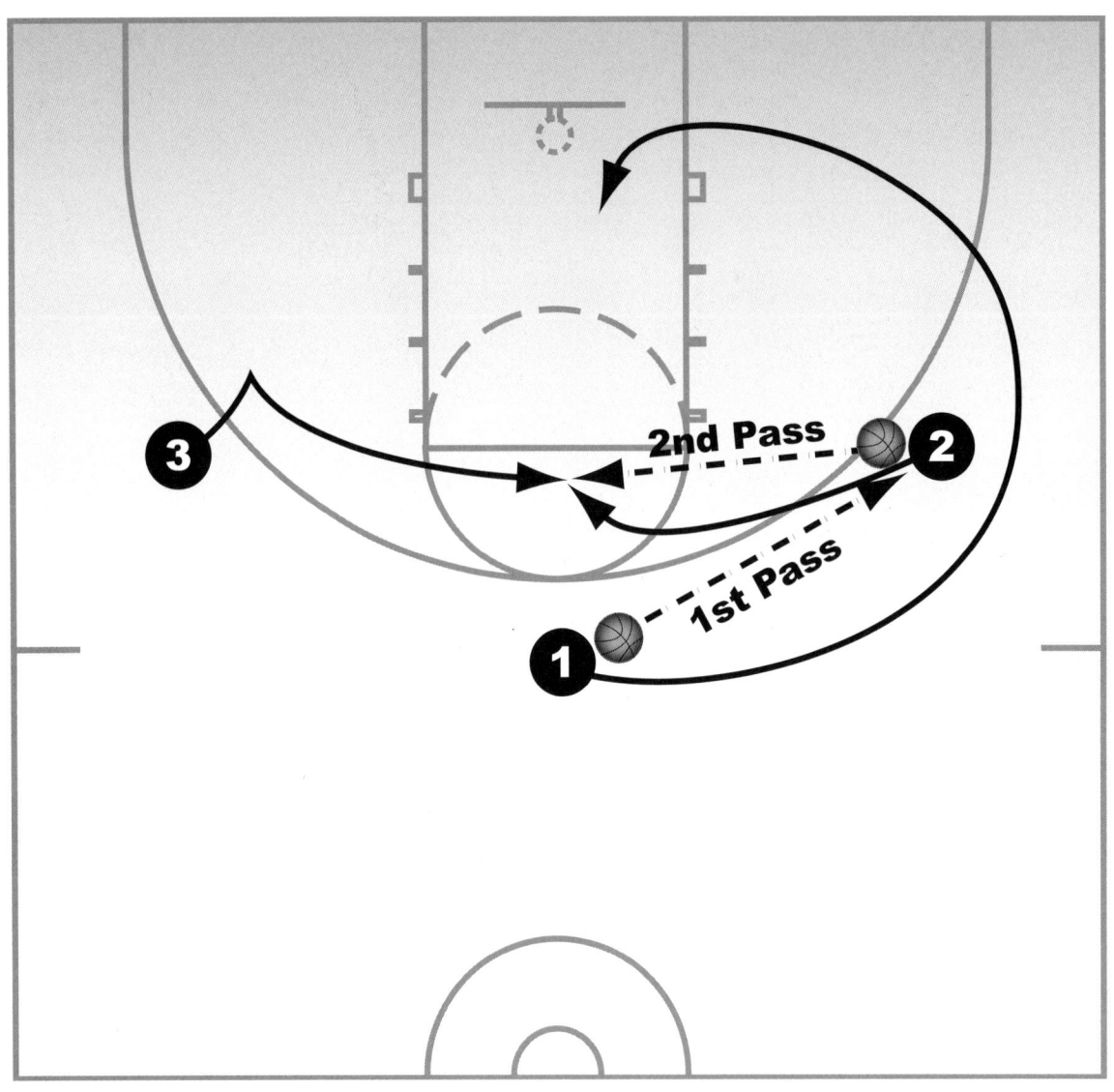

Carnesecca 1.2

ONE-ON-ONE: MIDDLE
中央からの1対1
（スタート位置はサイドからの1対1と同じ）

図1.2のように、❶が❷にパスして、❷の後ろを通ってペイントゾーンに入り、ヘルプディフェンダーとなる。❷はＦＴラインに走ってくる❸にパスをして、少し遅れてＦＴラインに向かって走る。❸が❷にパスを渡して1対1開始。❸は❷をディフェンスする。

❷は左右にどちらにドライブしても、ジャンプシュートを打ってもOK。❸が抜かれた時のために❶はヘルプに備えておく。

LESSONS FROM THIS LEGEND...

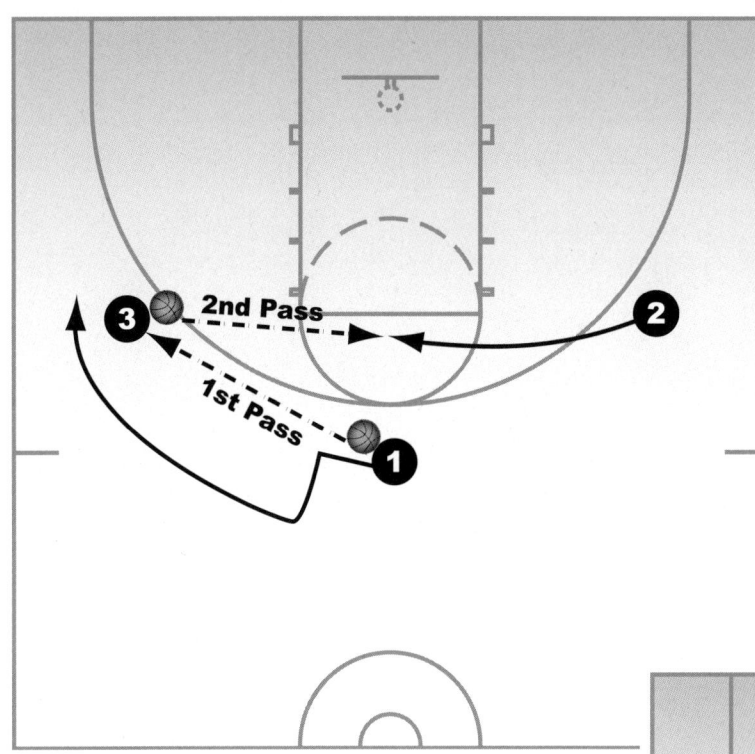

Carnesecca 1.3

OVERPLAY: ONE-ON-ONE
オーバープレイの1対1

スタートの位置取りは**図1.3**の通り。❶は最初に左右どちらにパスを出してもOK。

ここでは**図1.3**に沿って、❶が左にパスを出したケースを例に解説する。❶は❸にパスを出した後、❸の背後に回る。❸はFTラインに向かって走ってくる❷にパスを出した後、体の向きを変えて❶にパスが渡らないようディナイする。

❷は❶の方に向かってドリブル。❸はディナイを続けるが、❶がバックドアを狙う時は、体の向きを変えて❷のパスカットを狙う。

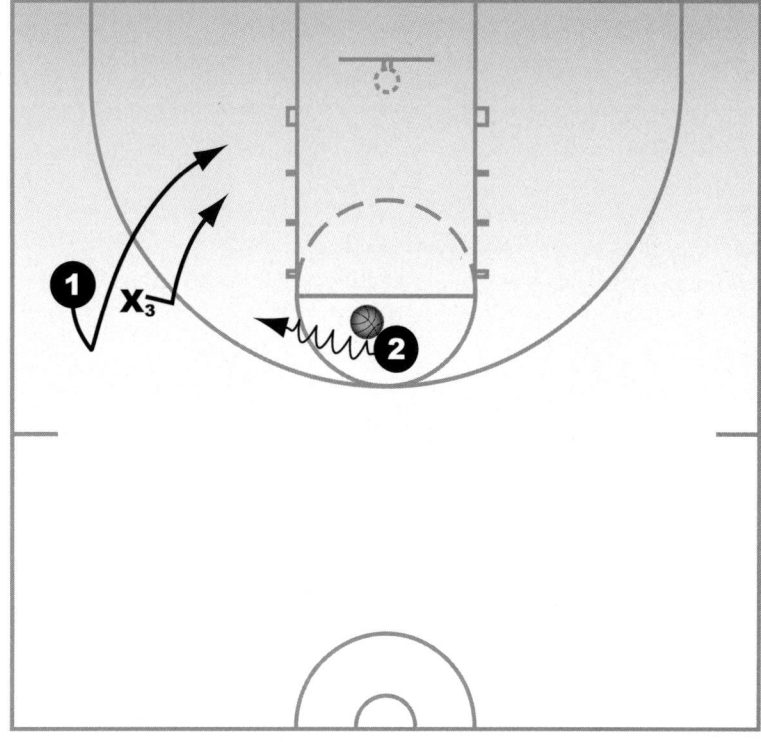

Carnesecca 1.4

LESSONS FROM THIS LEGEND...

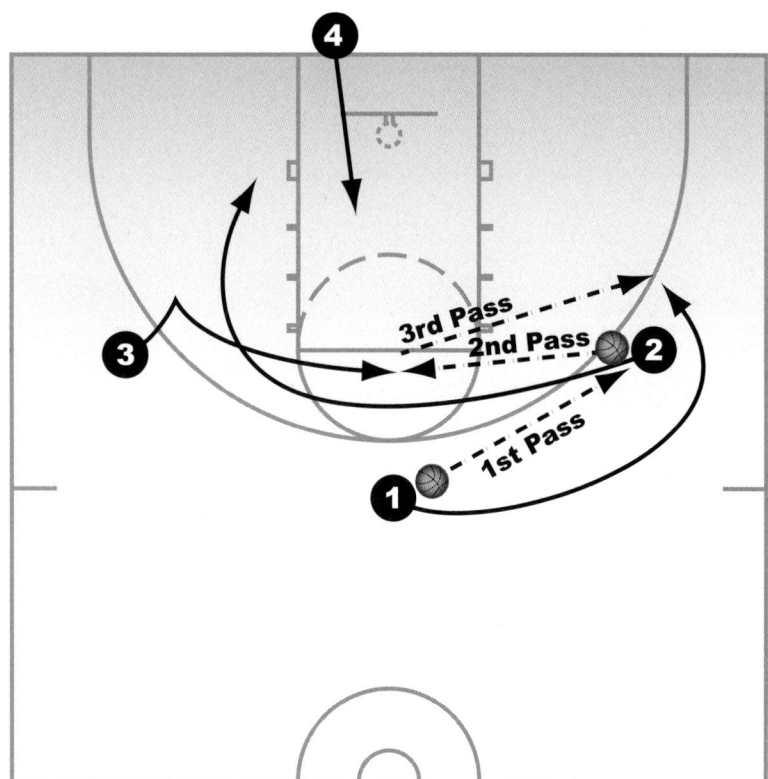

Carnesecca 1.5

BEAT TO SPOT: TWO-ON-TWO DRILL
ビート・トゥ・スポットの2対2
スタートの位置取りは1対1と同じだが、ここにエンドラインの外で待機している4人目を加える。❶が1本目のパスを出した時に、❹が1本目のパスと反対サイドのコートに入る。

図1.5を参照。❶は❷にパスした後、❷の背後に回る。❷は❸にパスを出し、反対サイドに回りこんで攻撃態勢を取る。❹はコートに入って❷をディフェンスする。

❸は❶にパスした後、❶のディフェンスにつく（図1.6参照）。このドリルで重要なのは❹がパスをもらいやすく、得点のチャンスもある優位なポジションを作ること。それに対して❹は❷を守りつつ、❸が❶に抜かれた場合のヘルプも想定してディフェンスする必要がある。

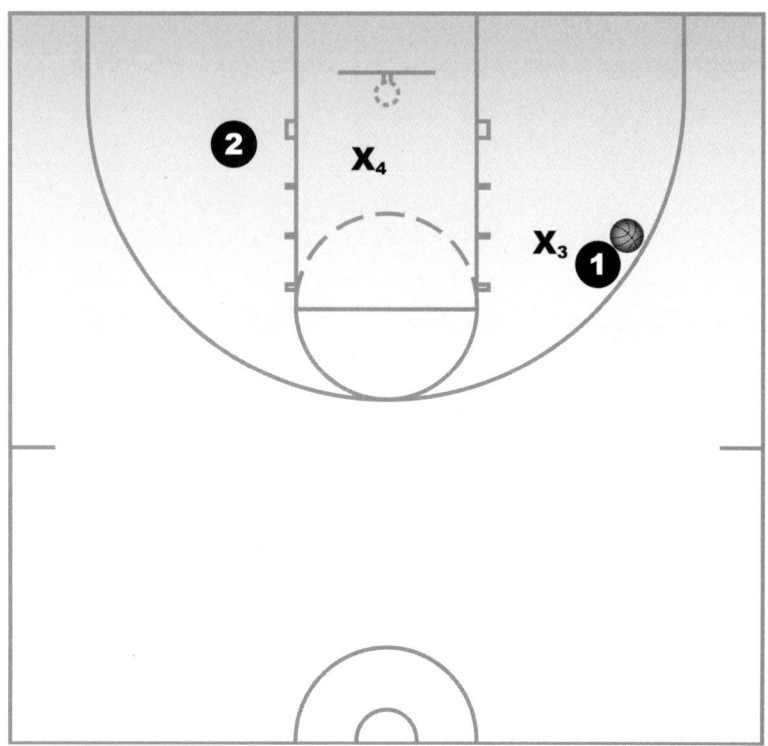

Carnesecca 1.6

LESSONS FROM THIS LEGEND...

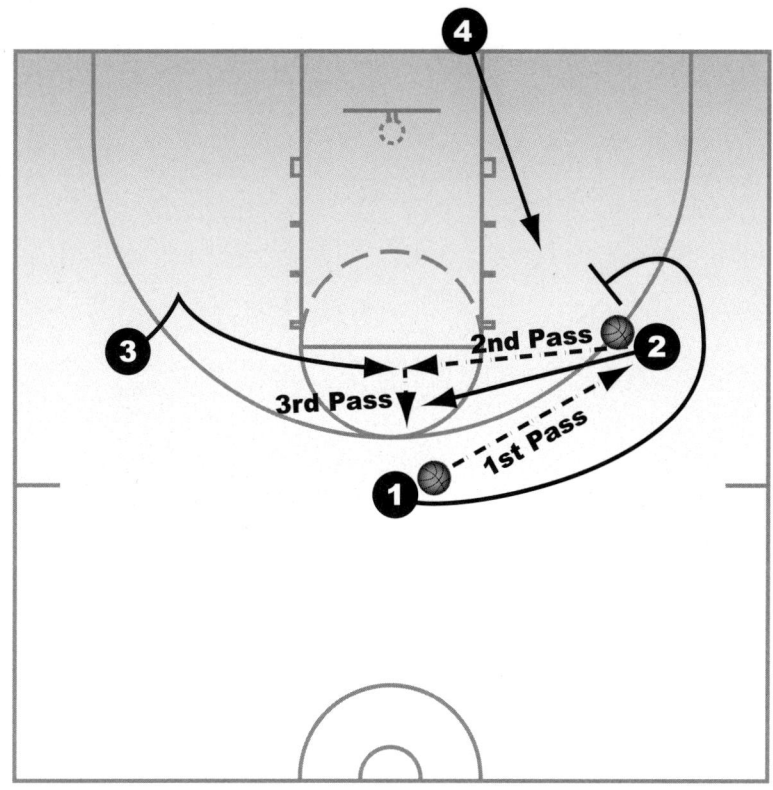

Carnesecca 1.7

SCREENS: TWO-ON-TWO
スクリーンの2対2

スタートの位置取りはビート・トゥ・スポットの2対2と同じ。

図1.7を参照。❶は❷にパスした後、FTラインの延長線上でスクリーンをかけるために、❷の後ろを回る。❷は❸にパスした後、❸に少し遅れてFTライン周辺に走り、再びパスを受け取る。ここで❹がコートに入り、「左スクリーン！」と大声で指示しながら❶のディフェンスにつく。

役割分担が整った段階が図1.8。❸は❷を守り、❹はスクリーンをかけようとする❶を守る。後衛となった❹は、ファイトオーバー、スイッチなどあらゆるディフェンスの指示を出す。

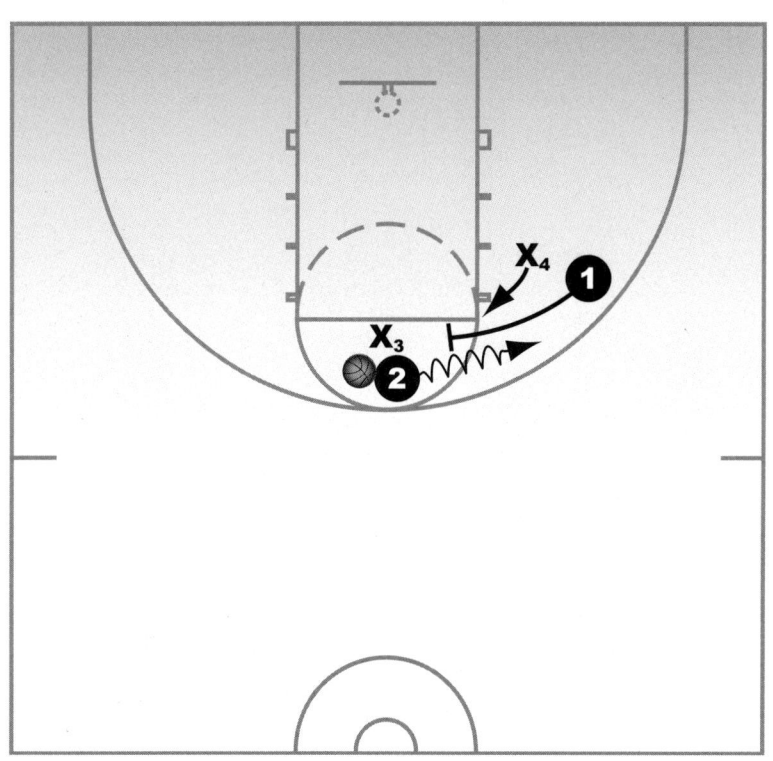

Carnesecca 1.8

13

LESSONS FROM THIS LEGEND...

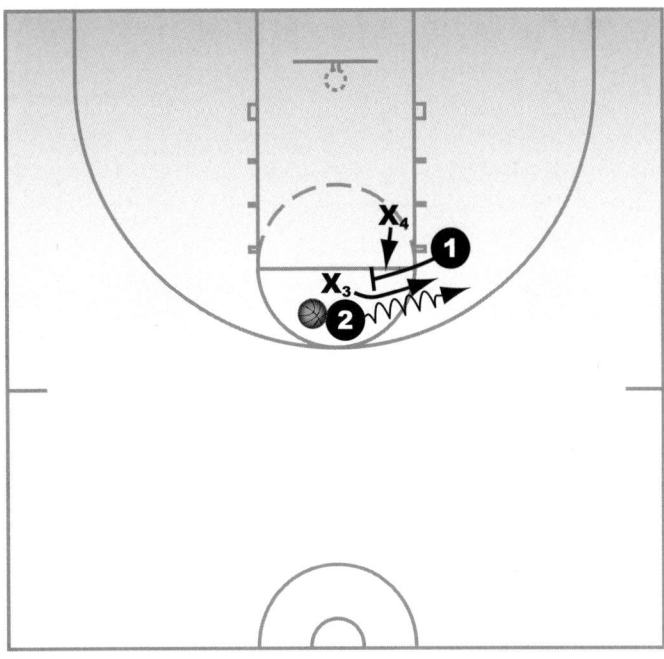

Carnesecca 1.9

IN-BETWEEN
イン・ビトゥイーン（スライド）

X4 が後ろに下がり、スクリーンとの間に X3 を通す方法。❷のアウトサイドシュートが怖くない場合、プレーエリアが❷のシュートレンジを超えている場合に使う。

OVER THE TOP
オーバー・ザ・トップ（ファイトオーバー）

❷をマークしている X3 が、❶のスクリーンの前を通る方法（図1.9）。X4 は X3 を押してスクリーンを越えやすくする。オーバー・ザ・トップは強力なシューターがゴール近くでプレーしている時は特に重要な意味を持つ。

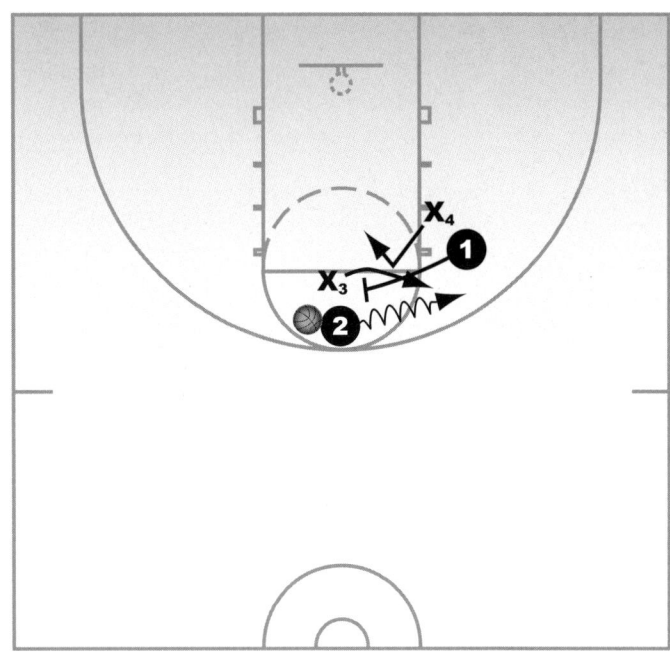

Carnesecca 1.10

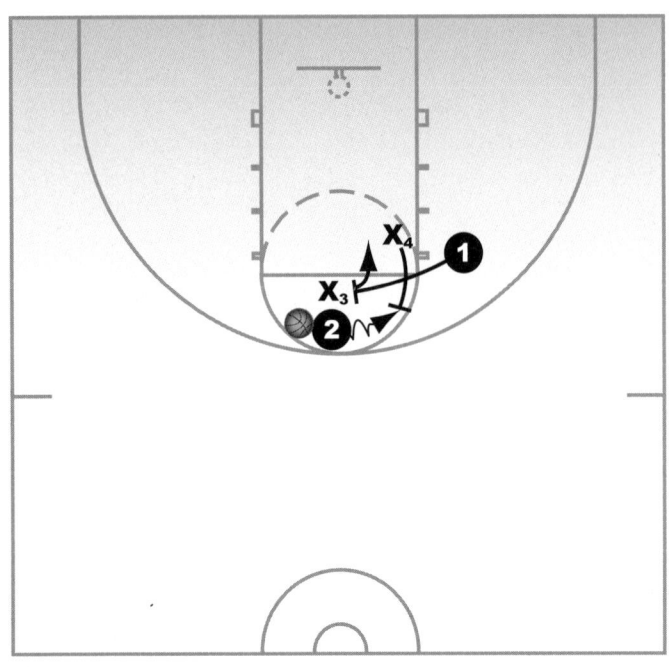

Carnesecca 1.11

SWITCH
スイッチ

X3 がスクリーンにかかった場合、X4 はマッチアップを切り替えて攻撃的に❷をディフェンスする。X4 はできる限り❷にプレッシャーをかけて、ゴール下に入る❶に簡単にパスを出されないようにする。X3 はミスマッチを避けるために、頑張って❶の前に身体を入るようにします。

LESSONS FROM THIS LEGEND...

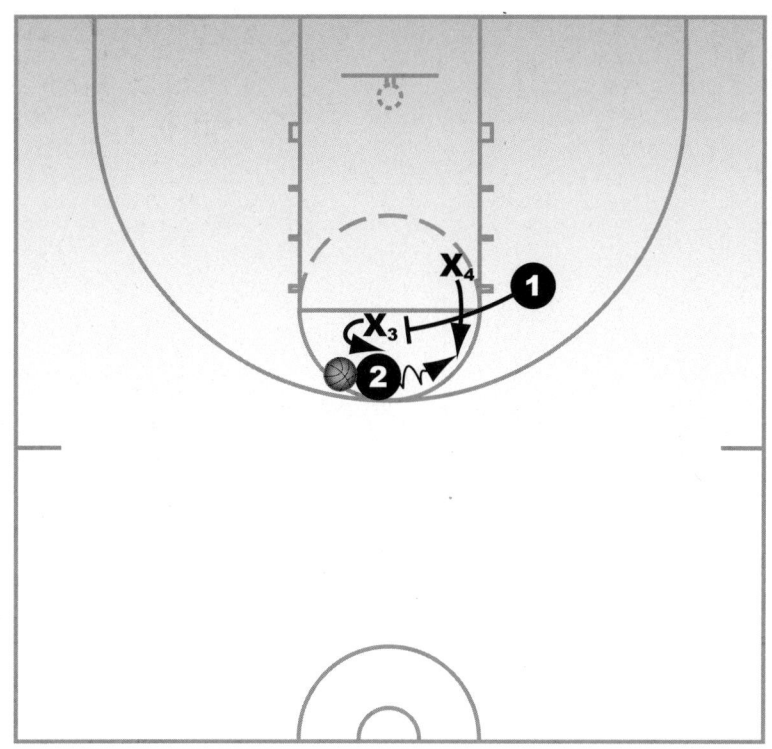

Carnesecca 1.12

HEDGE
ヘッジ（ショウ）

X3の動きがドリブラーに対して遅れていると感じた場合、X4は❷の前に飛び出してボールを止め、X3が❷に追いつくための時間を稼ぐ。この動きはミスマッチを回避するためにも使う。

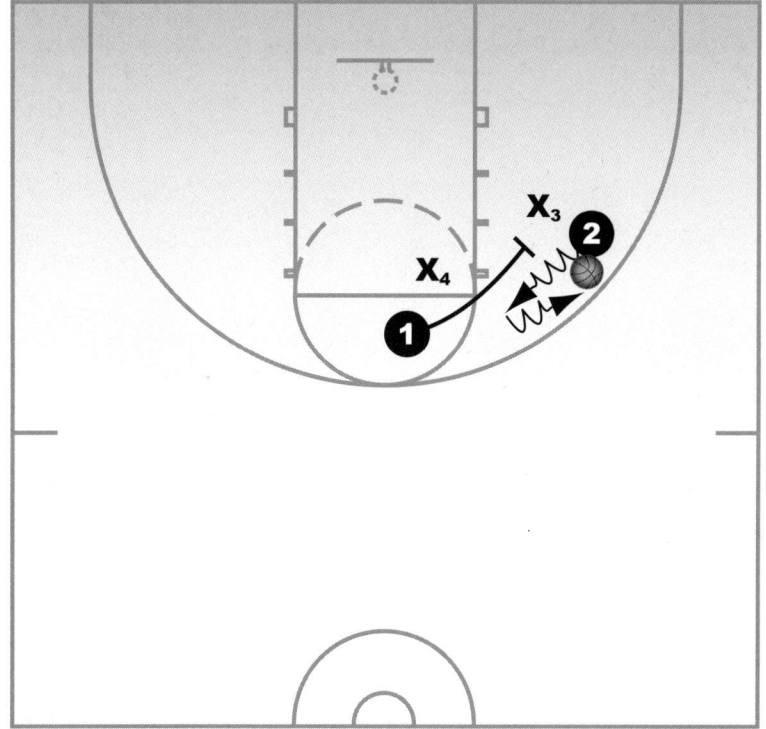

Carnesecca 1.13

REVERSE DRIBBLE TO SCREEN
リバース・ドリブル・トゥ・スクリーン

攻撃側のスクリーンがなかなか決まらない場合、❶がもう一度スクリーンを作り、❷が逆方向に切り返す攻撃もある（図1.13）。

SOURCE
出典

・ルー・カーネサッカ（1982年）。「弱点診断ディフェンシブドリル」「メダリスト・フラッシュバック・ノートブック」より

LEGACY OF
Clarence "Big House" Gaines

- ブロックシュートの指導者の父であり、大学のバスケットボール界において、人種の壁を取り除いた最初のコーチの一人である。

- 47年もの間、同じ大学で指導を続け、ウィンストン－サレム大学のC.Eゲインズセンターの名称の由来となっている。

- 大学バスケットボール史上、2番目に勝利数を上げた指導者である。

- 彼の育てたチームの、アップテンポな速攻スタイルのプレーは全米で絶賛された。

- 1967年にウィンストン－サレム大学を率いて、NCAAトーナメントで優勝を果たした。

- 学生や部員たちに対して、気を配り、非常に思いやりを持って接する指導者として尊敬された。

LESSONS FROM THIS LEGEND...

COMBINATION MATCH-UP DEFENSE

By Clarence "Big House" Gaines

私はチームスタッフとプレイヤーにマッチアップ・ディフェンスを教える際、自分独自の方法を用いる。これを"理解する"と呼んでいる。歴代のチームの中で最も才能豊かなチームの一つは、スタッフそしてプレイヤー間に十分なコミュニケーションと理解を構築出来なかったために、平凡な成績しか残すことが出来なかった。

プレイヤーとコーチ間の理解は必ず考えなければならない。それはチームについて取り上げるすべてのメディアに対してでもある。そこには数多くの嫉妬が存在する。もしプレイヤーのパフォーマンスがメディアで取り上げられるに値するものであれば、彼にはその資格があるだろう。しかしこのメディアへの露出がプレイヤーの成長を妨げることにはならないか、また他のプレイヤーたちやスタッフがそれに対して負の感情を抱いてはいないか、といったことを判断するのもコーチの責任である。私たちは完全な人間を育てる上でとても大きな役割を担っている。準備した者のみにその機会は訪れる。

過去8年から10年、マッチアップ・ゾーンを使い成功してきた。私はこのゾーンディフェンスを"a point and something（ポイントと何か）"と呼んでいる。

私がまず初めに、ディフェンスを行う上ではどんな場面においてもすべてのプレイヤーがポイントマンになる可能性がある、ということをすべてのプレイヤーに浸透させるよう努力する。私たちは毎回1－2－2の形を作る。プレイヤーはそれぞれ❶から❺までの番号をつけられる（図1.0参照）。ディフェンス時はバスケットボールポジションを取るが、腕を大げさに振ったりするようなことはしない。速やかに移動が可能なように、常にバスケットボールポジションを保つ。

このディフェンスの決めごとを理論的な観点から見るならば、ボールがトップの位置にある時、❶の選手はマンツーマン・ディフェンスをする気持ちで、さらに言えばプレッシャーディフェンスをするような姿勢でディフェンスを行う。なぜならば、❶のプレイヤーが相手のボールハンドラー、つまりはポイントガードに対して簡単にパスが出せるような状況を許して欲しくないからだ。それゆえに、私はトライアングルを考え付いた（図1.1参照）。この状態では、ボールが動いたとしてもトライアングルとスクエアの形を保つことができる。

私たちは他の多くのコーチたちと違い、作戦カードを掲げたり、ナンバーコールをしたりすることでプレーを決定することはない。私

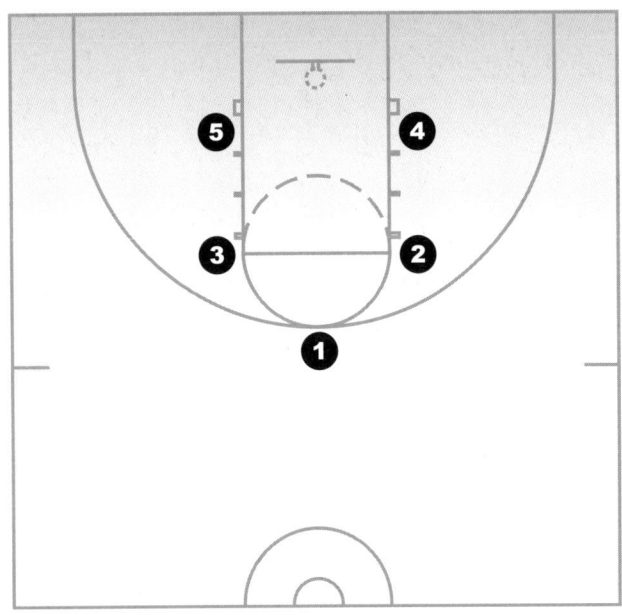

Gaines 1.0

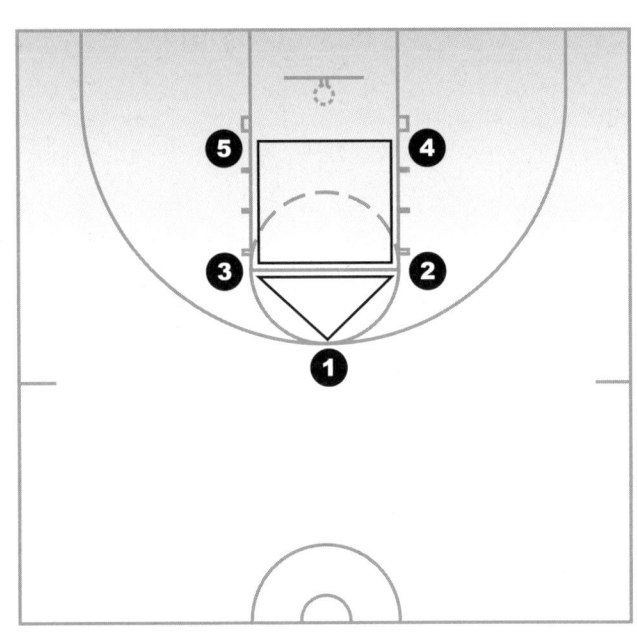

Gaines 1.1

LESSONS FROM THIS LEGEND...

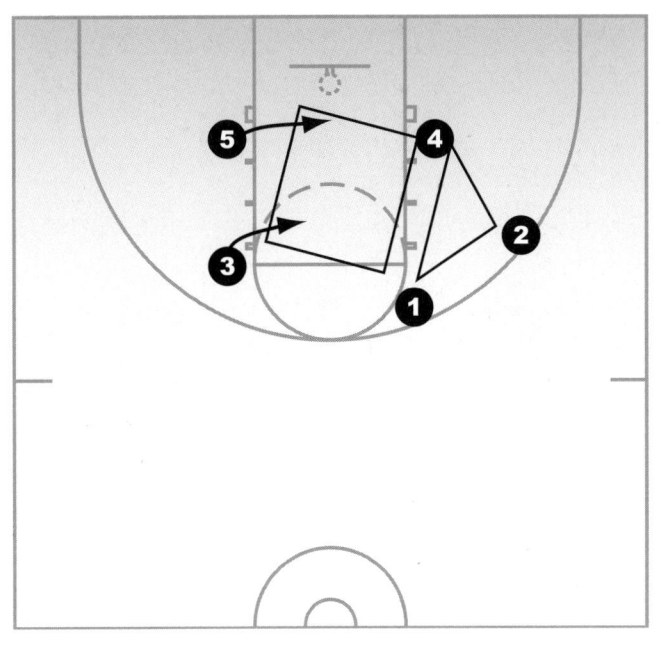

Gaines 1.2

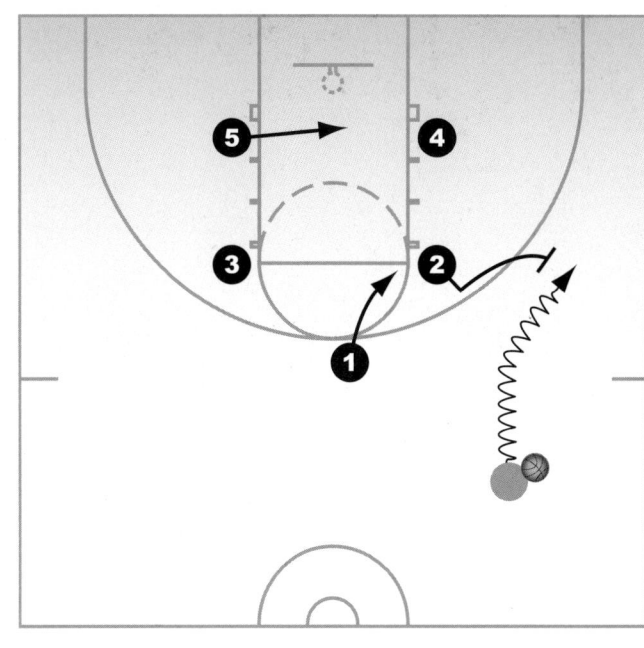

Gaines 1.3

たちはそういった決まったプレーを持っていない。4つのセットオフェンスプレーはあるが、基本的には相手のディフェンスの動きに合わせてオフェンスを展開する。ディフェンスとあえて戦う必要は全くない。ボールが❷のディフェンスエリアへ移動した時、プレイヤーはそれに合わせて移動する（図1.2参照）。まずは彼らにやらせてみよう。プレイヤー自身が守るべきエリアをどう見つけるのか、またあなたがプレイヤーに対してパスコースをクローズアウトする姿勢を変えろと指導した時それに対してどう反応するのか、それを見てあなたは驚くだろう、そしてそれらの動きをボードに書かせるのもいいかもしれない。

このディフェンスを身に付けるためにはどのようなドリルを行うべきであろう？まず初めにプレイヤーたちに理解させることはコンディショニングの重要性である。彼等は相手をフルコートで守れなければならない。このコンディショニングを鍛えるため、ディフェンスの数あるパターン練習へ行く前に、まずはフルコートのディフェンスとオフェンスを指導する、そしてそれはフルコートのドリブル1対1で行う。

私たちには、マッチアップ・ディフェンスを行う上でいくつか基本的なルールがある。このディフェンスは実際にはマッチアップ・ゾーンではない、言うならばゾーンとマンツーマンの要素を組み合わせたコンビネーション・ディフェンスである。

トランジションのシチュエーションでは、❶（5フィート11インチ）はまずボールマンを捕まえて止める。練習中はすべてのプレイヤーがすべてのディフェンスポジションをプレーする、そうすることで自分の責任が何であるかを確実に理解することができる。

このディフェンスを行う上で困ることの一つに、相手チームの多くがスタックオフェンスを展開してくることがある。それに対する私たちのルールは：相手チームがポストではなくサイドにプレイヤーを置いている場合、1－3－1の形を取る。

相手チームがミドルにボールを入れることを防ぎたい。プレッシャーをかけ続けることによって、相手チームがミドルにボールを入れることは不可能だと思わせるようにする。インサイドへボールが入った時、90%の確率でドリブルが行われボールが床に落ちる、そしてそれに対するドリルを私たちは行う。練習中、毎回インサイドのプレイヤーがドリブルをついた瞬間に激しくプレッシャーをかける、そしてそれをノーファールで行う。しばらくしてプレイヤーが体中にアザを作った後、彼はコーチが素早いボールの動きを求めていることを理解するだろう。

相手チームがコーナーへ向かって3回ドリブルをついたとき、近くのディフェンダー（図1.3では❷）がマンツーマンディフェンスに行く（図1.3参照）。攻撃の流れが終わるまでそのままマンツーマンでディフェンスする。いつその流れは終わるのか？　それは相手がシュートを打った時である。

覚えておかなければいけないことは、私たちのディフェンスではゾーンを広げすぎないようにすることだ。なぜならば、そうすることによってオフェンスが簡単にインサイドにボールを入れることが出来てしまうからだ。

SOURCE
出典
- ジェリー・クラウス、ピム・ラルフ（2002年）。コーチング・バスケットボール。ニューヨーク：マックグロウーヒル

LEGACY OF
A.T. "Slats" Gill

- 崇高な倫理的価値観と、彼の清廉さは疑う余地がないものだった。

- 優雅で、紳士的なマナーによって、彼は全米で最も愛され、尊敬されるコーチの一人となった。

- オレゴン州立大学を率いて、1949年と1963年にファイナル4へ進出している。

- オレゴン州立大学のキャンパスにあるコロシアムは彼にちなんで"ジルの栄誉"と名付けられている。

LESSONS FROM THIS LEGEND...

INDIVIDUAL DEFENSIVE PLAY

By A.T. "Slats" Gill

攻撃は最大の防御である、という古いことわざを信じてはいけない。良いオフェンスは良いオフェンスであり、良いディフェンスは良いディフェンスなのだ。重要なのは、同等に素晴らしいオフェンスを持ったチーム同士が対決した時、敗者はディフェンスに欠陥を持ったチームであるということだ。

私たちはオレゴン大学のディフェンスに誇りを持っている。ここで紹介するのは、いくつかのディフェンスの考え方である。

1. INDIVIDUAL DEFENSE
1. インディビジュアル・ディフェンス
   - 自分のマークマンとゴールとの間の位置を保つ。
   - ボールに対して足を一歩踏み出す。
   - 前足と逆側の手は、頭の上方に高く保つ。
   - リトリーティングステップ（バックステップ）を使いオフェンスのすべての動きに反応する。
   - 後ろ脚に常に重心を乗せておく。
   - マークマンを直接視野に入れ、ボールは間接的に見る。
   - オフェンスがパスした直後に即座にステップアウェイし、オフェンスに対して優位に立つ。
   - ボールが無い場面でのディフェンス能力を磨く。

2. DEFENDING THE GIVE-AND-GO
2. ギブ・アンド・ゴーに対するディフェンス
   - パス直後にボール方向へ動く。
   - ギブ・アンド・ゴーに対するディフェンダーの自然な動きは、ゴール方向へ下がることである。しかしこの動きは間違いである。なぜならこう動くことによってオフェンスがディフェンダーの前をカッティングすることを許してしまいパスが通ってしまう。オフェンスに対してボール方向サイドのポジションを保持することが重要である。こうすることによってカッターに対するパスはディフェンダーの頭の上を超えるようなパスになる。

3. DEFENDING AGAINST THE STAR PLAYER
3. スタープレイヤーに対するディフェンス
   - そのスタープレイヤーの最高の技、動きをオーバープレイする。
   - パスをさせる。
   - 絶対にその選手から目を離さない。
   - もし味方がしっかりとしたヘルプディフェンスが出来る態勢にあるなら、タイトにそして激しくディフェンスする。
   - スタープレイヤーがディフェンスを抜いてきた場合、必ずスイッチする。他のディフェンダーもヘルプに行かなければならない。
   - もしその選手が良いリバウンダーならば、必ずどの場面でもブロックアウトする。
   - ギブ・アンド・ゴー・カットを止める。パスした直後にボール方向へ下がる。
   - スタープレイヤーがインサイドへドライブインして来た場合、ディフェンダーはポストエリアの外側でヘルプに行く。ペイント内には入らせない。

4. DEFENDING AGAINST THE DRIBBLER THAT GETS PAST YOU
4. ドリブルで抜きに来たオフェンスに対するディフェンス
   - 多くのコーチたちが、ディフェンスは常にボクサーステップで移動するべきだと考えている。私たちはディフェンダーがオフェンスに抜かれてしまった場合、ターンし、ダッシュし、そしてオフェンスに追いつかなければならないと考えている。

5. DEFENDING THE REVERSE ACTION (FORWARD-TO-FORWARD SCREEN & CUT)
5. リバースアクションに対するディフェンス（フォワード・トゥー・フォワードスクリーン＆カット）
   - 事前に自分のマークマンとボールの位置を把握して、適切なポジションを取ることがここでは最も重要である。
   - もしボールが逆サイドにある場合、ディフェンスは手を抜くことが出来る。
   - ボールが自分のマークマンに近づいてきたら、タイトなポジションを取る。
   - このオフェンスパターンに対して、私たちはなるべくディフェンスのスイッチをしないよう努力する、なぜならばスイッチすることでディフェンスが"バックアウト"に対して弱くなってしまうからだ（"バックアウト"とはディフェンスがスイッチしている間にスクリーンへ行ったセンタープレイヤーがゴールから離れていく動きである）。

LESSONS FROM THIS LEGEND...

著者注釈
リバースアクションやフォワード・トゥー・フォワードという用語は、ヘルプサイドのフォワードがペイントを横切ってボールサイドのフォワードの方へカッティングする動きを説明する時に使う用語である。同時にセンターはボールから離れカッターに対してスクリーンをかける。

6. DEFENDING THE SCREEN WHEN THE BALL IS NOT INVOLVED

6．ボールが無いところでのスクリーンに対するディフェンス

- ボールが無い場面でのスクリーンに対してスイッチしてしまうのはディフェンスの問題である。
- ウィークサイドのスクリーンに対しては下がってスクリーナーと見方の間をすり抜ける。

7. DEFENDING THE CUTAWAY OR ROLL

7．カットアウェイまたはロールに対するディフェンス

- スイッチしてボールとカッターの間に入るか、プレーがスローダウンするまでゾーンポジションを取っているディフェンダーと共に下がる。
- もしどの方法も成功しなかった場合、オフェンスがインサイドにロールしてくるのを止めるために3人目のディフェンダーを送る、そして他の2人のディフェンダーは出来るだけ早く下がる。

SOURCE
出典

- ギル, A.T.（1966年）。個人ディフェンスプレーの頂点。コーチングクリニックのエディターたちによって編集、コーチングクリニックからベスト・オブ・バスケットボール。ウエスト・ニャック：パーカー出版。
- ギル, A.T.（1962年）。『ベイシックバスケットボール』ニューヨーク：ロナルド出版

LEGACY OF
Marv Harshman

- パシフィック・Lutheran大学、ワシントン州立大学、そしてワシントン大学を率いて通算642勝を上げている。

- 1984年に、NCAAディヴィジョンIのコーチ・オブ・ザ・イヤーに選ばれた。

- 教師であり、哲学者であり、そして戦略家として尊敬された。

- 品位や素直さ、そして技量にわたるバスケットボール教本の制作に携わった。

- ノースウエスト大学にて、オリジナルのマッチアップ・ゾーン・ディフェンスを考案した。

- 天才的なオフェンスプレイヤーを擁した時代に、画期的なハイ＆ロー・システムのプレーを考案した。

- 1959年、パシフィック・Lutheran大学をNAIAファイナルに導いた。

- 1975年から1981年まで、アメリカのオリンピック委員会に従事した。

LESSONS FROM THIS LEGEND...

ZONE DEFENSE

By Marv Harshman

私たちがゾーンディフェンスを行う1番の理由は、ゾーンディフェンスがゲームのテンポを変えることが出来ると思っているからである。同じように、チームがファールトラブルに陥っている時、プレイヤーの疲労の色が濃い時、またクイックネスにおいていくつかの場面でついていけない場合などにもゾーンディフェンスを使用する可能性がある。

私たちが行う2-3ゾーンでは、影になっているエリア（ペイント内、図1.0参照）内にいるオフェンスに対してはディナイをする、そしてペイント内にセンターを配置する。大きなセンタープレイヤーがチーム内にいる場合、相手チームがローポストエリアでオフェンスを仕掛けてくる時以外は、ポストマンに対してフロントでディフェンスするのではなく、サイドプレイをする。

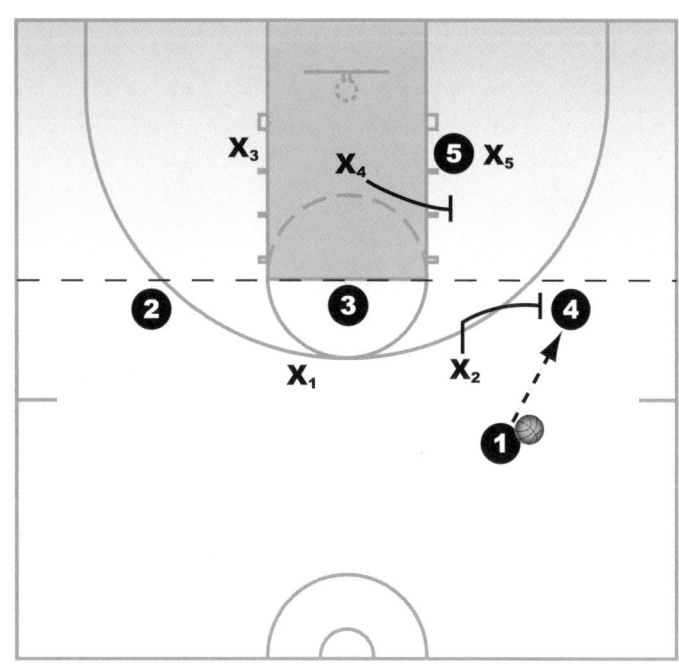

Harshman 1.0

ボールがフリースローラインの延長線上より上にある場合、2-3の2の位置にいるガード陣がそのエリアを守る。そしてボールがそのラインより下がった場合、ベースラインに位置するプレイヤーがディフェンスを行う。もしハイポストにボールが入った場合、センターがハイポストまで上がりマンツーマンでディフェンスする（図1.1参照）。

私たちのディフェンスではX1とX2（ガード陣）はインサイドに対してプレイする。これはつまり内側を守るということである。ウイングにパスが下りた時、X2はまずドロップステップで下がりそこからボールに対してアタックに行く。ウイングにボールを貰わせる際ベストなポジションは、フリースローラインの延長線上あたりである。X2はパスがウイングに出たとき、ボールに対してすぐには反応しない。そうすることにより、X2がボールにアタックするタイミングに合わせて、センターのX4がハイポストへのパスを防ぐポジションを取る時間が出来る（図1.1参照）。

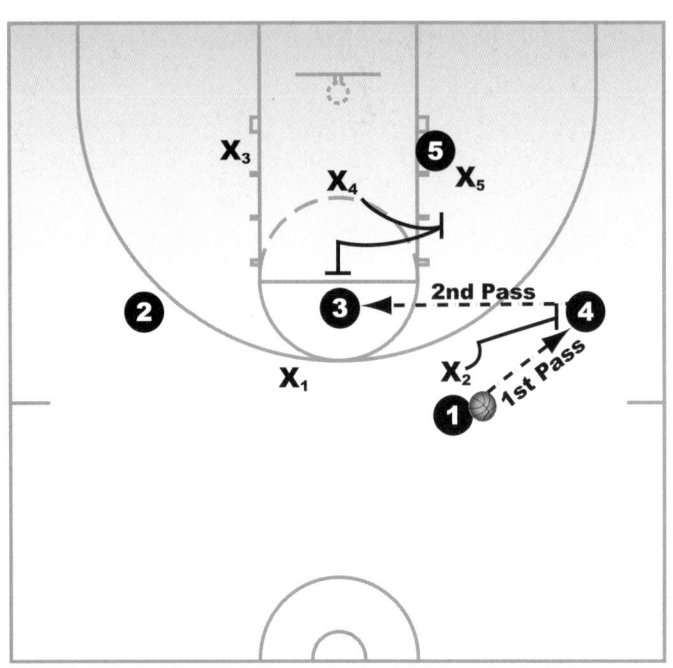

Harshman 1.1

LESSONS FROM THIS LEGEND...

試合が劣勢の時はボールを特定のエリアに誘導するようにディフェンスをする。ガードはボールマンに対するプレッシャーを強め、センターはポストのオフェンスに対して高い位置からつく。コーナーでトラップを仕掛けるために、ボールをコーナーへパスさせる。X5はあまり早くコーナーへ出すぎないようにする。X2が上から5番をシールしに行きタイミングを合わせてX5とダブルチームで守る。近い位置にいるガード（主にコーナーへパスを出したプレイヤー）に対してはオフガード（X1）がディフェンスに行く。そしてウィークサイドにいるX3はボールサイドのローポストの位置にポジションをとる。このディフェンスにおける私たちのルールは、ボールに近い3人のオフェンスプレイヤーはディナイするということである（図1.2参照）。

X5がコーナーへ出たら、X4はペイントエリアを守る位置まで出てこなければならない。逆サイドの❷に対するロングパスは捨て、パスがそれるかインターセプト出来ることを願う。私たちが行うもう1つのゾーンのタイプは"ギャンブル"である。このディフェンスではトラップは仕掛けない。プレイヤーはボールに対してかなりハードにディフェンスする。全員が前でディフェンスし、ロングパスを出させるように仕向ける。このギャンブルを行う時、パスに対してアタックするプレイヤーはそのままダウンコートへ向かう気持ちでインターセプトを狙う。

パスが向かっている位置の両隣にいるプレイヤーは、仲間の1人がインターセプトを狙いに行くことを知っている。もしパスカットを狙いに行ったプレイヤーが結果的にボールに触れたり、なんとか方向をそらすことが出来たりした場合、この近い位置にいる2人のプレイヤーがボールを保持できる可能性は高い。そのため前述したとおり、インターセプトを狙いに行ったプレイヤーはそのままダウンコートへ走り、パスを受けレイアップに行く。私たちはこのギャンブルディフェンスで、何度もこのような展開で得点を上げることが出来てきた。

私たちが行うゾーンディフェンスは非常にシ

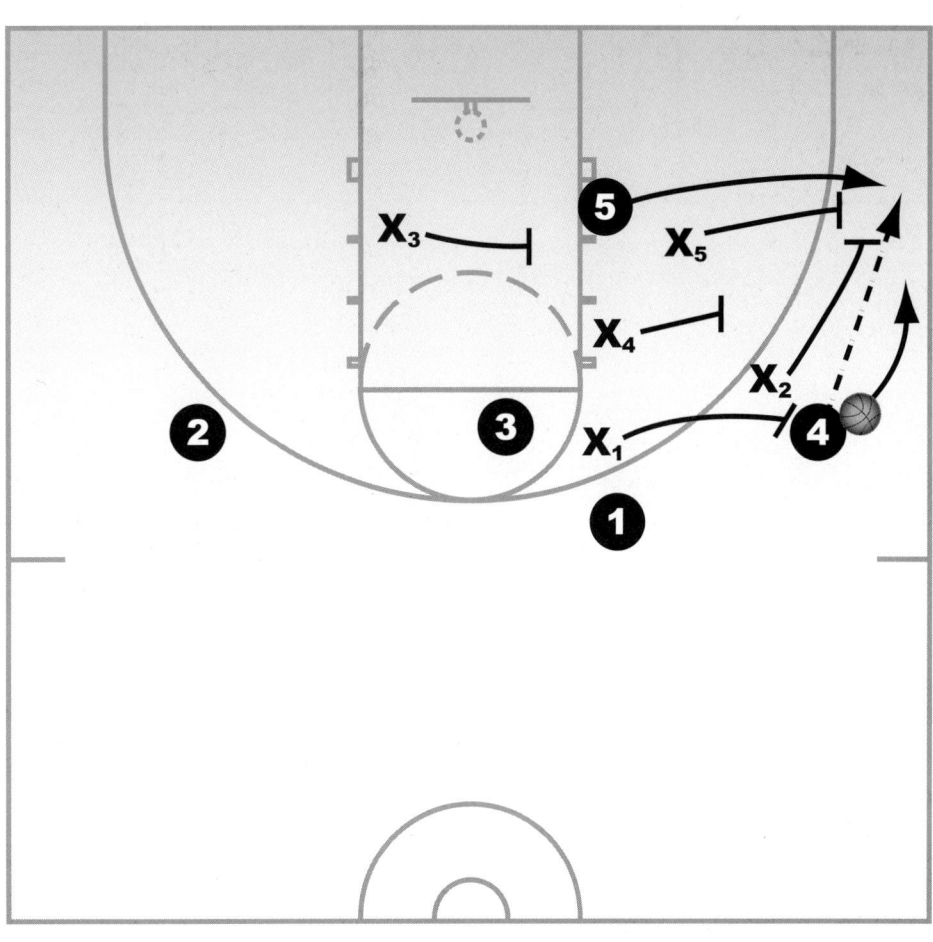

Harshman 1.2

ンプルであり、そうなるように指導している。プレイヤーたちは、ボールのポジションやオフェンスの脅威に対して"単純に対応する"方法を学ばなければならないことを知っている。

さらに、ゾーンディフェンスではオーバーロードをする（オフェンスに対してフロントに守る）ためリバウンドポジションを確保することが難しい。1人のディフェンダーがウィークサイドで2人のオフェンスプレイヤーとリバウンドを争わなければならないような状況がよく発生する。私たちはプレイヤーに対して、ボールを確保するまでは必ずギャップをシールしなければならない（隙間を埋める）と指導する。

SOURCE
出典

・ジェリー・クラウス、ピム・ラルフ（2002年）。コーチング・バスケットボール。ニューヨーク：マックグロウーヒル

LEGACY OF
Don "The Bear" Haskins

- テキサス・ウエスタン（旧ケンタッキー）大学を率いて、1966年にNCAAチャンピオンに輝くとともに、アフリカ系アメリカ人の大学選手権出場の制限を断ち切った人物である。

- ぴったりと鼻と鼻とつけ合わせて守るような、粘り強いディフェンスを推奨した。

- サイドライン際をうろうろする様子から、"The Bear" というニックネームがつけられた。

- 1972年にアメリカのオリンピック代表チームのアシスタントコーチとして仕えた。

- コーチを引退する時には、NCAAで最も勝利を挙げた4番目のコーチとなっていた。

LESSONS FROM THIS LEGEND...

DEFENSIVE BASKETBALL GUIDELINES

By Don Haskins

私はディフェンシブなコーチとして評価されてきたが、それは正しい。私の哲学は、どんなスポーツにおいてもディフェンスが勝利を勝ち取るということである。

ディフェンス面においてプレイヤーたちの何処に着目するか、ということを長年尋ねられてきた。私はディフェンスはチームプレーだと答える。過去において個人のディフェンス能力に優れたプレイヤーは何人かいた、しかし私たちが求めるのは、チームメイトと共に必死に努力することを望むようなプレイヤーである。ディフェンスとはハードワークである。ディフェンスとは5人の人間が共にプレーすることを学ぶということである。

もし1人の人間が上手くプレーしないのであれば、それは機能しない。もしボールマンをディフェンスするプレイヤーが、彼をヘルプしようと必死にディフェンスしている他の4人のチームメイトに比べて精力的にディフェンスしていないのであれば、ディフェンスのことなど忘れたほうがいい。これは私がハニー・アイバから学んだ哲学である。私は実際にこの信念が成功するのを見た、そしてこれを信じるようになった。

同じようなコーチング哲学を学んできているコーチは数多く存在している。このことが今、コーチングをとても難しいものにしている。不十分にコーチされたチームを見つけることは現在では難しい。多すぎると言っていいほどのクリニックやセミナーがあり、そしてまた多くの聡明なコーチが上位校にはいる。これらの新しく若いコーチたちは優秀である。彼らはすべて優秀なコーチとなる資質を持ち合わせている、良い意味で野心的であり、そしてハードに仕事をすることを望む。

私はかつてゾーンディフェンスを使用するなどと考えた事はなかった。ミスター・アイバの下でスイッチングをしないマンツーマンディフェンスをプレーし、それを好んでいた。しかし時代に適応しなければならなかった。そして今では私のチームはゾーンを上手くプレー出来ていると考えている。数年前からゾーンディフェンスを練習で試し、上手くいくという手ごたえは感じており、特に優秀なシューターに対して機能していた。現在ではこういった優秀なシューターが数多く存在する、そして相手チームにゾーンディフェンスすることを余儀なくさせる。

プレイヤーのレベルに関して言えば、今は信じられないくらい優秀なプレイヤーが数多く存在している。10年前ならば大学のスターターにもなれたであろうレベルの高校生プレイヤーたちが、今では大学のチームにすら入る事が出来ない。

もう一つの私のコーチング哲学はリクルートする高校生プレイヤーに関係している。私は強豪校に所属しているプレイヤーたちを好んでリクルートする。確かに例外はいくつかあるが、プレイヤーたちは成長期の早い段階で習慣を身に付ける、そして試合に勝利する事は数ある習慣の内の一つになり得ると私は考えている。

私が指導してきた中で成功したチームのほとんどが、高校時代に勝つことを知っていたプレイヤーたちで構成されていた。これらの成功したプレイヤーたちは競争を愛し、コーチからの規律を望んでいる。多少身体能力に劣っていたとしてもこれらの素質を備えているプレイヤーであれば、私たちはこういったプレイヤーをリクルートすることもあるだろう。

強いディフェンシブなチームに欠くことのできない条件は、1）流れをコントロールする 2）バスケットエリアを守る；3）高い確率のシュートを放つ；そして4）オフェンスでの忍耐力を養う。

CONTROL THE TEMPO
流れをコントロールする

センターラインをコントロールすることは重要である。これによって何を意味するかと言うと、ドリブラーはミドルコートで止めるべきであるということである。5人全てのプレイヤーは出来るだけ早くボールの前方に出なければならない。これが練習で私たちがめったにハーフコートのドリルを行わない理由である。私は自分たちのドリルをなるべくゲームに近い形で、オールコートを使って行いたい。

PROTECT THE BASKET AREA
バスケットエリアを守る

図1.0にあるように、フロントコートは3つのエリアに分けられる。エリア🅐ではどんな種類のシュートも許してはならない。私たちは相手チームの得意なシュートエリアの外でシュートを放たせるように仕向ける。チームのシュート確率はエリア🅑、🅒と外側に押しやられるにつれて悪くなる。私たちはシューティングチャートを、ただ確率を計算するためだけには使わず、上で述べた3つのエリアの何処から何本のシュートを放ったのかも明らかにする。

SHOOT HIGH PERCENTAGE SHOTS
高い確率のシュートを放つ

シュートセレクションに関して言えば、私たちはそれぞれのプレイヤーに対して何が良い

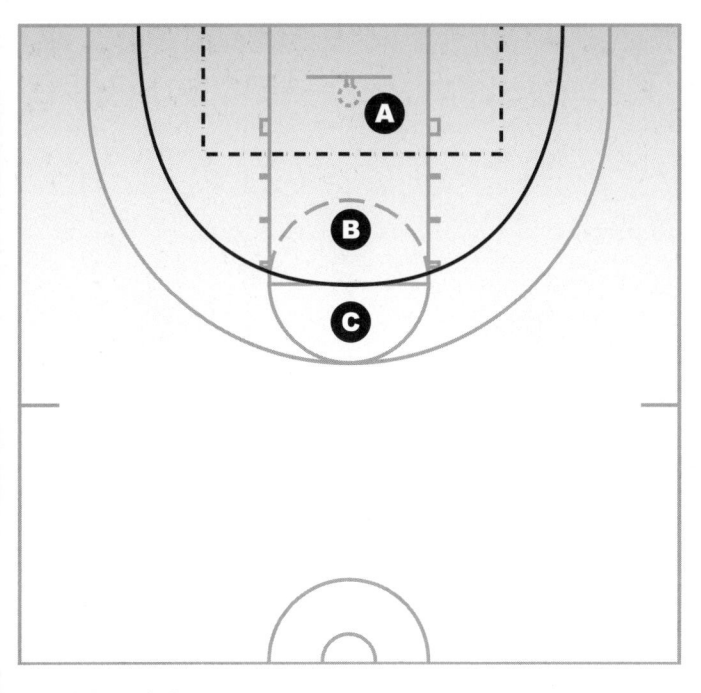

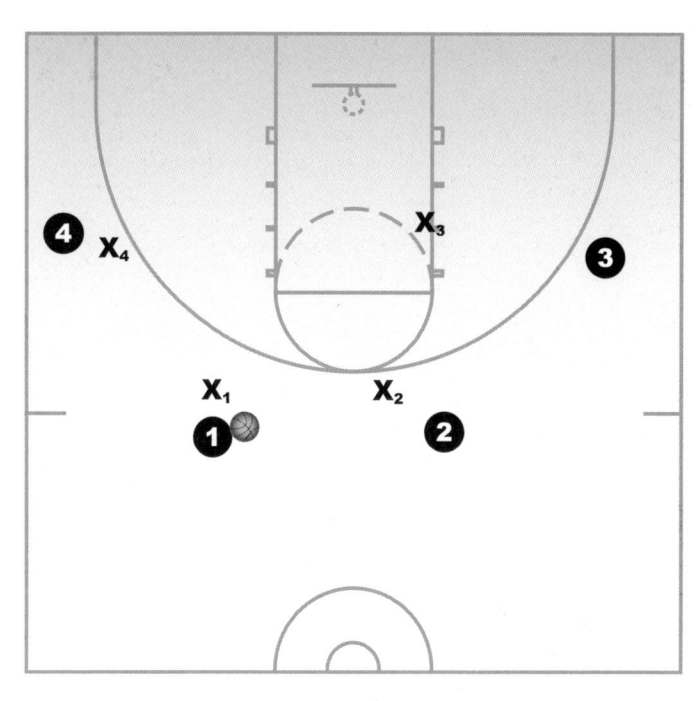

LESSONS FROM THIS LEGEND...

Haskins 1.0

Haskins 1.1

シュートなのかを明確に説明する。これはバスケットからの距離だけでなく、ゲームにおいての得点状況や残り時間も含む。

EXERCISE PATIENCE ON OFFENSE
オフェンスでの忍耐力を養う

オフェンスを全体的に考える上で、オフェンス時に忍耐力を持つ事は非常に重要である。望まないフロアポジションでのクイックショットは、多くの場合相手チームにファーストブレークの機会を与えてしまう。多くの場合において、私たちは遅い展開のゲームを行う。特にロードゲームの場合、または自チームの全体的な能力が相手チームに劣っている場合にこのゲーム展開を使用する。この特定なオフェンス戦術を使用する事によって、オフェンスをより良くし、得点差を少なくし、そして勝つ機会を増やすことになる。

INDIVIDUAL DEFENSIVE RULES
個々のディフェンスのルール

良いディフェンスは攻防の切り替えから始まる。私たちはディフェンダーがベースラインまで素早く戻ることを強調している。常にマークマンより先に戻り、決してアウトナンバーの状況を作らせない。
ボール保持者に対して、出来るだけ頭と両肩を近づけることでプレッシャーをかける。
スクエアスタンスではなくストライドスタンスを使用する、なぜならそちらの方がドリブラーにとって抜き辛くなるからである。ドリブルペネトレーションを止める際、後ろ足が重要になってくる。
勢いに乗ったドリブラーに対してはスライドではなく、走ってついていく。オフェンスのプレイヤーが動いた瞬間に、出来るだけ早くディフェンダーは走るべきであり、ディフェンシブスライドを使用するべきではない、というのが私たちの哲学である。この理由として、ディフェンダーにはある位置からある位置まで出来るだけ早く移動して欲しい、というのがある。これを達成するための唯一の方法が走ることである。
ボールマンをディフェンスする際、ボールではなく相手の腰の辺りを見るようにする。
ドリブルの最中には無理にボールを取りに行かない。常にバランスを保ち、頻繁にスティールを狙うような事はしない。
ポストディフェンスの際、ポストプレイヤーとの接触は避ける。少なくとも3フィートは離れ、ポストマンよりもボール寄りにポジションをとる。
ヘルプサイドでディフェンスをしている時は、自分のマークマンとボールとを結んだラインよりも下にポジションを取る。常にボールとマークマン両方を見る。もしどちらか一方から目を離さなければならない場合、マークマンよりもボールの行方を優先して追うようにする。
カッターのディフェンスは常にボールサイドを守る。
スウィッチはしない。コミュニケーションをとり、スクリーンの隙間を抜ける。

DEFENSIVE DRILLS
ディフェンシブドリル

1. SPOT DRILL
1．スポットドリル

このドリルでは4人のオフェンスはポジションを変えない、ペリメーターの周りでパスを回す（図1.1参照）。ここで私たちが指導しているディフェンスの概念は、ボールから一

31

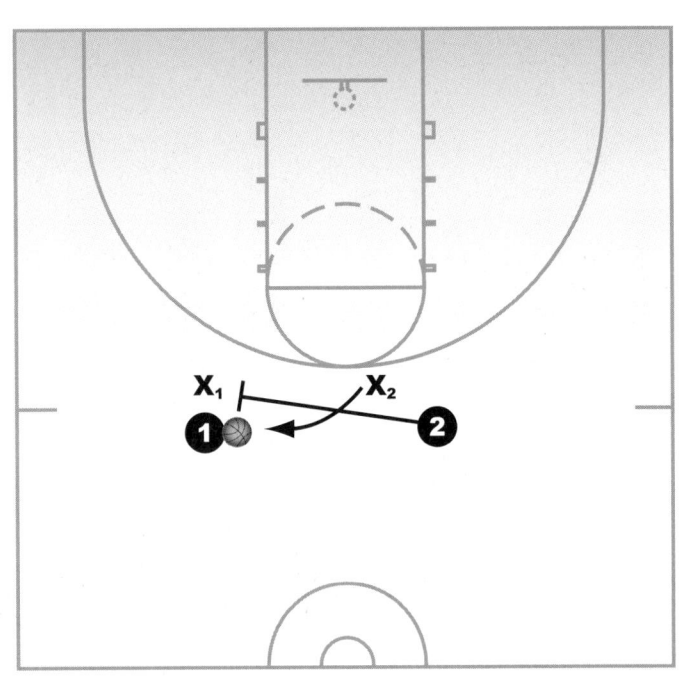

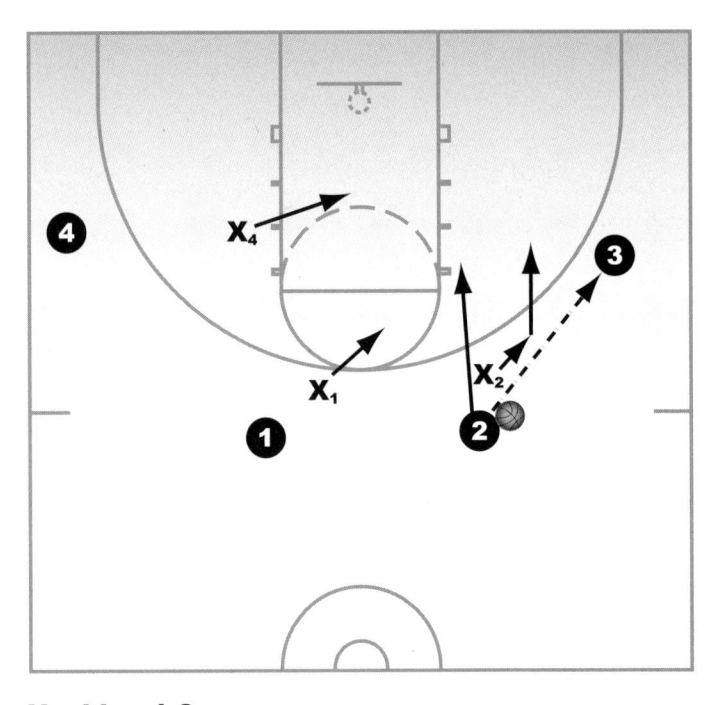

LESSONS FROM THIS LEGEND...

Haskins 1.2

Haskins 1.3

番離れているディフェンダーはフロアの中心を必ず守らなければならない、ということである。

KEY TEACHING POINTS
指導のポイント

オフェンスは基本の位置に留まらなければならない（カッティングはしない）。
ボールが移動する度に、ディフェンダーは素早くポジションを移動しなければならない。
ポジションチェンジは走って行う、スライドはしない。
常にマークマンとボールの両方を見る。
パスコースのディナイは行わない（ペリメーターの周りでボールを回させる）。
ヘルプサイドでは、ボールラインから一歩下がりミドルラインを守る。
常にベースラインを守る。

2. PICK AND HELP DRILL
2．ピック・アンド・ヘルプドリル

これはボールマンスクリーンを使った2対2のドリルである（図1.2参照）。スクリナーのディフェンスは必ずステップアウトし、ドリブラーをスローダウンさせる。こうすることで X_1 がスクリーンに対してファイトオーバーするか、スクリーンの後ろを通る選択肢を与えることができる。私たちはスイッチは行わない。

KEY TEACHING POINTS
指導のポイント

スイッチしない。
X_2 はドリブラーの進行方向に素早くステップアウトし、X_1 がスクリーンに対してファイトオーバーするか後ろを通る選択肢を与えなければならない。
X_1 の第一の選択肢はスクリーンに対してファイトオーバーすることである。

3. GUARD AND CUTTER DRILL
3．ガード・アンド・カッタードリル

これはギブ・アンド・ゴーに対するディフェンスの為にデザインされた4対4のドリルである（図1.3参照）。またヘルプサイドのガードやフォワードの正しいポジショニングを強化するためのドリルでもある。

KEY TEACHING POINTS
指導のポイント

X_2 は必ずボール方向にジャンプし、リターンパスを通してはならない。
X_2 はマークマンに自分の前（ボールサイド）のカッティングを許してはならない。
X_1 と X_4 はすばやくミドルライン方向へ動き、自分のマークマンとボールの両方を視野に入れる。

4. THREE-ON-THREE DRILL
4．3対3ドリル

このドリルは、3人のペリメータープレイヤーたちによるいくつかの動きを止めるためにデザインされたものである（図1.4参照）。オフェンスは、パス後の動きとして、アウェイスクリーン、ゴール方向へのカッティング、ボールマンへのスクリーン、またドリブルからのハンドオフなどの選択肢がある。これはバスケットボールの練習の中でも最も厳しいドリルである。

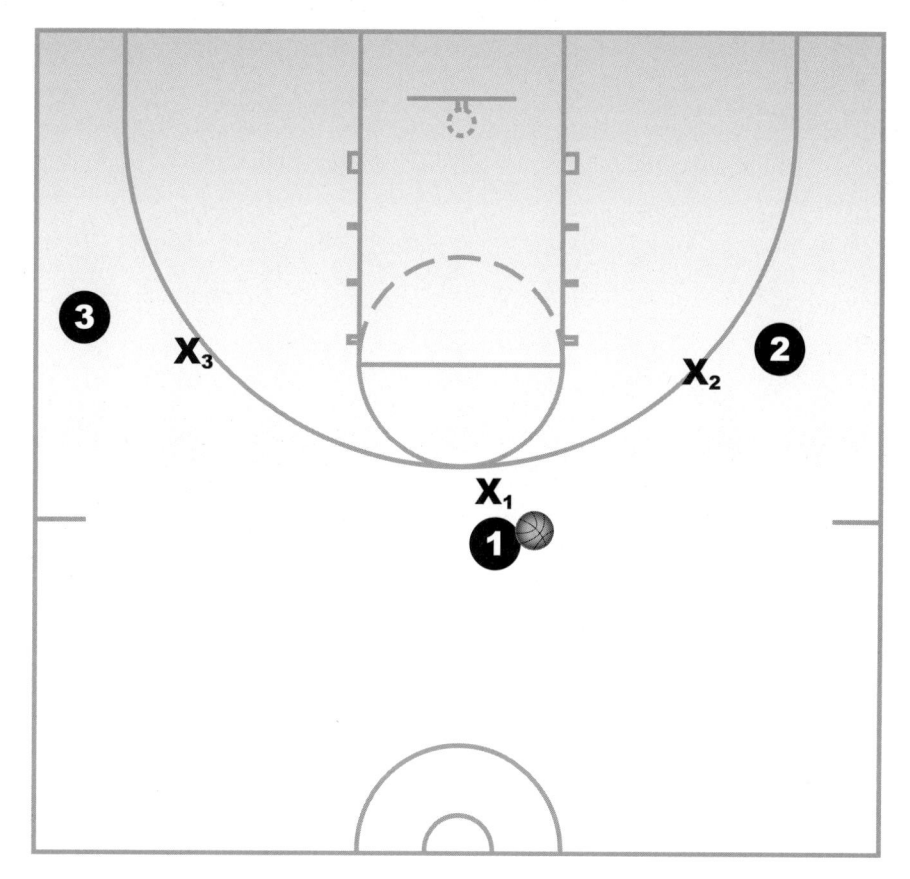

LESSONS FROM THIS LEGEND...

Haskins 1.4

KEY TEACHING POINTS
指導のポイント

パス後のアウェイスクリーンに対して、**X1**はフロア中央へ残りチームメイトがスクリーンから逃げられるよう手助けする。

パス後のゴール方向へのカッティングに対して、**X1**は必ずパス方向へジャンプしマークマンへのリターンパスを防ぐ。

パス後のボールマンへのスクリーンに対して、**X1**はチームメイトがドリブラーについていけるように、ステップアウトしドリブラーの勢いを止める。

ドリブルからのハンドオフに対して、**X1**は一歩下がりチームメイトが間を抜けられるようにする。

ボールから離れたすべてのディフェンダーはマークマンとボールの間のポジションを維持し、常にペネトレーションに対してヘルプに行ける構えを取っておく。

5. FIVE-ON-FIVE DRILL
5．5対5ドリル

オフェンスは3分間、スクリーン、ドリブル、シュートをしないままボールをキープする。オフェンスはただボールを受けるかオープンのポジションへ移動することしか出来ない。ディフェンダーは必ずマークマンとボールとの間に位置し、必要な時に常にヘルプに行ける姿勢を取る。

SOURCE
出典

・ドン・ハスキンズ（1978年冬）。UTEPのマンツーマンディフェンス。『バスケットボール指導案』（冬バージョン）

・ドン・ハスキンズ（1986年）。ディフェンスバスケットボール。

・ドン・ハスキンズとレイサンチェス（1987年）。ハスキンズ：『ザ・ベアーファクツ』。マンガンブックス

LEGACY OF
William "Red" Holzman

- 1970年と1973年にニューヨーク・ニックスを率いてNBAチャンピオンに輝いた。

- 1970年代を代表するNBAコーチ10人の中に選ばれている。

- 協調性のあるプレーとチームディフェンスを強調した最も優れた戦術家とされている。

- つねにプレイヤーの力を最大限に発揮させることによってチャンピオンチームを築き上げた。

- 彼のオフェンス理念は、ボールのないところでの動きと、オープンになっているプレイヤーへのパッシングを基本とするものだった。

- コーチングによって様々なチームを育てられるということをプロのゲームのなかで実証した人物である。

LESSONS FROM THIS LEGEND...

INDIVIDUAL DEFENSE

By William "Red" Holzman

PHILOSOPHY
哲学

シューティングは面白い。ディフェンスは過酷である。チームディフェンスはプレイヤーたちの欲求によって良し悪しが決まる。多くの若いアスリートたちは、ディフェンスとはつまらないものだという考えの下成長していく。ボストンセルティックスはビル・ラッセルを擁した時代、ディフェンスを人気がありそして楽しいものにすることによってそれを変化させた。なぜなら13シーズンで11度のチャンピオンシップという彼等の輝かしい成績はディフェンス力に因るものが大きかったからだ。

ニューヨーク・ニックスは、彼等のディフェンスにセルティックスと同様の誇りを確立した。彼等はディフェンスが勝利を収めるためにどれほどの意味を持つのかを理解した時、必要とされるハードワークをより一層受け入れるようになった。彼等は相手チームを100点以下に抑えることに楽しさを見出したのだった。

チームの視点から見ると、プレイヤーは自分のマークマンを必ず止めるという決意でディフェンスに取り組まなければならない、さらに一方ではチームメイトをヘルプする準備もして置く。チームディフェンスに貢献することがより重要である場面では、時に自分のマークマンの得点を抑えたいという欲求を犠牲にしなければならず、それには相応な（ディフェンスに対する）姿勢が必要である。ビル・ブラッドリーがジム・マクミランのような優れたシューターを、ウィルト・チェンバレンを守るジェリー・ルーカスのヘルプへ行くためにあえて離さなければならない、という場面はいく度となくある。

強いディフェンシブチームは、ゲームを通して自信を持ってプレーすることが出来る。相手チームのいかなる攻撃に対しても、各プレイヤー個人の技術を、本能的に反応出来るようなチームディフェンスを行うためには、突出したチームワークが必要とされる。これはチェスによく似ている。チェスの駒はそれぞれ、"キング"に対する敵からの攻撃を止めるための武器として使われる。バスケットボールにおいて、"キング"とはバスケットであり、プレイヤーは駒に当たる。1つの駒をずらすことによって、プレイヤーは相手の進行を、そして戦術を防ぐ。

THE IMPACT OF BILL RUSSELL
ビル・ラッセルの与えた影響

プロバスケットボールの世界にディフェンス面で最も素晴らしい影響を与えた選手と言えば、誰もが思い浮かべることが出来るだろう。そう、ビル・ラッセルだ。彼はただ上手いだけではなく、知性も持ち合わせていた。彼は教科書通りのディフェンスをしながらも、それにさらに自分独自の章をいくつか加えた。

彼は身体能力に優れていた、知性もあった、バスケットボールの知識も、そして分析力や対応力も兼ね備えていた。彼は確実で、基本的なディフェンスをプレーするために必要なすべての要素を完璧に兼ね備えていた。

彼はまた巧妙でもあった。セルティックスがおよそ負けることがないような試合展開になるまで、彼は相手のすべてのショットに対してブロックに行った。勝利が決まった後、初めてドライブからのレイアップを相手チームに許した。勝敗に関係のない時間帯、彼は相手チームにあえて自信を持たせるようにプレーさせた。そしてそれ以外ではことごとく相手のショットを叩き落した。ディフェンス時の彼は、賭博場のハスラーのようだった。

ラッセルは、同等の資質を持たないプレイヤーに比べ、より自然にディフェンスのファンダメンタルを発揮出来る特定の資質を持って生まれた。しかし、ディフェンスは学ぶことが出来るし、ディフェンスは教えることが出来るのである。

BASIC DEFENSE
基本的なディフェンス

チームがどのようなタイプのディフェンスを使おうとも、最後は必然的に1対1の局面になる。いつか必ず、どこかの局面で1人のプレイヤーがもう1人のプレイヤーと対峙し、得点することを止めなければならない。これはチームがゾーンを使おうが、ゾーンプレスや他のどんなディフェンスを使おうが関係ない。必ず最後は1対1の対決となり、その時プレイヤーはなにをすべきかを知っていなければならない。優れたチームディフェンスをプレーするためには、個々のプレイヤーが複雑な個人ディフェンスを理解していなければならない。

ディフェンスとは動きだ。それも不断の動きである。ディフェンシブプレイヤーが最もやってはならない事は、リラックスすること、または自分の周りで何が起こっているのかをこそこそと眺めることである。自分の仕事とファンダメンタルに集中していないディフェンシブプレイヤーは、必ずトラブルに陥るだろう。鋭い相手プレイヤーは簡単に彼を欺くことが出来る。

ディフェンスでは休んではならない。もし疲

LESSONS FROM THIS LEGEND...

れているのならば、チームがディフェンスからオフェンスに切り替わる間に息を整えることで、自分のペースをつかむ方法を学ぼう。もしひどく疲れているのであれば、コーチに交替を願い出ることを恐れてはならない。

ニックスでは、ミドルコートより後方で相手チームをピックアップするようにしている、ゲームの状況によって多くの場合はそれよりも深い位置だ。もし接戦で時間とも戦わなければならない状況ならば、私たちはエンドラインから相手をピックアップする。

THE SCORING AREA
スコアリングエリア

ボールがゴールに近づけば近づくほど、ディフェンスはよりタイトになってゆく。アウトサイドではスペースを与えてもよいが、相手がインサイドへ向けて動いた時そのスペースは小さくなる。マークマンに対して与えてもよいスペースの範囲は、相手のどんな動きに対してもファールをすることなく反応するのに自分がどれだけ必要か、によって変わる。

すべてのプレイヤーは、自分がコート上のどの位置にいるのかを常に把握しておくべきである。フロア上にもラインで示されているスコアリングエリアは絶対に守らなければならない。シューターに対しても、ドライブから簡単なレイアップに持ち込まれるよりは、自分の上からシュートを打たせるように準備するべきだ。もし相手がコーナーにいるならば、ゴールにより近づくエンドライン側ではなく、混雑している内側へドライブさせるほうが賢い。

THE DRIBBLER
ドリブラー

いつでも、オフェンスがドリブルで自分の横を抜けようとすることは防ぐ。基本的なディフェンスでは、どんな場合でも自分のマークマンとゴールの間にポジションを取る。

ボールを奪いに行ってはならない：一度重心を前方に移してしまえば、ドリブラーに簡単に抜かれてしまう。バランスの良いポジションを保ち、ドリブラーのどんな動きにも対応できるよう重心を均等に配分する。

もしドリブラーがドリブルを止めたら、それはスペースを詰める時である。しかしトラップには気を付けなければならない。この場面ではドリブラーのギブ＆ゴーに対してである。ドリブラーが前後ではなく横に動いている限りは、ディフェンスはある程度のスペースを保ってもよい。

プロチームは必ずドリブラーをサイドライン方向へ向かわせようとする。こうすることにより、ドリブラーが使えるスペースを狭め、よりトラップにかかりやすい危険な場所に追い込むことが出来る。ディフェンスはドリブラーに対して絶対にインサイド方向は与えてはならない。もしドリブラーがサイドライン側をドリブルしていったならば、そのままコーナーへ追い込む、決してインサイド方向へターンさせてはならない。ボールをスティールに行くように見せかけるフェイントの動きをいくつか使い、ドリブラーのリズムを崩すようにする。もしドリブラーがドライブからレイアップにいこうとしたら、ボールを奪おうとするのではなくブロックショットを狙う。

FLOOR POSITION
フロアーポジション

マークマンとゴールの間のポジションをキープすることは、常に有利なことではない。左利きのドリブラーと対峙した場合、なるべく相手を右方向へ行かせるようにする。ようするに相手の左サイドをオーバープレイする。ゲーム中にはチームとしてフローティングディフェンスをしてもよい時がある、つまりはフォワードが自分のマークマンをあえて離しミドルエリアを守るというギャンブルに出ると言うことだ。もし自分のマークマンがボールを持っていなければ、それほどタイトにディフェンスする必要はない。

どのようなディフェンスシステムにおいても、どの程度の範囲までパスレーンを守るかは個々のディフェンダー次第である。マークマンがドリブルをしている時、ディフェンダーは責任を持って守らなければならないが、同時にチームメイトをヘルプする準備を怠ってはならない。

ボールがどこにあるかを常に頭に入れておくことにより、パスレーンを確実に守ることが出来る。ボールの行方を追うのに頭を動かしてはならない。目の端ではボールを捉えるが、決して自分のマークマンから視線をそらしてはならない。

周辺視野を上手く使おう。自動車の運転手の様に、自分の前方を走る車以外の物も見るようにしよう。自動車を運転する際、サイドミラーやバックミラーを使いウィークサイドの車の状況にも注意を払うが、決して自分の前を走る車からは目を離さない。バスケットボールではまず自分のマークマンを守る、しかし同時に回りで何が起こっているのかも把握しなければならない、その時に周辺視野が必要となってくる。

もしボールから2パスアウェイもしくはそれ以上離れているならば、カッティングとパスレーンを防ぐためにもう1歩分ミドル側に寄ることが出来る。もしマークマンが1パスアウェイのポジションにいる場合、腕1本分の距離までスペースを詰める必要がある。

FOOTWORK AND STANCE
フットワーク＆スタンス

バランスが重要である。ディフェンダーは、常に先に動くことが出来るという利点を持つオフェンスに対して、十分に反応出来る良いポジションを取らなければならない。両足の幅はある程度狭く、肩幅よりやや狭いぐらいが好ましい。重心は踵の後ろでもつま先の前でもなく、均等に配分する。

何が起ころうとも、両足を交差してはならない。相手が抜いてきた時に足を交差することは、自分をつまずかせるよい方法である。相手が進む方向に合わせて、両足はスライドさせる。もし相手が左へ動けば、右足を外側へスライドさせてその方向へ動く。もし相手が

LESSONS FROM THIS LEGEND...

自分に向かってドライブしてきたら、1歩後方へ下がることでよいバランスのポジションを保てるだろう。

ボールを持っていない相手をディフェンスする時は、少し重心を下げ相手の素早い動きに対して準備をしておく。ボールマンのディフェンスでは、相手のフェイクに気を付ける。ブロックへ跳ぶ前に、相手が実際にシュート動作に入るまで待つ。プレイヤーの中には、シューターの頭や肩を使ったフェイクにかかってしまうのを防ぐために、相手の胸に視線を持ってくる者もいる。

Spacing
スペーシング

ディフェンス時にどれだけオフェンスに近づくかはその相手プレイヤー次第である。相手が簡単なショットを放てる程のスペースは絶対に与えてはならない。シューターのシュートレンジを見極め、それに合わせてスペースを取るのがいい方法である。

プロの世界では、もし相手チームの中に外のシュートが決まっていないプレイヤーがいたら、そのプレイヤーは離してよりやられやすいインサイドエリアをヘルプして守る。

ボールを持っていないアウトサイドのプレイヤーに対しては、約3フィート以内のスペースを保つというのが良い基準になるだろう。インサイドへ入ってくると同時にスペースを詰め、相手がどの方向へ移動しようとしても付いて行けるポジションをとる。ニックスでは通常のワークアウト後、ディフェンスでの反応力を鍛えるために、1対1の練習を多く行う。

Man Without the Ball
ボールを持っていない相手に対するディフェンス

まずは相手の長所を見極める、そしてそれに合わせて行動する。もし相手が優秀なシューターでなければ、相手がゴール近くでボールを受けるまである程度離すことも出来るだろう。相手がプレイメイカーなら、より近い位置でディフェンスしなければならない。非常に優れたシューターをディフェンスする場合は、出来るだけタイトに付きボールを受けさせないようにする。

どんなプレイヤーでもボールを持つことでより驚異になる、しかしボールを持っていない相手にも十分注意を払わなければならない。もし相手から離れスペースを空けるならば、手と体をよく動かし簡単なパスコースを与えないようにする。マークマンがボールを受ける瞬間、ディフェンスに付くのが少し遅れてしまうことは起こり得る。このような場合、慌てて近づいてはならない。スペースを詰めながらも重心を低く保ち、オフェンスが最短距離でドライブ出来ないような態勢で近づく。こうすることでより早く相手の動きに反応することが出来る。

Man With the Ball
ボールマンに対するディフェンス

オフェンスの先を読もうとしてはならない。オフェンスは自分が何処へ向かおうとしているのか知っている。もしマークマンが優れたアウトサイドシューターでなければ、ドライブしてくる可能性は高いだろう。オフェンスが動く少し前に後方へ下がり、動いた瞬間にプレッシャーをかける。ここでのディフェンスの目的は相手に確率の悪いシュートを打たせること、またはパスをさせることである。

Talking
トーキング

ディフェンスにおいて声は重要である。なぜかは分からないが、ディフェンス時に話すということをプレイヤーたちに浸透させるのは最も困難なことのようである。

ディフェンスは個人の問題ではない。あるプレイヤーは自分の役目を遂げることが自分の責任だと考えてるかもしれないが、しかし彼はチームという機械の一部分でしかない。自分のマークマンを完全にディフェンスすることは素晴らしいが、自分のチームメイトのことを決して忘れてはならない。彼等が助けを必要とする時が必ずある、そして同じように自分がチームメイトの助けを必要とする時も必ずある。

私たちはディフェンスの際常に喋っている。バスケットボールとは、頭と体と声の使い方が等しく重要であるゲームだ。喋ることで、多くの場面で自分のチームの勝利に貢献出来る。

Rebounding
リバウンド

ポジショニングが最も重要な要素であり、ボックスアウトがその極意である。ジェリー・ルーカスは、彼の成績とその体格から、プロの世界の歴史で最も優秀なリバウンダーの1人と言える。一度彼がポジションを確保してしまえば、ボールが彼の頭の上を超えてしまわない限り、彼よりはるかに大きなプレイヤーたちでもボールを取ることは事実上不可能である。

シュートが放たれた時、ディフェンシブリバウンダーはボールの行方を見る前に、まず自分のマークマンがどこにいるのかを確かめなければならない。ルーカスはマークマンに向けて真っ直ぐにターンし、相手をボックスアウトした後にリバウンドを取りにいく。リバウンドボールが落ちてくるのを待つ間、ルーカスは出来るだけ広いスペースを確保する。マークマンをゴールから出来るだけ遠ざけ、彼がその罠から逃れないように細心の注意を払う。相手プレイヤーに対してもたれかかるような態勢をとるが、ボールが落ちてきた瞬間にジャンプ出来る準備は出来ている。

勝つチームというのは通常リバウンドをコントロールする。自チームの誰かがリバウンドの取り方を知らないがために、もし相手チームに2回、3回、そして4回と攻撃チャンスを与えてしまったら、試合に勝つことはより困難になるだろう。

出来る限り高く跳ぶこと、そして腕を出来るだけ高く上げることが重要だ。ボールは両手

LESSONS FROM THIS LEGEND...

で掴み、掴んだ後はボールを守るために体に引き寄せる。ボールを自分の周りで回したり、頭の上に持って行ったりはしない。そうすると簡単に相手にスティールされてしまう。

リバウンドを取った後は、自分がボールを確保したという確信があるまで出来るだけ低い体勢を保つ。そしてその後ターンし、前を走っているチームメイトか近くにいるチームメイトへのパスコースを探す。ダウンコートを走っているチームメイトは、もしリバウンダーがトラブルに陥った場合にヘルプに行けるよう、常に戻って来れるように準備しておく。

Things to Remember
覚えておくこと

- 常に自分のマークマンとボールの間のポジションを保つ。
- 態勢を低く、膝を曲げる、そうすることで素早く反応出来る。ディフェンシブスタンスでは重心は低くなければならない。
- ドリブラーやシューターを先に行動させる。相手のフェイクにはかからない。オフェンスが最初に動き、それにディフェンスは反応しなければならない、ということを覚えておく。
- ターンオーバーから素早く切り替える術を学ぶ。考えることに時間を使ってはならない。どんなことが起ころうとも、自分が何をすべきか事前に理解しておく。
- 相手のファーストブレーク時には素早くディフェンスに戻る。マッチアップの心配はしなくてよいので、自分に一番近いオフェンスをピックアップする。その後チームメイトが戻ってきた時に限り、自分もマークマンとスウィッチする。
- ボールを見る。ボールが何処にあるのかを常に把握する。
- 頭を振らない。ボールとマークマンの両方が見える角度を自分で見極める。両方を視界に入れることによって、頭を振った時にマークマンが視界から消えることがなくなる。
- 怠けてはならない。自分のマークマンがボールを持っていようとなかろうと、積極的にディフェンスする。ディフェンス側から攻撃を仕掛ける。シュートが下手なプレイヤーがアウトサイドにいる場合のみ、ディフェンスを緩めてもよい。
- 常にスイッチ出来る準備をし、声を出すことでチームメイトに知らせる。
- ディフェンスでは喋る。状況が見えないチームメイトに対してはすべて言葉で伝える。もしマークマンがバックスクリーンに行ったら、スクリナーがどこにスクリーンをかけに行っているかをチームメイトに伝える。
- 自分のチームがショットを放った後、バックコートを無防備状態にほっておかない。速攻から簡単な得点を狙っている相手プレイヤーを誰かが防がなければならない。
- ヘルプディフェンスの上手いプレイヤーか、またはビル・ラッセルがチームメイトでない限り、バスケットボールをするな。
- オフェンスをゴールから遠い位置へ、横方向へと動かせるようにする。ドリブラーに対してはサイドラインからコーナー方向へ追い込むようにする。ベースライン側はドライブさせてはならない。どんな場合でも外側へ外側へとオフェンスを追いやる。
- 手を忙しく動かす。手を使ってボールハンドラーやシューターの邪魔をする。腕を伸ばしてパスレーンを塞ぐ。
- ポストプレイヤーに対しては、ボールが入るサイドからディフェンスする。もし自分よりも大きくて強いプレイヤーがインサイドへ入ってきたら、相手の前へ出てディフェンスする。すべてのビッグマンに対して、アウトサイドの確率の悪いショットを放たせるようにゴールから遠ざける努力をする。ゴールからファールラインのエリアを重点的に守る。
- 相手がショットを放った時、まず自分のマークマンをブロックアウトする。相手のポジションを確かめ、ボールを追う前に相手に対して反転する。
- 自分のマークマンを出来るだけ早くピックアップする。ノーマークの状態で相手を好きなように動かすな、邪魔をしろ。
- ドリブラーに対しては、ついていくが叩いてはならない。ボールには手を伸ばさない。常にディフェンスのバランスを保ち、無駄な動きをすることなくどの方向にも動けるようにしておく。

SOURCE
出典

- ホルズマン、レッド、リーウィン・レオナルド（1973年）。ホルズマンズ・バスケットボール；勝利の戦術と兵たち。Co；ニューヨーク：マックミリオン出版。

LEGACY OF
Henry "Hank" Iba

- 41年間に及ぶキャリアで767勝338敗という大記録を積み上げた。

- 引退した時、NCAAコーチの中で、歴代2番目の勝利数であった。

- NCAAチャンピオンシップのなかで、初めて1945年、1946年と連続優勝を達成したコーチである。

- 1964年、1968年とオリンピックで2度の金メダルを獲得した唯一のコーチである。

- 彼が「スウィンギング・ゲート（＝ゆれる扉）」と呼んでいた、ボールを離れて守るゾーンの主要な部分を、マンツーマン・ディフェンスにも取り入れてディフェンスを指導した。

- 現在ではモーション・オフェンスと呼ばれている、パッシングとムービングを基本としたセットオフェンスを提唱した。

- 何よりも努力と礼儀を重んじ、それに相反する者には、厳しい訓練を課した。

LESSONS FROM THIS LEGEND...

OKLAHOMA A&M'S MAN-TO-MAN DEFENSE

By Hank Iba

著者注釈

スイッチをしない、厳しくタイトなマンツーマンディフェンスの概念は、第二次世界大戦後の時代にミスター・アイバによって発展していった。チャンピオンシップを勝ち取るためにはこのタイプのディフェンスが最適であると彼は忠実に信じており、実際 41 年のコーチングキャリアの間たった 1 度もゾーンディフェンスを使用しなかったほどである。

Iba 1.0

ごく限られたプレイヤーのみが非常に優れたオフェンスプレイヤーになり得る素質を有している一方で、バスケットボールに対する適切な取り組み方と、妥当な身体能力を兼ね備えたプレイヤーならば誰でも、良いディフェンスを身に付けることが出来る。

ディフェンスを好んでする子供は少ない。ボールを扱うのに十分なほど成長するとすぐ、彼等はシュートを打つことを望む。これはごくごく自然なことである。相手が得点するのをひたすら防ぐことに、それほどの興奮も魅力もないのだろう。

ディフェンスに対する意識は、各プレイヤーと各チームの中で築き上げなければならないものである。そのためには日々の練習の中で多くの時間と労力を必要とする。しかし努力する価値は間違いなくある。

オクラホマＡ＆Ｍでは、良いディフェンスが伝統となってきている。これは勝つチームを作り上げるためだけでなく、ゲームに対する理想的な姿勢を教え込む際にも大きな助けとなる。

他のチームからしたら特異に見えるかもしれないが、私たちのプレイヤーは自分自身が得点するよりも、相手の得点を防ぐことに誇りを持って取り組んでいる。

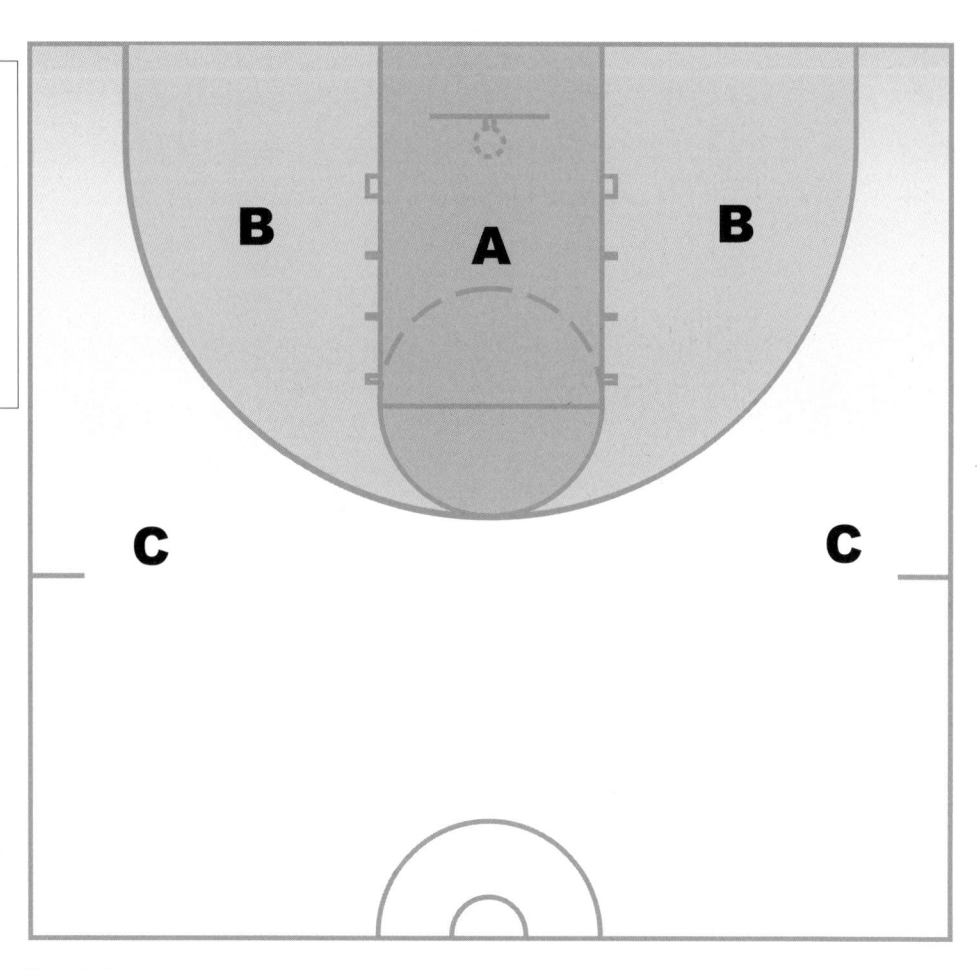

これはどの試合でどれだけオフェンス面で活躍したのか、ということと何も変わらない。もし自分のマークマンに多くの得点を許してしまったならば、私たちのプレイヤーは自分の出来が悪かったと感じ、そしてその悔しさを忘れるのにも長い時間がかかるだろう。

なぜディフェンスをこれほどまでに強調するのだろうか？　その答えは明確だと私たちは感じている。素晴らしいプレイヤーやチームにも必ず "調子の悪い日" というものがある。これはどのスポーツにも共通していることである。優秀なバッターがボールを捉えられない、サッカーのフォワードが上手くパスを出せない、また全米代表のフォワードがゴールを全く決めることが出来ない、このような瞬間は必ず来る。

こういった苦しい場面が訪れた時、チームと

LESSONS FROM THIS LEGEND...

して何か代わりになるものを持っているべきである。その答えがディフェンスなのだ。個々のディフェンスやチームディフェンスは試合毎にそれほど大きく変わるものではない。優れたディフェンシブプレイヤーは、実際にどんな試合においても素晴らしいディフェンスが期待できる。

2つのチームが2日続けて戦うことはそれほど珍しいことではなくなった。そうすると、チームAが10点から15点差で1試合目に勝利する一方、チームBは同じような点差で2試合目に勝利するだろう。

これをどう説明すればよいだろう？ 同じ会場で同じチームが戦い、オフィシャル陣も同じ顔ぶれ、しかしスコアは反対になる。私たちが感じる答えはこうだ。それぞれ調子の良い日と悪い日がある、しかし両チームともその調子の悪い日に代わりとなるような強いディフェンスを持っていなかった。

個人のディフェンス技術を指導する際、幾つかの点を強調しなければならない：

・スタンス―両足は完全に離す。片足を前方に出し、決して平行にしない。そして重心はわずかに後方に置く。
・フットワーク―絶対に足はクロスしない。常にスライドさせる。同じようにボクサーズステップやシャッフルも行う。
・ムーブメント―ディフェンスにおける最初の動きは必ず後方に向かう。スタンスを取る際に常に重心を後方に置かなければならないのはそのためである。オフェンスがドライブしてくるであろうことを常に考えておくべきである。つまりオフェンスが動いた時にあなたは最初に後方へ動く。言い変えるならば、オフェンスにアウトサイドショットの選択肢を与えてもよいが、ドライブからの簡単なシュートは決して許してはならないということだ。
・ディフェンシブゾーン（図1.0 参照）

ゾーンA：
このゾーン内ではオフェンスにボールを扱わせてはならない。ディフェンスがプレッシャーを与えている状況以外では、このゾーン内ではボールを決して持たせない。ポストプレイヤーだけでなく他のどのプレイヤーに対しても、このゾーン内でボールを受けたり持ち込ませたりしてはならない。

ゾーンB：
このゾーン内ではボールマンに注意を払い、オフサイドでは引いたポジションをとる。自分のマークマンがこのゾーンでボールを保持している時はタイトにディフェンスし、簡単なシュートを放たせないようにする。もしマークマンがボールを持っていない場合、少し離れたポジションを取る。オフェンスがボールから離れていればいるほど、ディフェンスのポジションも離れていく、しかしボールが自分のマークマンに寄ってきたらすぐにディフェンスできるようなポジションをとる。

ゾーンC：
自分のマークマンが優秀なシューターでない限り、このゾーンではオフェンスから完全に離れたポジションを取る。もしマークマンが優秀なシューターであれば、タイトなポジションをとらなければならない。

私はかつてこう主張した、もし正しくディフェンスを行ったならば、バスケットボールのゲームで速攻が無くなることはあり得るだろうと。私は今でも確固としてこれを信じている。

オフェンスの際、常に3人がリバウンドポジションにいるべきである。こうすることで残りの2人をディフェンスのポジションに残すことができる。もしこれらのプレイヤーたちが正しいディフェンスを指導されているならば、速攻が成功する事はないだろう。

簡単に言うと、シュートが放たれた瞬間にそれぞれのプレイヤーが自分の役割を理解しているべきである。もしフリースローサークル内でリバウンドに行くべきポジションにいるならば、そうすべきである。そうでないならば、残った1つの選択肢はディフェンスポジションに戻ることである。ボールポゼッションを失った時はいつでも、それぞれのプレイヤーはディフェンスポジションに戻ることを意識するべきであり、そしてそのことのみを考えるべきである。

私たちはボールマンに対してアタックしたり、ボールをインターセプトしようとしたりはしない。その代わりボールとゴールの間に素早く戻り、その後マークマンをピックアップする。

ここに良いディフェンスの秘密が隠されている。あなたはどれだけ素早くオフェンスからディフェンスへ切り替えが出来ますか？

著者注釈

> オフェンスからディフェンスへのトランジション。この切り替えにもし3秒から4秒、もしくはそれ以上かかってしまうのであれば遅すぎる。オフェンスからディフェンスへの変化を即座に感じ、それに従って動くことが出来なければならない。

今あなたはディフェンスポジションにいる、その時たった1つ考えなければならないのは相手に得点されないことである。もし相手のオフェンスを崩すことやパスをインターセプトすることで頭が一杯になっているようであれば、多くの致命的な失敗を犯すだろう。

相手チームがシュートを放った時、それぞれのプレイヤーはレーンエリアの周りに位置し、私たちが"ディフェンシブカップ"と呼んでいる隊形を取らなければならない。もし5人全員がこのカップの形をとれていれば、たとえリバウンドを確保出来なかったとしても、相手チームがリバウンドボールをそのままチップインさせたりセカンドショットを放ったりすることを防ぐポジションを確保出来る。

私たち独自のディフェンスを"マンツーマン with シンキング or スライディング、オフサイド"と呼んでいる。この名前が意味するところは、ゾーンBより外側以外では、ボールがどこにあろうともボールマンには必ずタイトにディフェンスしなければならない、ということだ。オフサイド（ボールがある場所とはコートの反対側のサイド）では、すべてのディフェンダーはドライブを止め、チームメ

LESSONS FROM THIS LEGEND...

イトをヘルプするためにミドルライン方向へシンキング、又はスライディングする。

これがどれほど効果的に機能するかは、オフサイドのディフェンスが自分のマークマンへボールが向かった時に、いかに早くタイトなディフェンスポジションに戻れるかにかかっている。これはもちろん個々の問題である。もしそのプレイヤーが俊敏で反応も早ければ、彼はよりミドルライン寄りへヘルプに行けるだろう。このマンツーマンディフェンスは個々のプレイヤーの責任を明らかにし、相手チームを打ち破ろうとする意欲を助長する。すべてのタイプのオフェンスに簡単に対応でき、そしてスピードにも高さにも対抗出来る。

スクリーンに対してスイッチやシフトで対応することが効果的ではないだろう。もしプレイヤーがいつでもスウィッチ出来ると知っていたら、彼は多少なりとも怠慢なディフェンスをするようになるだろう。しかし逆に、どんな時でも自分のマークマンから離れないようにスクリーンをかい潜らなければならないと思えば、スクリーンに対するディフェンス技術をさらに磨くだろう。

すべてのプレイヤーは、ミスを犯し自分のマークマンさえ守れないような状況でない限り、チームメイトをヘルプする準備をしているべきである。

多くのコーチたちがディフェンスには幾つか特有の弱点が存在すると感じている。それらの弱点に対する私たちの見方を以下に示す。

- スクリーンプレイを受けやすい。このタイプのディフェンスでは、スクリナーをマークしているディフェンスがしっかりとしたスペースを開け、ドリブラーに対して注意を払っているならば、スクリーンプレイに影響されるということはない。スクリナーに対しては決してタイトにディフェンスしないようにと指導している。それよりもチームメイトがスクリーンをすり抜けることが出来なかった際にヘルプ出来るように、一歩下がった状態で準備しておくようにと指導する。

多くのスクリーンプレイはコート上のボールとは逆のサイドで行われる、そしてインサイドからアウトサイドへのスクリーンが多い。私たちのディフェンスでは、オフサイドのディフェンダーは出来る限り自分のマークマンからスペースを取ることが求められる。ディフェンスが正しくスペーシングをした時、効果的なスクリーンをセットすることはほぼ不可能である。

- 速攻の機会を許してはならない。このディフェンスはボールを奪うことよりもポジショニングに重点を置いている。実際に、私たちはプレイヤーに対して、特に若いプレイヤーたちには、ボールの存在は完全に忘れてポジショニングだけに集中しろと指導している。

このようなディフェンスではボールを奪うことに消極的になり、逆に自分たちが速攻を出す機会が少なくなってしまうのではないか？この問いは、オフサイドでのシンキング（スペーシング）が正しく行われていれば間違いである。正しい方法でディフェンスを行えば、インターセプトを故意に狙いに行った場合と同じくらいの数のパスを、ポジションを崩すことなくインターセプト出来るだろう。

すでに述べたように、正しく機能しているディフェンスに対して速攻を出すことは不可能であると私たちは信じている。

私たちは相手チームのディフェンスポジションが崩れていることを見つけた時はいつでも、自然にファーストブレイクをしかけるようにしている。しかし速攻を狙うことよりも、その時の自分たちのディフェンス・ポジションがどうなっているか、ということの方が重要であると私たちは感じている。

このディフェンスは体力を必要とするため、プレイヤーはより良いコンディションを求められる。これは明確である。多くの人々はこの事実を弱点だと見ているが、逆にこれが強みにもなる。なぜならばプレイヤーが最高のコンディションになるからだ。

ここでもう一度、個々の役割について問われてくる。プレイヤー自身が、このディフェンスシステムが彼に何を要求しているのか、そしてそのシステムの一部となるためには何をしなければならないかを知っているならば、彼は自分の役割を果たすために必要なすべての努力を惜しまないだろう。

SOURCE
出典
- ハンク・アイバ（1949年12月）。オクラホマA&M'S マンツーマンディフェンス。スカラティックコーチ。

LESSONS FROM THIS LEGEND...

THE DEFENSIVE STANCE
By Henry "Hank" Iba

BELIEVE IN YOUR SYSTEM
システムを信じる

何かを効果的に指導する以前に、まず指導者自身、自分が教えている事柄を信じなければならない、というのが私の信念である。そうすることでプレイヤーたちは、コーチがディフェンスの重要性を本当に認めているかどうかを感じることが出来る。コーチは絶対にプレイヤーを欺いたりするべきではない。もしコーチが実際にはディフェンスの重要性を半分ほどしか感じていなかったとしたら、指導に対する熱意も半分ほどしかないだろうし、チームがそのディフェンスを行う際の熱意もその程度のものになってしまう。これが先に述べた私の信念の理由である。初めから終わりまで、コーチたちは自分が指導している内容を信じていなければならない。

DEFENSE IS HARD WORK
ディフェンスはハードワークである

ディフェンス能力を習得するためには、多くの決意と集中力が必要とされることをプレイヤーたちは気がつかなければならない。ファンダメンタルは重要であり絶対に必要なものだ、しかし上の二つの資質無しにはその価値も無くなってしまう。優れたディフェンシブプレイヤーは、粘り強く、また相手プレイヤーを抑え込むことを楽しめるようでなければならない。私たちは、強い気持ちさえ持っていればどんなプレイヤーであっても優秀なディフェンスプレイヤーになることが出来ると感じている。だがここで自分たちを欺いてはならない。ディフェンスに突出したプレイヤーになるためには、多くのハードワークが必要である。私たちはプレイヤーに対して、オフェンスに対する努力と同じだけディフェンスに対しても努力しなければならない、と指導している。

STAGGERED STANCE
スタッガードスタンス

私たちがディフェンスの指導をする時、ディフェンシブスタンスが最初のポイントである。初めにフロアレベルの足から始まり、次第に上にあげて行く。両足は左右どちらかの足を前方に出す形で必ずずらさなければならない。プレイヤーの両足が平行になっている状態は望ましくない。両足間の幅はほぼ肩幅と同じぐらいにする。この幅が狭すぎれば、バランスに問題が出てくるだろう。また広すぎると両足が緊張してしまう場合が多く、今度は動きが問題になる。

STAY LOW
重心を低く

両膝は必ず曲げる。どんなプレイヤーも、膝を伸ばしたりロックしたりした状態で素早く動くことは出来ない。上体はわずかに前方へ折り曲げ、おしりは少し下に突き出すよう指導する。この体勢を取ることによって、プレイヤーは重心を低くし、上半身が重すぎないより良いバランスで動くことが出来ると私たちは感じている。

KEEP THE HEAD STATIONARY
頭を動かさない

頭と両肩はなるべく動かしてはならない。もし相手のフェイクに合わせて頭と両肩が左右に動いてしまったら、重心も左右にぶれてしまい、その結果相手のフェイクに引っかかりポジションを失ってしまうことに繋がる。

EYES ARE FOCUSED ON THE MIDSECTION
視線は相手の体の中心部

視線はボールではなく、相手プレイヤーのベルト中心あたりに固定するように指導している。もし視線がボールを追ってしまうと、ボールの動きにつられて頭と両肩が動いてしまう傾向があるからだ。

QUICK HANDS
クイックハンズ

残された体の部分は手と腕である。これらの部位は自分のやりやすいポジションに置いてよい。だが私たちは手を肩より高く上げるようには指導しない、なぜなら重心が前方に出すぎる傾向があり、そうすることによって後方へ十分素早く動くことが出来なくなってしまうからである。手で相手を追うことはお勧めしない。多くのプレイヤーたちは手を動かしてしまうと逆に足が動かなくなってしまう。もちろん足を十分に動かせるのであれば、素晴らしいクイックハンズを持っているプレイヤーはそのクイックネスをどんどん使用していくべきである。

DEFENSIVE MOVEMENT
ディフェンスの動き

ディフェンシブスタンスとディフェンスにおける最初の動きは同等のものであり、これらは同時に指導される。後ろ足が必ず最初に動く。最初の2つの動きはボクサーのワンツーパンチのようなものである。つまりそれぐらい素早いということだ。ステップバックは両足で行い、ホップしないようにする。後ろ足が最初に動き、次に前足が動く。

ディフェンシブスタンスについて、私たちが

LESSONS FROM THIS LEGEND...

オクラホマ州立大学でプレイヤーたちに強調しているいくつかのポイントをここまで説明してきた。これは私たちの信念であるが、個々のディフェンスファンダメンタルはすべてオフシーズンの間に身に付けることが出来るし、そうすべきだと思う。2人のプレイヤーがコート上で一緒になった時はいつでも、1人がディフェンスをそしてもう1人がオフェンスを磨くべきである。そして2人の役割を交替しながら練習することにより、両方のプレイヤーが共にオフェンスディフェンス両面を成長させることが出来る。

SOURCE
出典
- ヘンリー・アイバ（1966年11月）。インディビィジュアルディフェンス。『バスケットボールの指導者』

LEGACY OF
George Keogan

- 1927年と1936年に、ノートルダム大学を率いて、Helms財団のナショナルチャンピオンシップに輝いた。

- "人のために人が動く"と彼が呼んでいた、ディフェンスのスィッチプレーを浸透させた。また、当時フィギュア・エイト・オフェンスを流行させた。

- ノートルダム大学を20年連続で勝ち越しシーズンへ導いた。

- 彼のコーチング・キャリアにおける勝率は77%である。

- 彼はフットボールの伝説であるKnute Rockneによって、フットボール部のアシスタントコーチとして1923年にノートルダム大学に雇われた。

- スピードがあり、攻撃的で、そして力強いピボットプレーをするチームを作り上げた。

LESSONS FROM THIS LEGEND...

A DEFENSE TO STOP THE FIGURE 8 OFFENSE

By George E. Keogan

あるコーチはバスケットボールで最もよく知られているストレートマンツーマンディフェンスを好んで使用するだろう。そしてあるコーチはシフティングマンツーマンを、また一方ではゾーンディフェンスを好むコーチもいる。どんなコーチにも好き嫌いがある。しかしここで1つ確かなことは、どんなディフェンスシステムを使おうとも、その成否は適切な指導とディフェンシブファンダメンタルにすべて左右される。どんなシステムであろうとも、それを行うプレイヤーたちにファンダメンタルが備わっていなければ、そのディフェンスは全く機能しないだろう。

図1.0では、ディフェンス側はストレートマンツーマンディフェンスを行っている。❶がボールを持ち、X1がディフェンスについている。❷はレシーバーでX2にディフェンスされている。❶は❷へパスを出した後❷の方向へカッティングし、X2の前に体をスライドさせる。X1は❶についてゆく。❶が❷とX2の間に体を入れたとき、❷は❶、X1そしてX2の周りをドリブルで抜けてゴール方向へドライブする。❶とX1の間には体の接触はない。X1は❶に付いて行ってしまったため、❷のドライブに反応することが出来ない。

このポイントでは、状況を説明することも、それに対応することもいたって簡単である。難しいのはスクリーンが連続して行われた場合であり、3人または4人のディフェンスによる素早いシフティングが必要となってくる。

私はこの記事の中で、基本的なオフェンスシステムとして2メンスクリーンプレイを使用するチームに対するディフェンスの仕方を説明していきたい。このようなプレイによって構成されるオフェンスは"イン・アウト・アンド・オーバー"や、また"フィギュアエイトオフェンス"とも呼ばれている。

2メンムービングスクリーンそれ自体は非常にシンプルである。パッサーがレシーバーのディフェンスの進路を妨害し、レシーバーがフリーでシュートを放つか、またはゴールに向かってドライブすることを助ける、という意味でしかない。仮にこのタイプの攻撃に対してストレートマンツーマンディフェンスを使用したら、ディフェンスは失敗する運命にあるだろう。しかしながら、もしシフティングマンツーマンディフェンスを使用すれば、相手のスピードについて行くことが出来、より良い結果を得ることが出来るだろう。

著者注釈

コーガンのシフティングマンツーマンディフェンスは、現在で言うディフェンシブスイッチと呼ばれるものである。

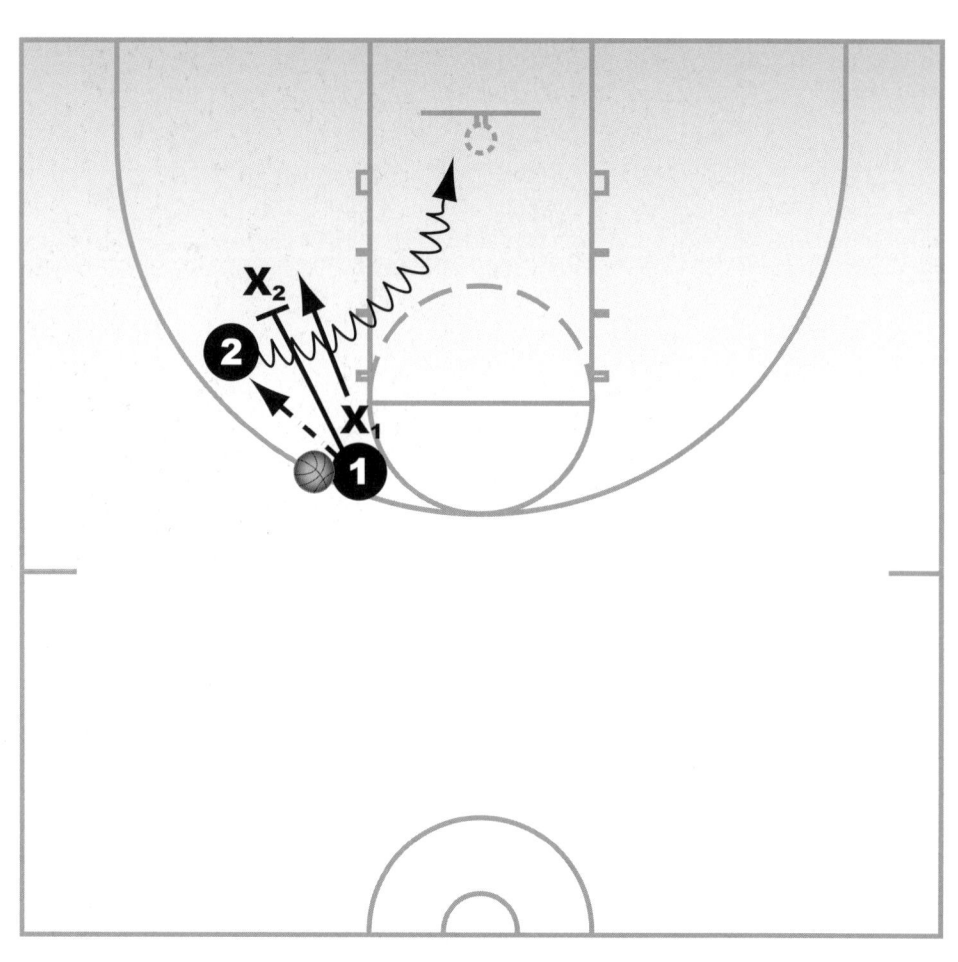

Keogan 1.0

LESSONS FROM THIS LEGEND...

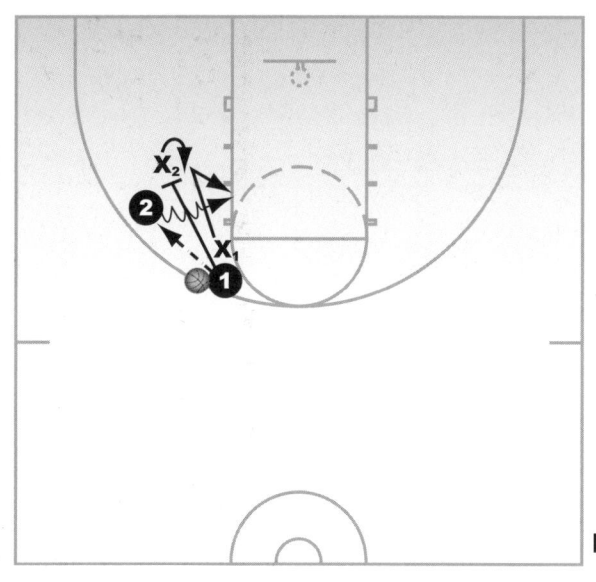

2メンスクリーンのようなオフェンスに対する守り方として、私たちはシフティングマンツーマンディフェンスを使用している。このディフェンスは図1.1に示している通りである。シフティングマンツーマンディフェンスを行う2人のディフェンダーは瞬時にスクリーンプレイを察知する。まずX1は❶に付いてゆく。X2はそこで"シフト！"と叫ぶ。X1はその瞬間に❷をピックアップする。X2は一歩下がりそのまま❶をディフェンスする。つまり❷がスクリーンを使いドリブルしてきたら、X1が彼を守りX2は❶をカバーする。両方のオフェンス共にディフェンス出来る。このディフェンス方法は多くの練習を必要とするが、プレイヤーたちは難なく習得出来るだろう。

Keogan 1.1

連続した2メンスクリーンは図1.2で説明している。❶は❷へパスを出した後、そのままカッティングし❷へスクリーンに行く。X2は❶のディフェンスに付く。ドリブルで中へ切れ込む❷に対してはX1がディフェンスする。逆サイドでX3にディフェンスされている❸はそのタイミングで瞬時に❷の方向へカッティングする。❷は❸へパスを出した後、そのままカッティングしてX3にスクリーンをかける。X3はそこで"シフト！"と叫ぶ。X1は1歩下がり、そのまま❸をピックアップする。X3は❷のディフェンスに付く。❸はドライブインからシュートに行こうとする。もしそれが無理ならば逆サイドに残っている❶へパスを出し、そしてまた同じ動きを繰り返す。

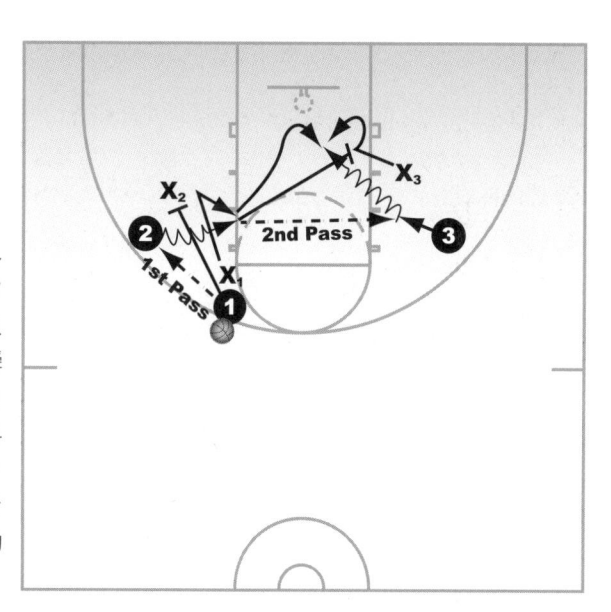

Keogan 1.2

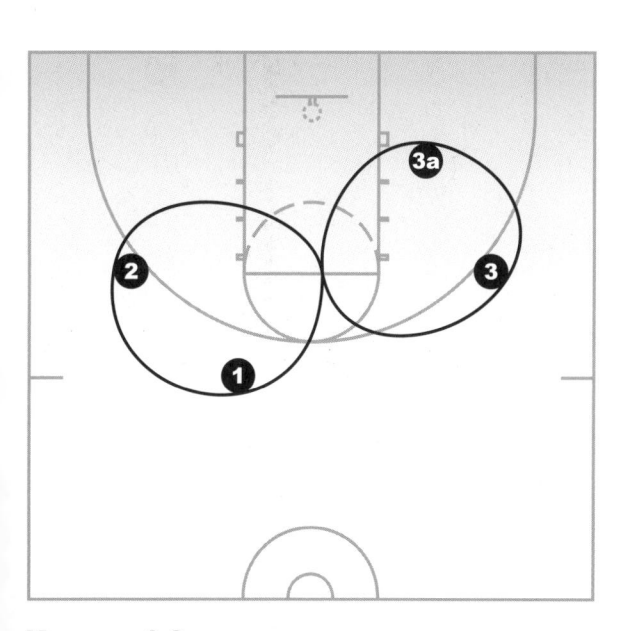

ここで❶から❷、❷から❸、そして❸の2番目の位置である❸aを回って再度❶へ戻るラインを引いてみよう（図1.3 参照）。ラインが数字の8のような形になっているのが見てとれるだろう。よって、2つの連続したスクリーンプレイから成る"フィギュア・エイト"という名がある。

この連続した2メンスクリーンを使用した攻撃方法は、ディフェンスのオフェンスに対するピックアップが失敗した時、結果的に成功するだろう。結果オフェンスはゴールに向かってフリーでシュートに行けるだろう。

ここまで私は、シフティングマンツーマンディフェンスを用いていかにイン・アウト・アンド・オーバー、または"フィギュア・エイト・オフェンス"を止めるか、ということを詳細に説明してきた。もちろん、ゾーンディフェンスを使用することがもっと単純な解決方法にはなるだろう。ゾーンディフェンスに対しては、スクリーンプレイはほぼ不可能だとも言える。

Keogan 1.3

LESSONS FROM THIS LEGEND...

SOURCE
出典
・ジョージ・コーガン E.（1934年12月）。フィギュア・エイトに対するディフェンス。『ザ・アスレティック・ジャーナル』

LEGACY OF
Bob Knight

- 彼の育成するプレイヤーたちが、彼らの人生において成功する準備をするために指導するということを、根本的なルールとして志してきた。

- 1976年、1981年、そして1987年と、インディアナ大学を3度に渡ってチャンピオンに導いた。

- コーチのなかで、3冠を獲得したたった3人のコーチの1人である。

- どんなときも最良の指導者の一人として知られていた。

- 800勝以上を上げ、歴代の最多勝コーチのトップ5に入っている。

- プレイヤーに可能な最大限の努力を追及した。

- 1960年代のチャンピオンチーム、オハイオ州立大学でプレーした経歴を持つ。

LESSONS FROM THIS LEGEND...

DEFENSIVE RULES

By Bob Knight and Pete Newell

最初の4週間の練習の内、70%の時間を私たちはディフェンス練習に費やす。そして第5週からシーズンの終わりまでも、練習のほぼ50%はディフェンス練習である。

ウェブスターは、積極性を"支配する気質"と定義した。試合に勝つためには、自分たちのディフェンスが相手オフェンスを支配しなければならない、と感じている。私たちは、相手オフェンスに私たちの求める攻撃をさせようとする、決して相手のやりたいようにはさせない。そのために、他のチームのディフェンスが俊敏性と大きさと強さの上に成り立っているのに対して、私たちは積極性の上に成り立つ。この観念がすべてのディフェンスの考え方に浸透し、プレイヤーたちも十分に理解している。すべてのプレイヤーが素早く、大きく、そして強いわけではない。しかし私たちのプレイヤーそれぞれがきわめて積極的になれない理由はない、と感じている。

ディフェンスにおいて指導しなければならないことが3つある。それはどんなスタイルのディフェンスを用いようとも変わらない。プレスディフェンス、ゾーン、スリークォーターやハーフコート、それが何であっても関係はない。

PRESSURE ON THE BALL
ボールに対するプレッシャー

ボールマンと、ボールをレシーブしようとしているプレイヤーにプレッシャーをかけることなく自由に動くことを許してしまったら、そのディフェンスは効果的には成りえない。コーチとして、使い方を注意しなければならない言葉が2つある—"決してない"と"常に"である。

バスケットボールというゲームにおいて、これらの言葉は起こりえないことを理解しなければならない。私たちはこれらの言葉に出来るだけ近づこうと努力する。近づけば近づくほどに、成長していく。私たちのロッカールームには小さくこう書かれている"勝利とは、より少ない失敗を犯したチームにほほえむ"。これはバスケットボールを指導する際の基本のようなものだ。このゲームを誰かが上手くプレーしているとは思わない。すべての人々が総合的に関わるという観点から見て、バスケットボールは世界でもっとも優れたゲームである。あなたはオフェンス、ディフェンス両方をプレーしなければならない。ゲームで必要なすべての技術を身につけなければならない。すべての人がバスケットボールというゲームをプレー出来なければならない。そしてそのためにこのゲームはとても競争の激しいものとなってきた。そして結果的に、バスケットボールは"失敗のゲーム"となった。

私たちがやらなければならない全てのことには2つの考え方が関係してくる。その一つは単一性である。より複雑であればある程、エラーが起こる可能性は高くなる。2つ目の考え方は失敗を排除するということ。もう一度言う。"勝利とは、より少ない失敗を犯したチームにほほえむ"。だからこそ、もしボールとボールが進む場所にプレッシャーをかけることが出来れば、それが私たちのディフェンスの強みとなる。

FORCE THE BALL TO THE CORNER
ボールをコーナーへ追い込む

スカウティングをすることで相手オフェンスがやりたくないような攻撃をさせるよう仕向けることが出来る。もし相手オフェンスが右サイドで展開することを好むならば、逆の左サイドでオフェンスさせるようにディフェンスする。オフェンスのスタートポジションとしてハイポストにボールを入れることを好むなら、そこへのパスコースをディナイする。

相手チームの好む攻撃方法を把握することは絶対であり、それを知った上で相手チームからその選択肢を取り上げるよう努力する。もう一度言うが、これは確かにいつでも出来るわけではない。しかし相手にいつもとは違う何かをやらせるようにディフェンスをする必要がある。

私たちは、ベースラインにあるゴールから17フィート離れた位置にラインを引いている。そしてプレイヤーたちにそのラインを超えないようにプレーさせている。このラインを超えることで初めてアウトオブバウンズになる。しつこいが、試合中は常にボールをコーナーへ追い込むわけではない。しかし練習で試合よりも困難な状況を作り出すことで、ゲーム中にそれを成し遂げるチャンスを増やしている。

あなたは2人の優秀なディフェンシブプレイヤーを持っている—それはベースラインとサイドラインだ。これらの利点をいかに上手く使うかはディフェンス次第である。ボールをベースライン方向へ追い込むことで、相手の求める選択肢を奪うことが出来る。この状態から抜け出す唯一のパスはミドル方向のものであり、そのパスに対するディフェンスの準備をすることが出来る。

もし相手プレイヤーがドリブルを止めたら、ディフェンスしているプレイヤーは覆いかぶさるようにしてオフェンスの上側を守る。ここは、オフェンスにとってこのプレッシャーから抜け出すためのパスを投げる唯一の場所

LESSONS FROM THIS LEGEND...

である。ベールライン方向へパスを出させるように仕向け、トップやミドル方向へのパスの選択肢を奪う。

SEE THE BALL
ボールを見る

ディフェンスがいかなる時でも必ずやらなければならない3番目の事柄は、ボールの位置を常に把握しておくことである。いかなる状況でも、ボールの位置を把握しておくことは非常に重要である。

今となっては通用しない2つの古い言い伝えがある。一つは、クロスコートパスである。初期の頃は、クロスコートパスはしてはいけないと教えられてきた。なぜならば簡単にインターセプトされてしまうと考えられてきたからだ。しかし実際、クロスコートパスはゾーンオフェンスを攻略するために最も有効的な武器の一つであるのだ。

2つ目のもはや通用しない古い言い伝えは、ディフェンダーは頭や首を振ってはいけないということだ。ディフェンスプレイヤーはコンスタントに首を振っている。これによって、他の誰よりもボールを意識していることになる。もし、パスを狙っているのならば、パスの方向を確認するために頭を動かさなければならないはずだ。頭を動かすということは、ディフェンスプレイヤーにとって大変重要なことである。とくにヘルプサイドにいるディフェンスプレイヤーはどこにボールがあり、どのような対応がなされているかを知るためにも重要である。どのディフェンスも、結局はボールを持っている選手へプレッシャーをかけ、ボールを思い通りに動かせないようにするのだ。もし、ディフェンスプレイヤーが、ボールの位置を分かっていなかったら、チームのディフェンスのポジショニングが全くなっていないということである。

一度に3人の見方をからめて攻撃できるオフェンスプレイヤーはなかなかいないと考えている。スクリーンを使ったプレーは3人がからむプレーの一つではあるが、ボールを中心とした攻撃で3人が絡むことはほとんどないと言っていいだろう。もし、オフェンスがデ

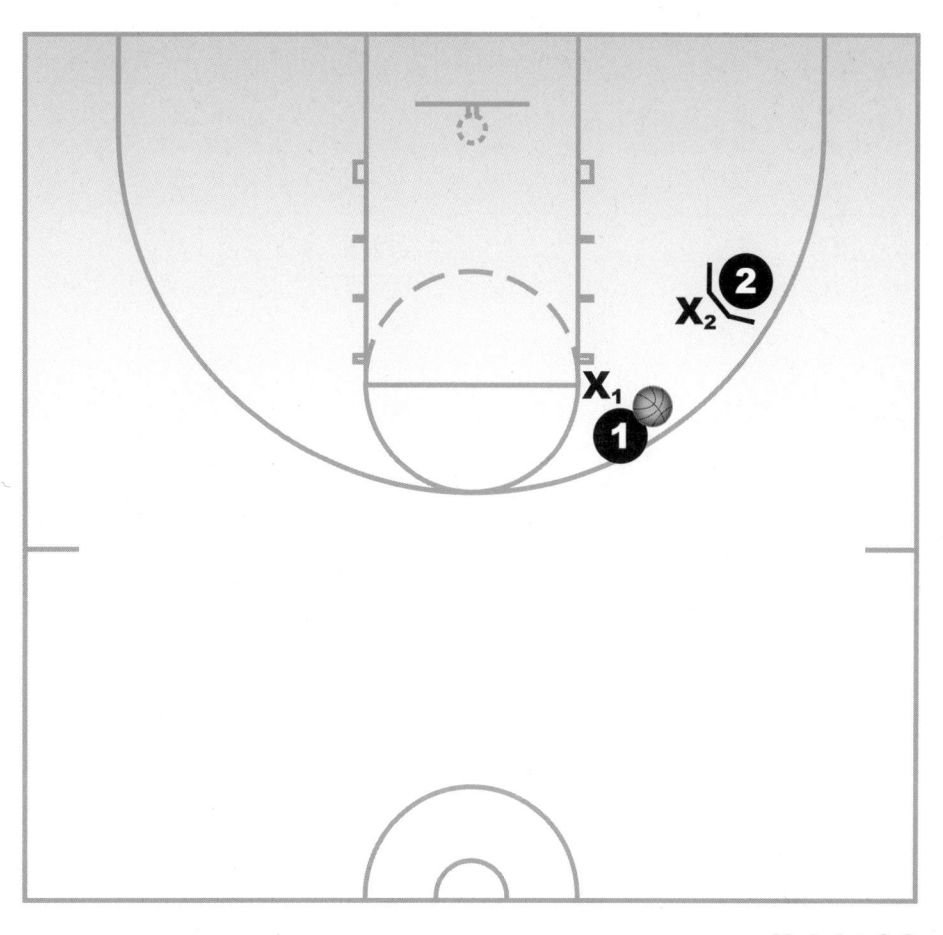

Knight 1.0

ィフェンスのようにボールポジションにばかり注意を払っていれば、私たちがセットアップした時に、5対3、あるいは5対2というディフェンス優位のシチュエーションになってしまうだろう。連続して、5人のプレイヤーがいつ、どんな時も全員でボールに集中していたら、ペネトレイションをするチャンスを失ってしまうだろう。

DAILY REQUIREMENTS
日々の練習に

加えて、3つのディフェンス的な利益をご紹介しよう。これらは日々の練習で植え付けていることである。基本的にはディフェンスは方向づけをして守るということを日々の練習で心掛けたい。

1．ボールへのプレッシャー

a．ディフェンスで最も注目すべきはボールそれ自体である。5人のディフェンスプレイヤーはそれぞれの最小限の役割として、ボールマンのペネトレイションを阻止することである。

b．ディフェンスプレイヤーはボールを持ったプレイヤーの胸の辺りに手の平が届くぐらいに近づいておくべきである。

c．ディフェンスプレイヤーはつねにゴールとボールの間に頭を置かなければならない。ボールのディフェンスに対してさらに強調すると、むしろプレイヤーのお腹部分にプレッシャーをかけると、オフェンスプレイヤーとしてはつねにプレッシャーをかけられている状態になるだろう。

d．手の位置はつねにボールへのプレッシャーをもたらす。ディフェンスプレイヤーは、オフェンスプレイヤーが進もうとする方向へ手の平を向けて阻止する。例えば、もしオフェンスプレイヤ

LESSONS FROM THIS LEGEND...

ーが右へ行こうとしたのであれば、右手の平を使う。反対の手はクロスオーバードリブルに備えると良い。

e. もし、オフェンスプレイヤーがバックターンなどでかわして来たら、ディフェンスプレイヤーはすぐに一歩反転して、フックして体を抑え込まれないようにしなければならない。

f. オフェンスプレイヤーがシュートを放った時、私たちのルールはこうなっている：シュートを放たれたと同時に足を引くこと。ボールに対してディフェンスプレイヤーは手を上げてほしいが、シューターの顔に対してではない。シューターの視野を遮るよりも、シューター自身が強制的にシュートを調整するほうが、良いシュートを打つのは困難となるだろうと考えているからだ。

2．パスコースにプレッシャーをかける

a. ボールが移動したときには、厳しくディフェンスをしなければならない。

b. ボールサイドのディフェンスは出来るだけ厳しいディフェンスをしなければならない。**図1.0** では、**X2** はマークマンとボールマンの間に体が位置するようにしなければならない。このディフェンスの動きによって、パスコースを防ぎ、ポストへのカットを防ぐことが出来る。

c. **X2** は ❷ のゴールに対して向かっていく最初のステップをフェイクだと気付くべきである。もし、**X2** がフェイクだと気付けなかった場合は、❷ はステップバックしてガードからのパスをつなぐことができる。逆に、もしフェイクだと気付くことが出来れば、ガードからフォワードへパスをつなぐのは厳しくなり、次の動きに移らざるをえなくなる。

d. 次に我々がすべきことは次にどこへボールが動くかを予測することである **(図1.1参照)**

3．ヘルプとリカバリー

a. ディフェンスプレイヤーに気づいてほしいことは、バスケットボールとは、ただ素早い動きの連続を成し遂げるということによって成り立っていることである。

b. ヘルプとリカバリーという言葉は、我々のチームの選手たちは毎晩のように聞かされている言葉でもある。これはプレイヤーたちに、ペネトレイションを阻止するためにヘルプするポジションをとることと、その後に自分のマークマンをしっかり捕らえることである。

c. ペネトレイションをヘルプして阻止したディフェンスプレイヤーが、自分のマークマンの得点を許してしまった場合は、彼はその仕事を成し遂げたとはいえない。

4．ブロックアウトについて

a. ブロックアウトの重要性を語るのに、我々のチームではプレイヤーたちにこう言い聞かせている。バスケットボールにおいて、余りにも過大評価されていることが2つある。それはサイズと跳躍力である。リバウンドにおいて、最も大切なことは、サイズや跳躍力ではなく、ポジションを確保することだということ。このことをプレイヤーに言い続けている。

b. 接触しろ。オフェンスプレイヤーをリバウンドエリアに参加させないために、接触するということを反復している。

c. マークマンの行こうとする方向に、ディフェンスプレイヤーはピボットしてブロックする。例えば、もしオフェンスプレイヤーが右方向に行こうとするのならば、ディフェンスプレイヤーは右足をピボットフットにすべきである。もしオフェンスプレイヤーが方向

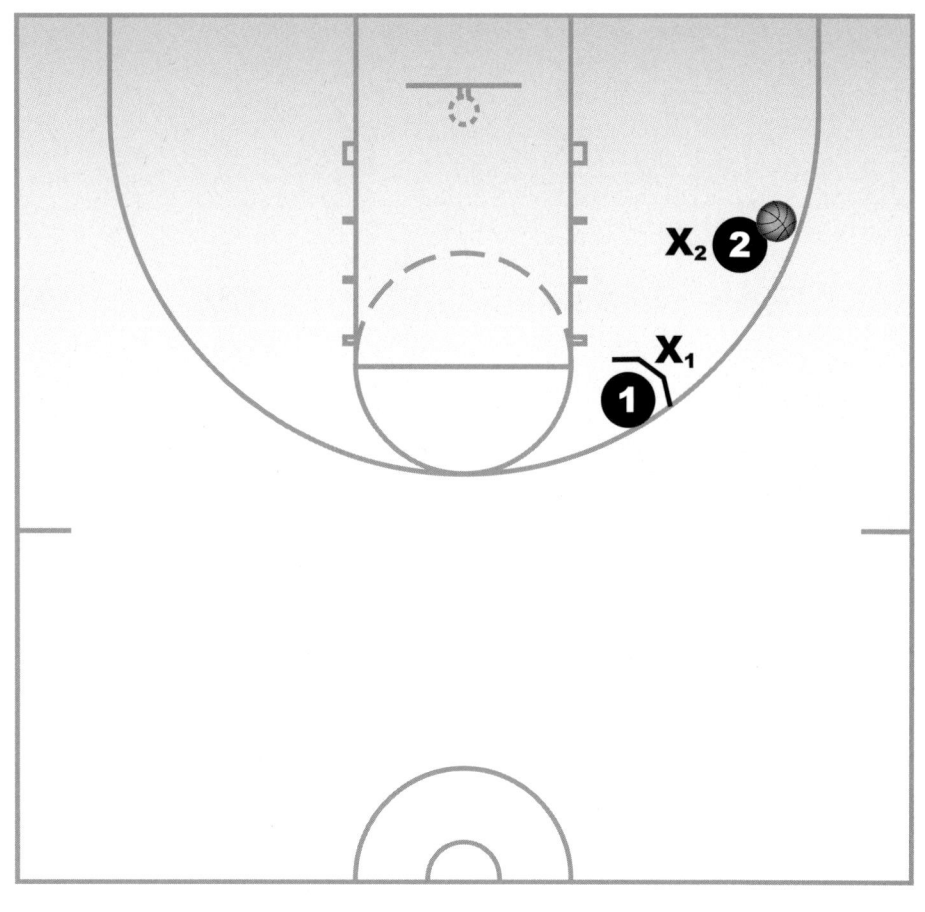

Knight 1.1

LESSONS FROM THIS LEGEND...

　　転換した場合は、リバースターンをして少しでも早く体を接触させるようにする。

d. ピボットプレーが成功した場合、次の段階としては、腕を上げ、肘を肩の高さで広げるようにする。この完璧な幅を保ったブロックアウトの壁を両手を広げて確保すれば、オフェンスプレイヤーの入り込む余地はなくなる。

e. シュートが放たれてからリバウンドが行われるまで、おおよそ３秒間が経過する。よってディフェンスプレイヤーとしては、５秒間はオフェンスプレイヤーをブロックアウトして外へはじきだしておく必要がある。

f. いつも言っていることは、完璧なリバウンドとは床に落ちてバウンドしたボールを自分の手元に確保することである。

5．ポストのディフェンス

a. ポストディフェンスは真のディフェンスプレーの中心である。もしディフェンスプレイヤーがポストを追い出すことが出来れば、あるいは少なくとも強いプレッシャーをかけることが出来れば、オフェンスのポストプレイヤーの仕事を抑え、相手の攻撃をゴールエリアから遠ざけることが出来るはずだ。

b. ボールサイドのポストディフェンスに対して、我々のチームは２つのルールがある。１つ目のルールはオフェンスプレイヤーのハイサイドで少しでも長い間、ポストアップされないように守ることである。２つ目のルールは、ボールがベースラインからのアウトオブバウンズの時、ポストプレイヤーをローポスト側、またはベースライン寄りでプレーさせることである。

SOURCE
出典
・ボブ・ナイト、ピート・ニューウェル（1986年）。ナイトとニューウェルによるバスケットボールレッスン I。セイモア・イン：グラッセル―マーサー。

LESSONS FROM THIS LEGEND...

FIVE-ON-FOUR DEFENSIVE DRILL

By Bob Knight and Pete Newell

ディフェンスのクイックネスは成功に不可欠である。判断力と行動力の両方の面において、ディフェンスのクイックネスは、チームの成長のための最善策だと信じている。Five on Four Drill の中で、私たちは5人のオフェンスプレイヤーに対して、4人のディフェンスプレイヤーで応じる。ディフェンスはボールから最も遠い場所にいるオフェンス選手を空けておく（**図 2.0 参照**）。

オープンのオフェンスプレイヤーがボールをレシーブするポジションに動いた時は、4人のディフェンスプレイヤーは、このプレイヤーをピックアップする新しいシチュエーションに素早くアジャストする。ボール移動があった場合、ディフェンスプレイヤーはフロアーポジションをチェンジし、最もゴールを奪われる危険性の少ないプレイヤーをオープンにするポジションをとる（**図 2.1 参照**）。Five on Four Drill のセオリーはつねにディフェンスプレイヤーは言葉をかけ合い、ヘルプをし、どのオフェンスプレイヤーがオープンとなるかを頭に入れつつ、オープンとなったプレイヤーを守るためにリカバーし合わなければならない。

目まぐるしく変わるシチュエーションに4人のディフェンスプレイヤーが継続的にアジャストする練習ができるように、5人のオフェンスプレイヤーは普段通りのオフェンスパターンで走りまわるべきである。覚えておいてほしいのは、話合いだけで習慣づけようとしてはならないこと。練習を重ねることで体得するべきである。我々はこれを毎晩の練習で行っている。なぜならば、この練習は、我々のディフェンスにおいて、クイックネスとセカンドエフォートの成長を助けてくれると感じているからである。

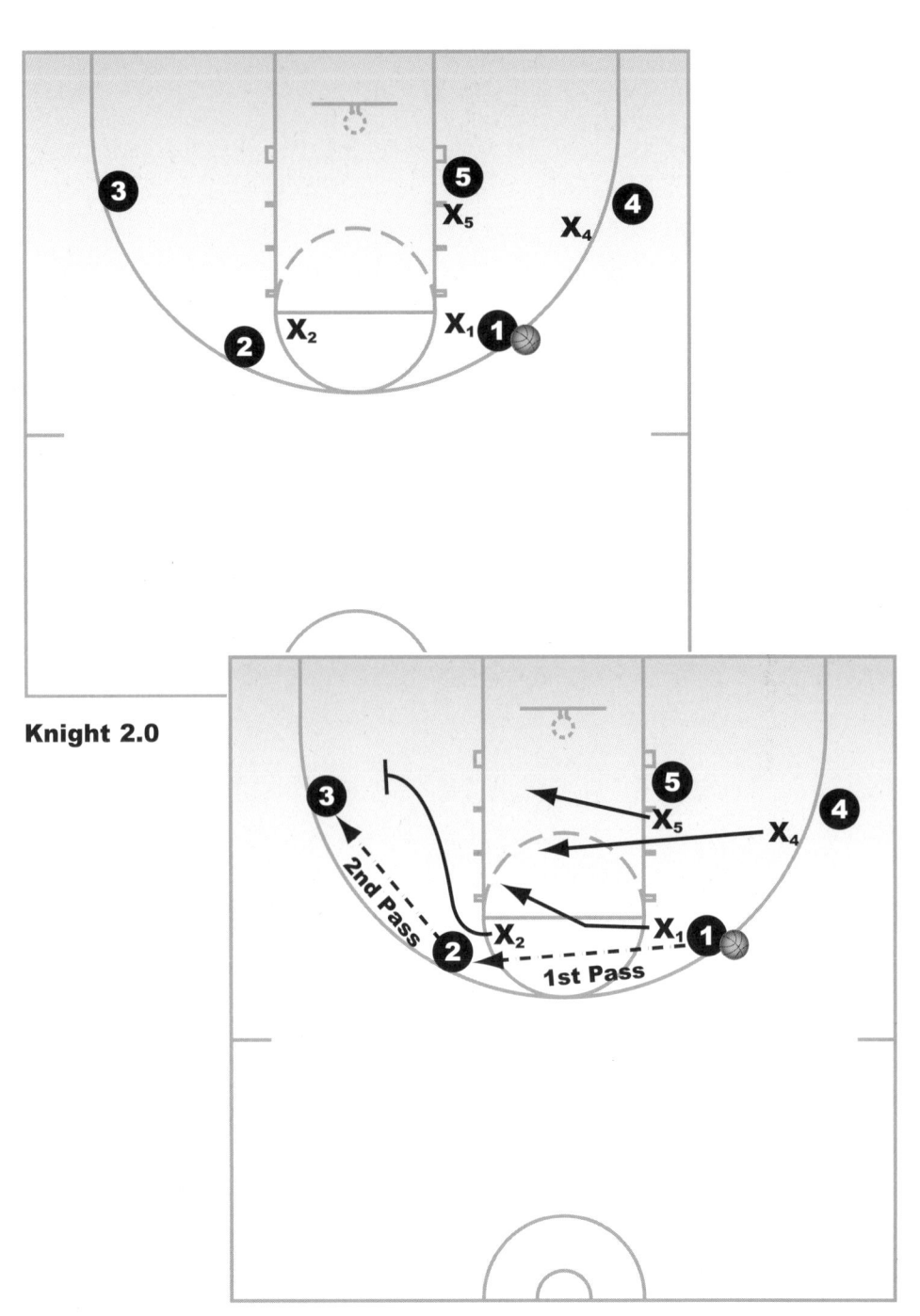

Knight 2.0

Knight 2.1

LESSONS FROM THIS LEGEND...

TEACHING POINTS
指導のポイント
ディフェンスは：
1. コミュニケーションをとる
2. パスコースをふさぐ
3. インサイドにボールを通さない
4. アウトサイドへのパスに圧力をかける。

SOURCE
出典
・ボブ・ナイト、ピート・ニューウェル（1986年）。ナイトとニューウェルによるバスケットボールレッスンⅠ。セイモア・イン：グラッセル―マーサー。

LEGACY OF
Mike "Coach K" Krzyzewski

- デューク大学を率いて、1991年、1992年、2001年と3回の優勝を遂げ、10回のファイナル4進出を果たしている。

- 歴代で最も優秀なコーチとして考えられている。

- ウエストポイント大学を卒業し、栄誉殿堂入りしているボブ・ナイトコーチの元でプレーした。

- 厳しい練習と、美しく、チームワークに則った主義、そして細部にわたる気配りで、チーム作りのプログラムを立ち上げた。

- 素晴らしい指導者として、そして、最も高貴なる人物として名をはせた。

- リーダーとしての基盤となる責務は、人々を鼓舞することだという信念を持っている。

- 1990年代を代表するNABCの10人のコーチに選出された。

LESSONS FROM THIS LEGEND...

MAN-TO-MAN DEFENSE

By Mike Krzyzewski

私はヘッドコーチとしてこれまでマンツーマン・ディフェンスとモーション・オフェンスを、アーミーでの5年間とデューク大での5年間の、合わせて10年間使い続けてきた。私はこれらを楽しい戦術だと考えているが、しかし同時に特殊な戦術でもある。

ここではまずマンツーマン・ディフェンスのドリルから紹介していきたい。何人かの人々は、私たちがやっていることはインディアナ大とまったく同じだと言うだろうが、実際はそうではない。私はコーチナイトの下でプレーし（アーミー時代）、インディアナでは彼の下でアシスタントコーチとして働いた。そのため私たちが行っていることの多くは彼から学んだことが元になっている、しかし自分独自のシステムを構築する中でまずやらなければならないことは、柔軟性を持つことだと私は考える。高校の仕事としてはとても素晴らしいであろうウエストポイント・プレスクールでコーチを務めた後、私はインディアナ大へ行った。そしてそこでは私がコーチナイトの下でプレーしていたころに行ったのとまったく同じ方法でマンツーマン・ディフェンスのドリルをしたことを覚えている。ドリルの内容も何もかも、すべてが一緒であった。彼がこの方法でこれほどの成功を収めているのであれば、もしかしたら私も同じように成功できるのではないか、と私は自分につぶやいた。

しかし、インディアナ大がナショナルチャンピオンになる前の年、インディアナ大のアシスタントコーチとして最初の練習でそれは起こった。練習が終わった後、私はどこか腑に落ちない所があった。なぜならアーミーでの選手時代、私たちが毎日行っていたドリルが使われなかったからだ。そのドリルとはジグザグドリルと呼ばれるものである（**図1.0参**

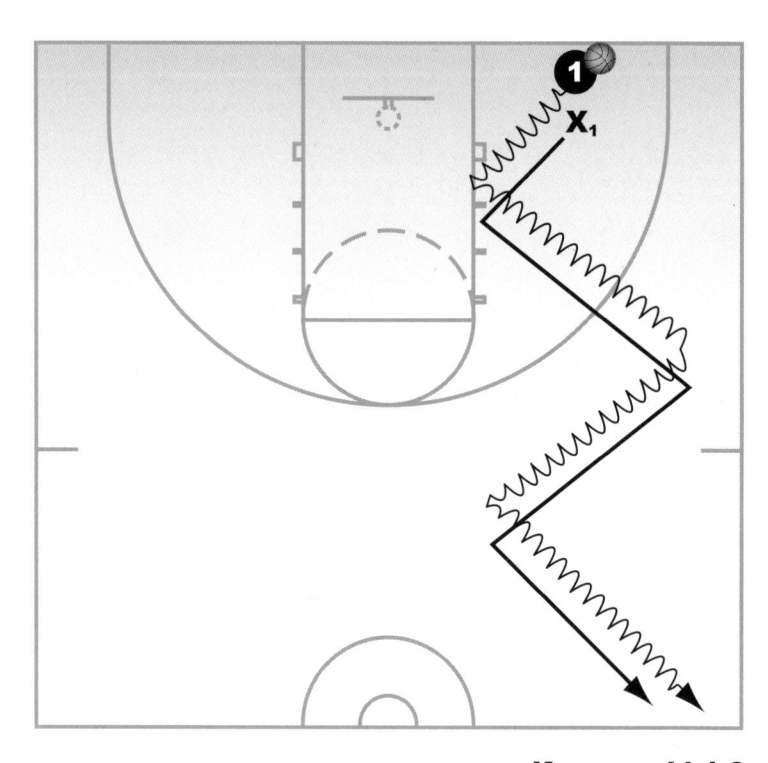

Krzyzewski 1.0

照）。これはオールコートの1対1ドリルであり、ディフェンダーはコートの端から端までジグザグとスライドしていく。ウエストポイントで私はこれを毎日選手にやらせた。そしてその時点まで私がコーチしてきたすべてのチームでも同じように毎日行ってきた。

私は腑に落ちなかったが、コーチナイトに対してなぜこのドリルをやらないのか、と尋ねるだけの勇気もなかった。2回目の練習でもやはりそのドリルは使われなかった。その日の練習後、私たちはロッカールームにいた、そしてコーチナイトの機嫌も良かった。私は毎日毎日ディフェンススタンスをとり、必死にこのドリルに取り組んできたすべてのアーミー出身プレイヤーたちの為に、理由を聞かなければならなかった。私は質問してもいい

でしょうか、とコーチナイトに訊ねた。彼は「もちろんだマイケル。何が知りたい？」といった。私は「なぜ私たちはジグザグをやらないのですか？ アーミーではあのドリルを何度も何度もやりました」するとコーチナイトが私に近づいてきた。この時点で私は質問したのは失敗だったと感じていた。彼は手を私の肩に乗せこう言った「マイケル、お前が人生で学ぶべき小さな事が1つある。それはお前とクイン・バックナーとの間には大きな違いがあるということだ」。間違いなかった。

何が言いたいかと言うと、コーチはプレイヤーのタイプに合わせてやり方を対応させていかなければならない、ということだ。自分のチームをそのシーズンごとにしっかり見極め、彼らにとっては何がベストなやり方なの

LESSONS FROM THIS LEGEND...

かを見つけなければならない。マンツーマン・ディフェンスを使うことも出来るし、モーション・オフェンスで攻めることもできる。しかし、どうやったらそれらが自分のチームに最も合うのかを考えなければならない。そしてその事は、私のコーチングキャリアのその時点で学んだ大きな教訓であった。今年のデューク大チームでは、私たちはマンツーマン・ディフェンスを使用した。しかしいくつかのゾーンディフェンスも使ったし、プレスもやった。インディアナ大と違う点と言えば、彼らは粘り強いマンツーマン・ディフェンスをしていることだ。彼等相手にペイント内へボールを入れることは難しい。デューク大のチームはより素早いクイックネスを持っているため、ボールにプレッシャーをかけ、より広くコートを使っている。今から紹介するのは、このディフェンスをチームに浸透させるために私たちが行っているいくつかのドリルである。

ZIGZAG DRILL
ジグザグドリル

通常のジグザグドリルも行う。ディフェンダーはヒール・トゥー・トー・スタンスを取り、ボールを体の中心にとらえる。オフェンスがドリブルしている間、両肩は平行に保つことを強調する。ディフェンダーはドリブラーをサイドライン方向へ行かせる。コーチが指示を出しながら一緒にコートを移動する。私たちはこのドリルをほとんど毎日行う。

このドリルはいくつか違うやり方で行うことも出来る（**図1.1 参照**）。ドリブラーが自分のタイミングで前方にパスを出せるような状況を作る。フルコートのディフェンスを多く使用するため、練習で行うドリルをよりゲーム状況に近い形にしようとしている。私が伝えたい重要なことの1つが、この"試合に近い形で練習する"ということである。あなた自身のチームのための、ゲーム状況に合ったドリルを創作しよう。私たちがこのドリルで強調していることは、前方にパスが出されたら素早くボールラインまで下がるということだ。オフェンスはパスを出した後ゴール方向へカッティングするが、それに対してディフェンダーは常にフロントで守る。オフェンスがリターンパスをもらえないようにディフェンスする。もしオフェンスがリターンパスを受けたら、そこからまた同様に1対1を始める。サイドライン沿いに立っているコーチ陣は随時その位置を変えるようにする。

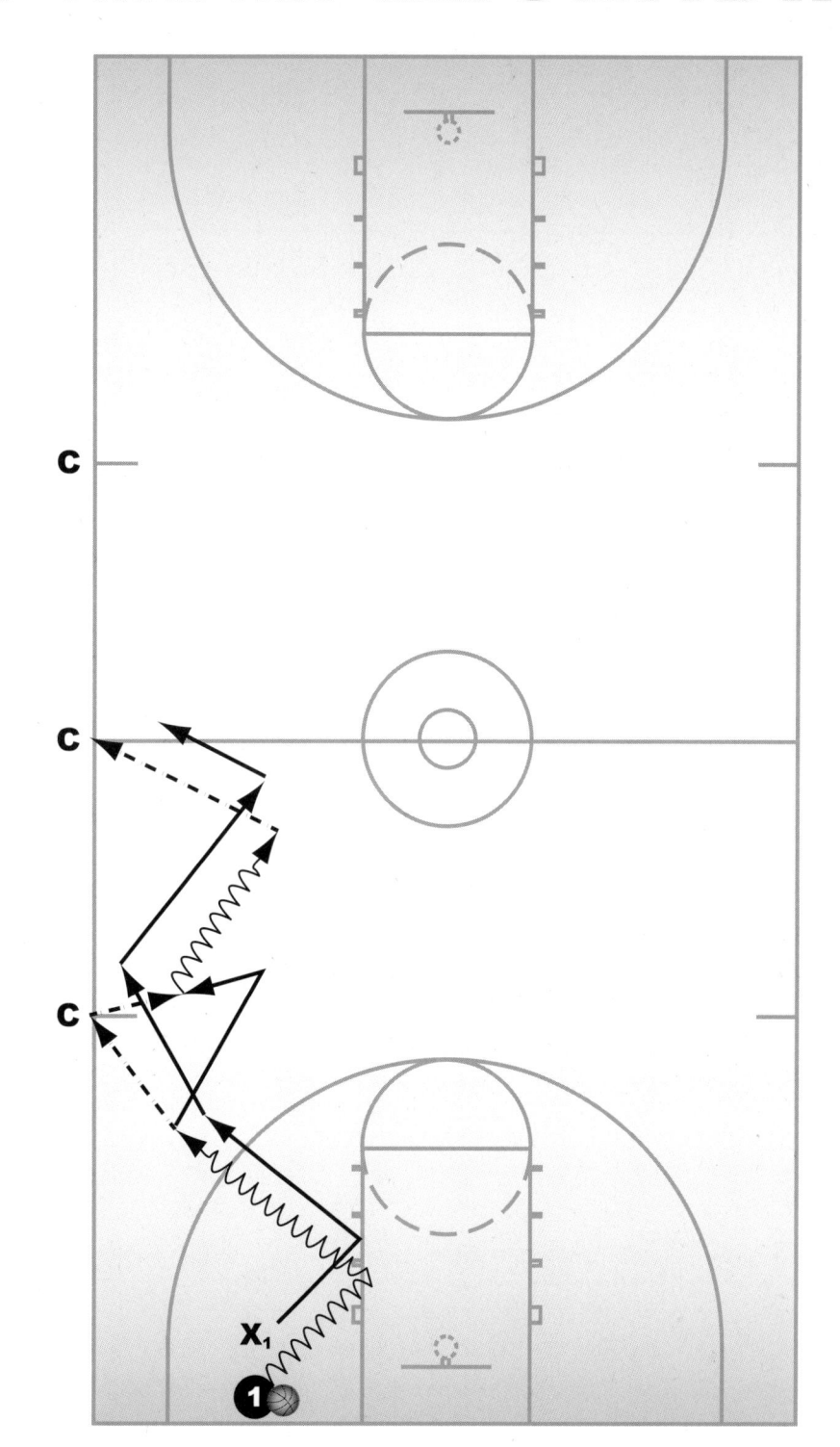

Krzyzewski 1.1

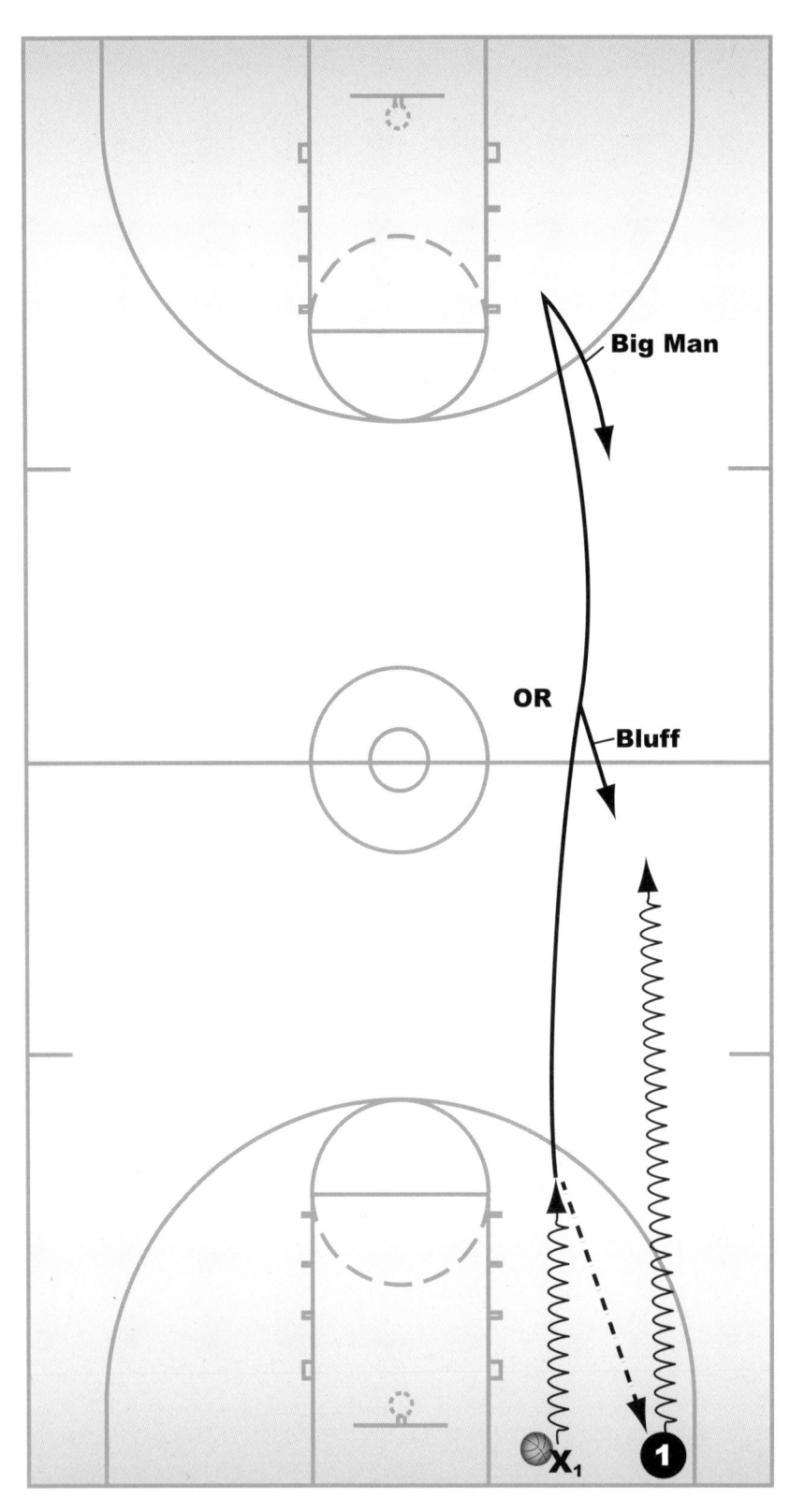

LESSONS FROM THIS LEGEND...

Krzyzewski 1.2

INFLUENCE DRILL
インフルエンスドリル

このドリルをインフルエンスドリルと呼ぶ（**図1.2参照**）。ディフェンダーとなるプレイヤーがまずボールを持った状態で始める。ベースラインからフリースローラインまでドリブルして行った後、ベースライン上に残っているトレイラーの❶にパスを戻す。パスをした後、もしそのプレイヤーがガードであればハーフラインまで、ビッグマンであれば逆サイドのフリースローラインまでスプリントする。私たちはこれをフェイクトラップと呼ぶ。自分に向かってフルスピードでドリブルしてくるプレイヤーは、最もディフェンスすることが困難なプレイヤーの1人である。このような時、ディフェンダーはオフェンスに対してフェイクするように指導する。そうすることによって受け身となってオフェンスに主導権を与える代わりに、オフェンスがフェイクに反応してスピードを緩めるように仕向けることが出来る。あなたがどんな形であれプレッシャーディフェンスをやろうと考えているなら、このドリルは必ずやるべきだと私は思う。ドリルの内容に話を戻すが、これはフルコートの1対1ドリルである。ビッグマンを逆サイドのフリースローラインまで走って戻させる理由は、そこが私たちがプレスディフェンスを行う時にビッグマンが取るポジションだからである。そのポジションで彼等は素早いガードプレイヤーを含んだオフェンスに対して2対1で守らなければならない。言ってしまえば彼等は最後の砦なのだ。このドリルはそんな実際の試合で起こり得る状況であり、私たちのディフェンスシステムを指導する上で非常に役立っている。

CLOSE OUT DRILL
クローズアウトドリル

クローズアウトドリル（**図1.3参照**）X₁は❷へパスを出す。❷はシュートしてもドライブしてもよい。X₁はそれらの動きに対してディフェンスしなければならない。もしあなたがマンツーマン・ディフェンスを使用しているのであれば、ヘルプやリカバーが必要な状況が多く出てくる。そしてそのような状況では、コート上の離れた位置にいるプレイヤ

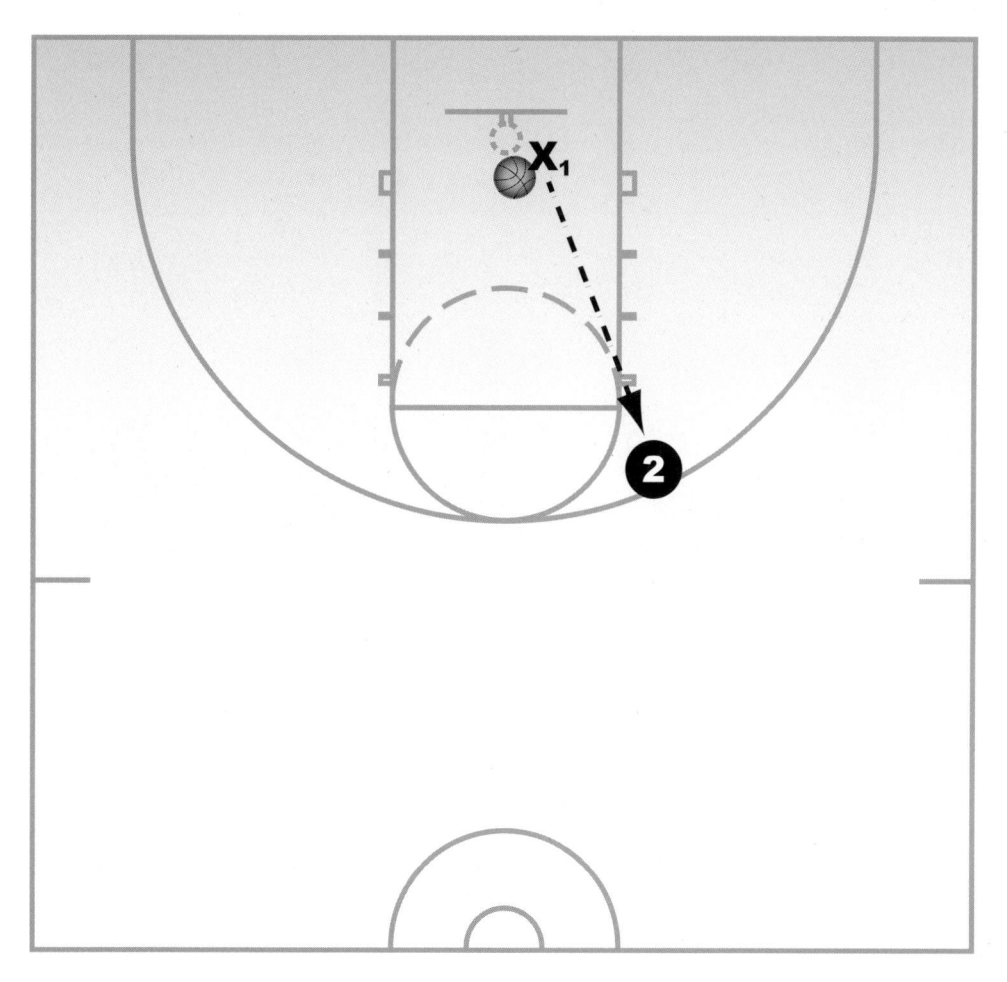

LESSONS FROM THIS LEGEND...

Krzyzewski 1.3

ーに対してボックスアウトに行かなければならないような状況が多く発生する。もしヘルプポジションに下がっている時に自分のマークマンへパスが通ったら、その相手に対して"クローズアウト"しなければならない。クローズアウトしないでそのままオフェンスの横を飛びぬけてしまうようなプレイヤーが時々見られる。このドリルでは、そして私たちのディフェンスシステムでは、マークマンに対して半分までスプリントし、その後は内側の手足を前に出した形でスペースを詰める。私たちのディフェンスでは、オフェンスを外側へ向かわせるように守る。

私はこのタイプのドリルは非常に重要だと考える。1つだけ変えたところはボールマンに対するディフェンスの手の位置である。通常のディフェンスでは手を腰の高さまで上げる。ガードからサイドのウイングへパスが通ったら今度は内側の手を挙げた状態でボールにプレッシャーをかける（内側の手とはコート中央に近い手という意味である）。多くのチームが両手のオーバーヘッドパスを使用するため、このディフェンスポジションはそれを止めるのに有効である。反対の手は腰の高さに保つ。このポジションを取ることでボールに対してよりプレッシャーをかけることが出来ると私たちは感じている。そしてオフェンスがドリブルを始めた瞬間に、元のポジションに戻る。

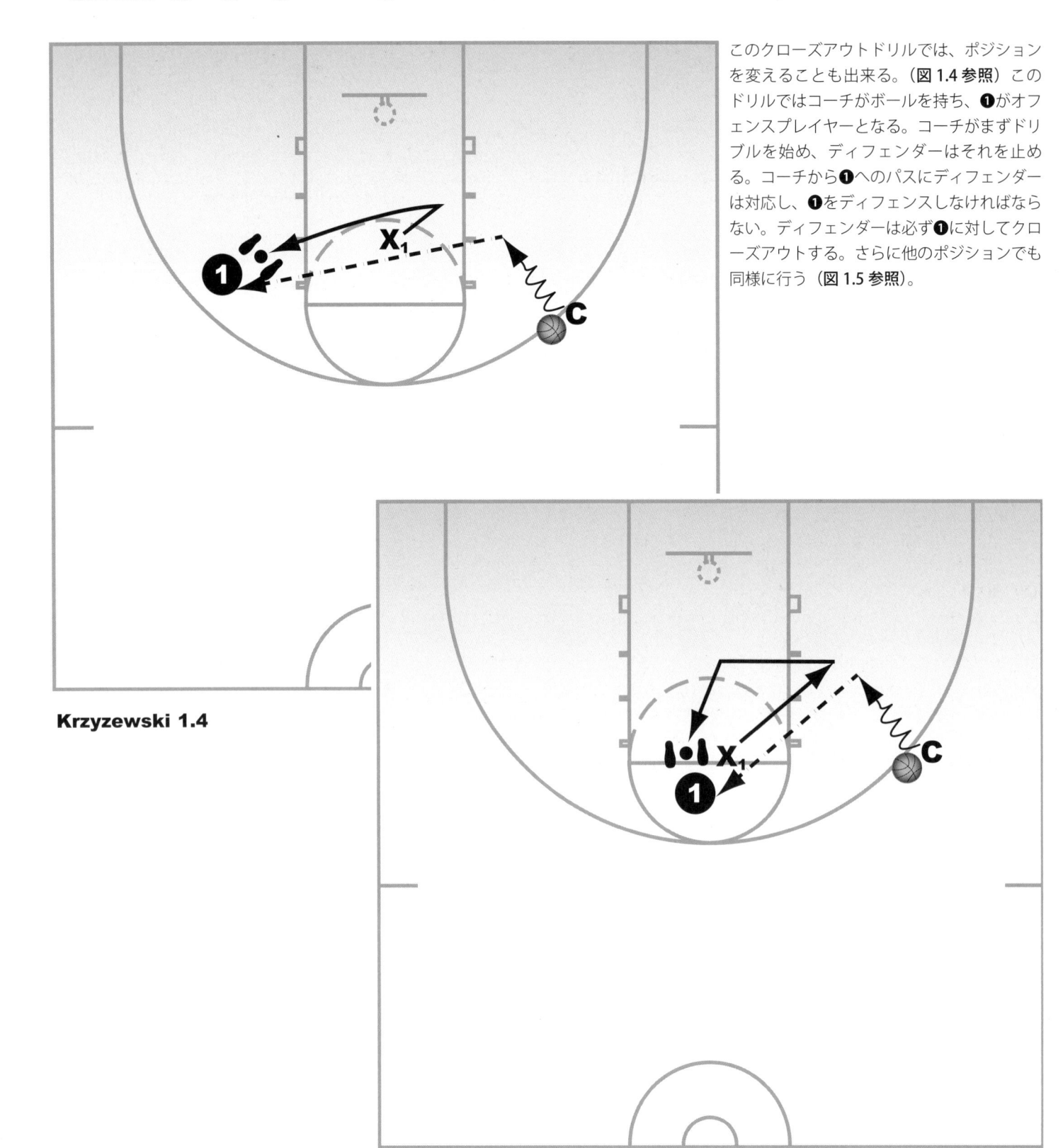

LESSONS FROM THIS LEGEND...

このクローズアウトドリルでは、ポジションを変えることも出来る。（**図1.4参照**）このドリルではコーチがボールを持ち、❶がオフェンスプレイヤーとなる。コーチがまずドリブルを始め、ディフェンダーはそれを止める。コーチから❶へのパスにディフェンダーは対応し、❶をディフェンスしなければならない。ディフェンダーは必ず❶に対してクローズアウトする。さらに他のポジションでも同様に行う（**図1.5参照**）。

Krzyzewski 1.4

Krzyzewski 1.5

LESSONS FROM THIS LEGEND...

DENIAL DRILL
ディナイドリル

これを読んでいるすべての人は何らかの形でディナイドリル、またはコンテスティングドリルをやっているだろう（**図1.6参照**）。私がプレイヤーだったころ、私たちのチームは常にこのやり方で、この方法のみでドリルを行っていた。しかし私はこれらのドリルに工夫を加えなければならないと考えている。

Krzyzewski 1.6

そこで私たちはコーチがドライブする選択肢を付け加えた（**図1.7参照**）。この状況では、ディフェンダーはドリブラーに対して完全にヘルプに行くのではなく、コンテスティングスタンスを保ったままフェイクトラップをしなければならない。つまり X1 はドリブラーに対しヘルプに行くのではなく、またすぐ①のディフェンスに戻らなければならない。

Krzyzewski 1.7

もう1つのやり方としては、コーチにさらにシュートの選択肢を与える方法がある（**図1.8参照**）。私たちはこれを1対1、2対2、3対3、4対4、のドリルで使用する。ドリルの間中いつでも、コーチはシュートを打つことが出来る。ディフェンダーは必ずブロックアウトを行い、リバウンドへ行く。この方法であなたのチームのリバウンド力を試すといい。私たちは他にも良いリバウンドドリルを持っているが、これらのドリルを加えることでゲームに近い状況でリバウンドの練習をすることが出来る。

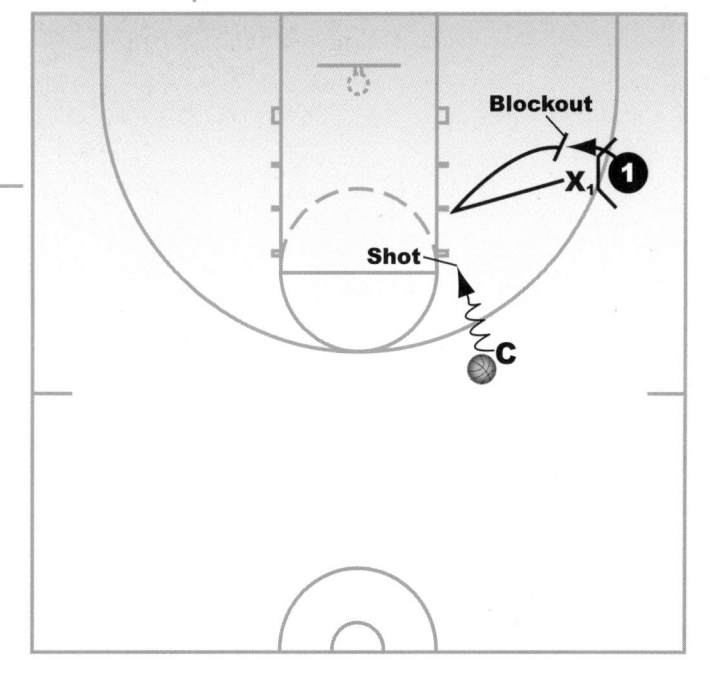

Krzyzewski 1.8

LESSONS FROM THIS LEGEND...

あなたの行っているドリルをもう一度見直し、どうすればそれらを発展させられるかを考えてみよう。昨シーズンの終わり、私たちはそれまでの練習で使用したすべてのドリルを見直した。そして自分たちに対して、チームスタッフとしてどうすればこれらのドリルをより良いものに出来るか問いかけた。私はアシスタントコーチたちと協力し、すべてのドリルをもう1度勉強した。この作業はその後の練習に非常に役立ったと思う。こうすることで練習はより素早いものとなり、プレイヤーたちもより集中するようになった。彼らはコーチ陣が次に何をやるのか分らなかった。そのことは彼らに自ら考えさせる機会を与えた。私たちは今年もまた違った形で変化を加えた。これまで1時間半から2時間の非常に展開の早い練習を行ってきた。しかしそうすることによって、少しばかり「教える」という要素を欠いてしまったと気がついた。そのため、シーズンの初期の段階では、ドリルを4分とかの短い時間でやる代わりに、さらに2分長く行うようにした。こうすることで、ドリルの間にしっかりとプレイヤーに対して「教える」ことが出来るようになった。しかしここでも練習がただの「講義」になってはならない。バランスのとれた流れのある練習をこころがけよう。

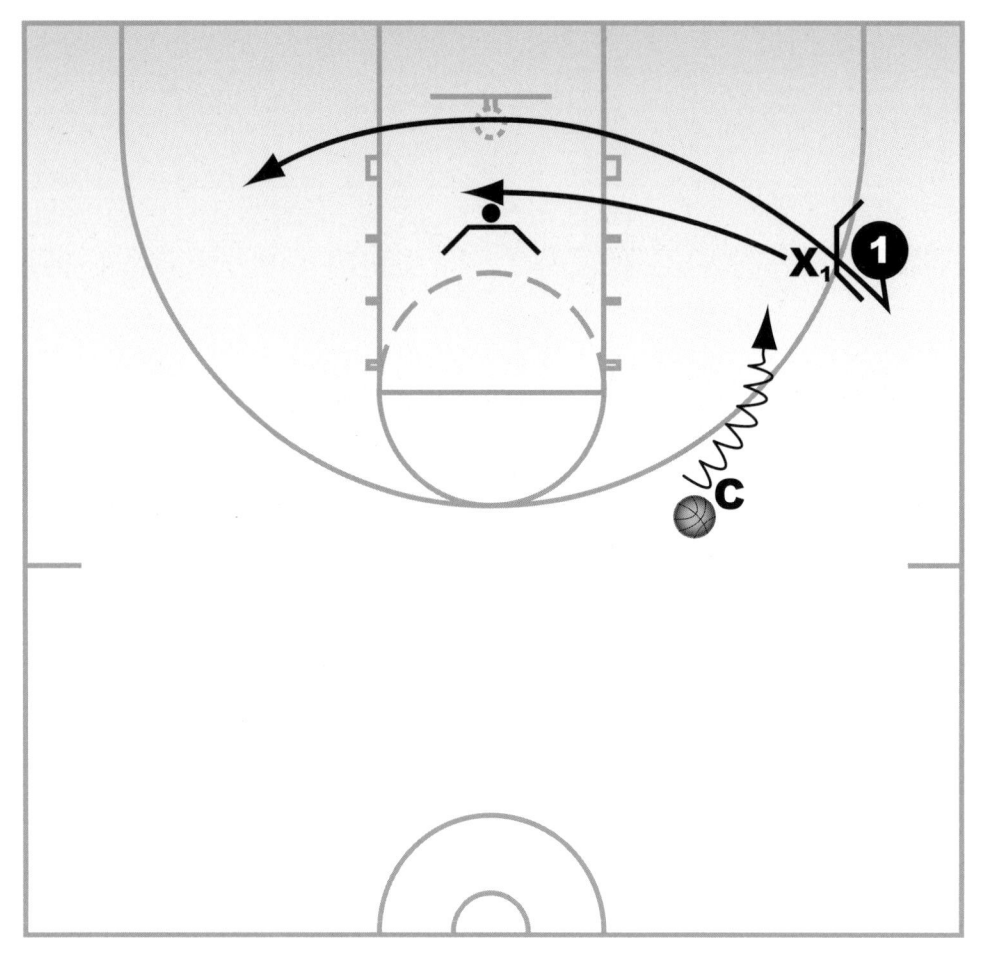

Krzyzewski 1.9

COMBINATION DRILLS
コンビネーションドリル

ディフェンスとはポジション移動の連続である、という理由から私たちは複合的なドリルを好んで使用する。それではコンテスティングドリルに幾つかの要素を加えてみよう（**図1.9参照**）。ドリルが行われている最中、コーチが「クリアーアウト」とコースるす、それに合わせて❶は逆サイドへポジションチェンジするが、ディフェンダーであるX1はフリースローレーンないに留まるということをしっかり意識する。ボールサイドのディフェンスからヘルプサイドのディフェンスへの切り替えは正確に出来なければならない。そしてチームとしてどんなルールでディフェンスするのか？ レーン内のどこで止まるのか？ といったことを確認しておく。あるタイミングでコーチはディフェンダーに向かってドライブする。またドライブから❶にパスを出してもよい。その場合、その時点でこのドリルはクローズアウトドリルとなる。

LESSONS FROM THIS LEGEND...

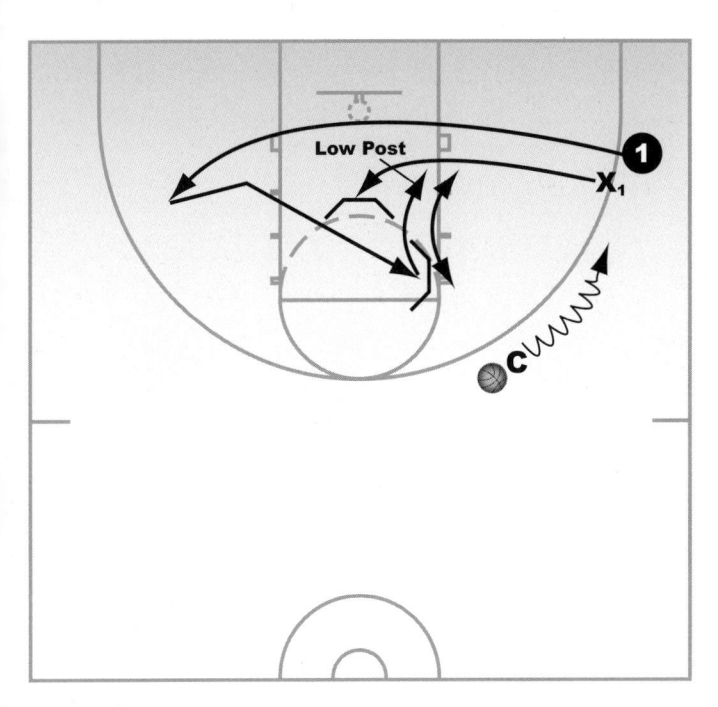

他には、❶が逆サイドから再びボールサイドのコーナーへフラッシュするというオプションもある（図1.10参照）。このフラッシュに対してディフェンダーは必ずディナイをする。❶はその後、ローポストへロールすることが出来る。その場合ディフェンダーはローポストに対するディフェンスをしなければならない。このようにこの手のドリルでは、多くの異なった場面に対応する必要がある。コンテスティング、ボールサイドとヘルプサイドのディフェンス、フェイクトラップ、クローズアウト、フラッシュに対するディナイ、そしてローポストのディフェンスなどである。これらの要素を個別に練習することは重要であるが、これらを連続した形で行うことも効果的である。

Krzyzewski 1.10

ここに示すのはガードのためのドリルである（図1.11参照）。トップの❶はウイングにいるコーチにパスを落とした後、ゴールに向かって「ギブ・アンド・ゴー」カットをする。ディフェンダーは必ずボール方向へジャンプし、カッターに対してフロントで守る。❶はそのままローポストでポストアップする。これに対してはオーバープレイし、ロブパスを出させるようにディフェンスする。

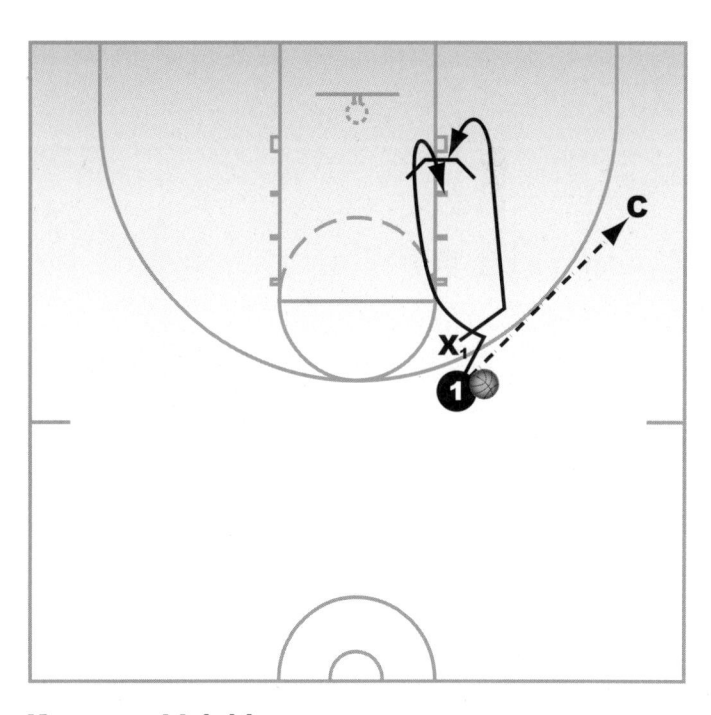

Krzyzewski 1.11

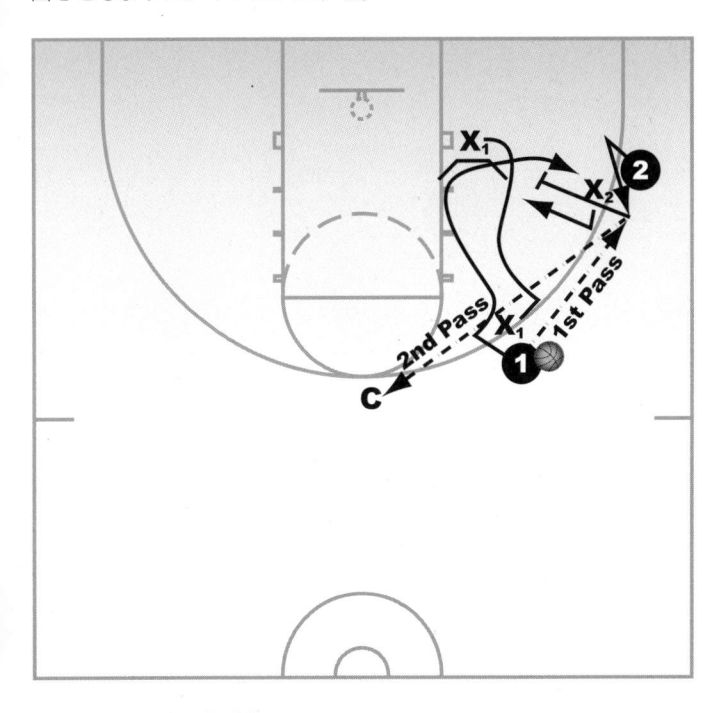

さらに要素を加えてみよう（図1.12参照）。もう1人プレイヤーを加えて、コーチをトップのポジションに配置する。❶は❷へパスを出し、ローポストへカッティングする。ディフェンダーはそのカッティングに対して常にフロントでディフェンスする。❷はコーチへパスを戻し、ダウンスクリーンに行く。ディフェンダーはこのスクリーンをすり抜けなければならない。昨シーズンに相手チームが自分たちに対して何をやってきたかをもう1度見直し、それに対応したドリルをデザインするようにしよう。この状況は必ずゲーム中に起こるので、これらをドリルに加えるといいだろう。

Krzyzewski 1.12

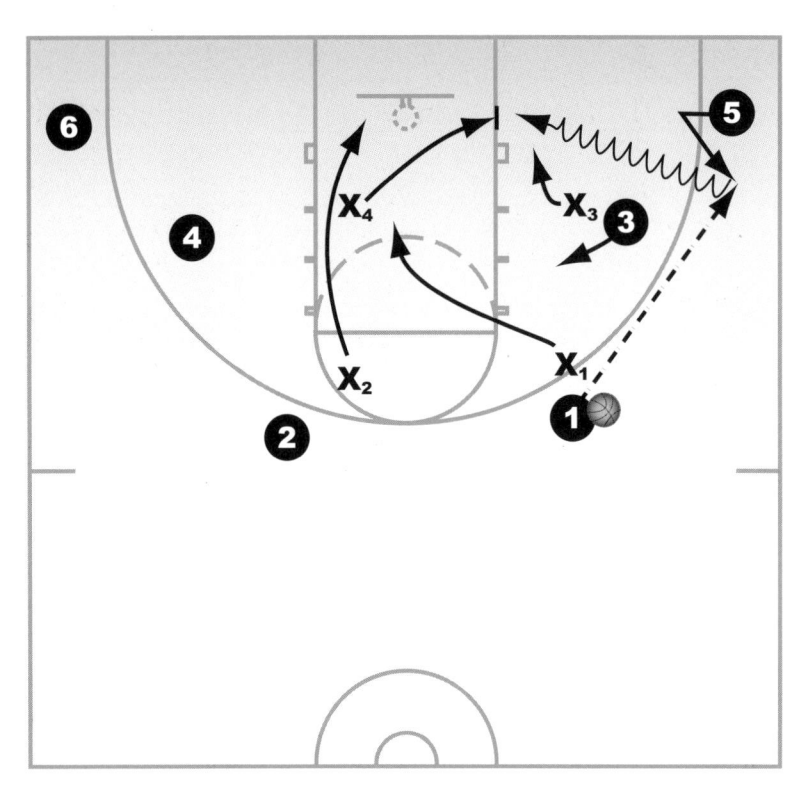

LESSONS FROM THIS LEGEND...

Krzyzewski 1.13

TWO-BALL DRILL
2ボールドリル

ゲームで起こりうる状況よりもさらに困難な状況を作り出すこともまた重要である（**図 1.13 参照**）。そのような状況を作るために「2 ボールドリル」を使用している。これは両コーナーに 2 人余分にプレイヤーを配置した 4 対 4 ドリルである。オフェンスの 4 人はどこにポジションを取ってもよい。コーナーにいる❺と❻は、ボールをもらった瞬間にゴールへ向かってドライブする。これは、オフェンスを外へ外へと追いやるようなディフェンスをやろうとしている私たちにとって、特に重要なドリルである。例えば、もし❸がミドル方向へカッティングしたときに❶から❺へパスが通り、❺がそのままゴールへドライブしたと仮定しよう。ディフェンダーは決してボールを視界から外してはならない。X3 はボールの動きに合わせて止まり、❺を守らなければならない。この場合、ディフェンダーはチャージングを狙いに行く。すべてのディフェンダーはオフェンスの動きに対応してディフェンスしなければならない。ゾーンディフェンスのドリルでも同様に余分にオフェンスプレイヤーを置くことができる。ゾーンを攻める上で効果的な位置にプレイヤーを配置し、それに対してディフェンダーがどう反応するかを見てみよう。

ポストマン同士のポジションチェンジに対するあなたのチームのルールは何だろうか（**図 1.14 参照**）。ボールサイドにいる❹が逆サイドの❺へアウェイスクリーンに行った場合、どうディフェンスするのか？ 時々スイッチするのか、絶対にスウィッチはしないのか？ 自チームのルールはどうなっているだろう？
私たちのルールはこうである：ヘルプサイドのディフェンス（❺のディフェンス）はトップサイドを守る。ボールサイドのディフェンスはベースライン側を守る。このルールはあなたのディフェンスに役立つだろう。ヘルプサイドのディフェンスがあらかじめトップサイドを守ると分かっていれば、すでにスクリーンに対してファイトオーバーする準備は出来ていると言える。

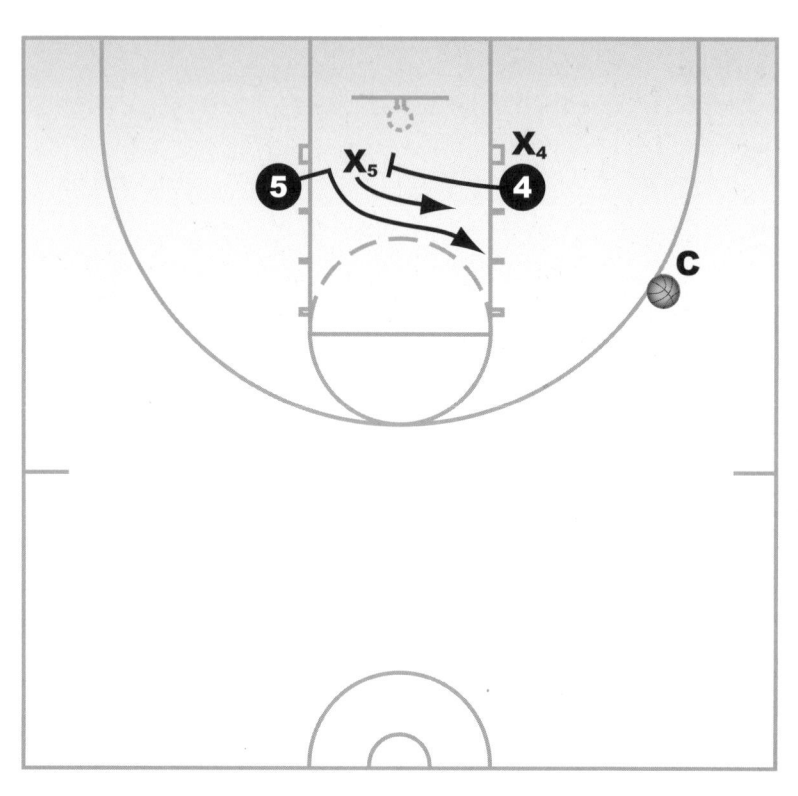

Krzyzewski 1.14

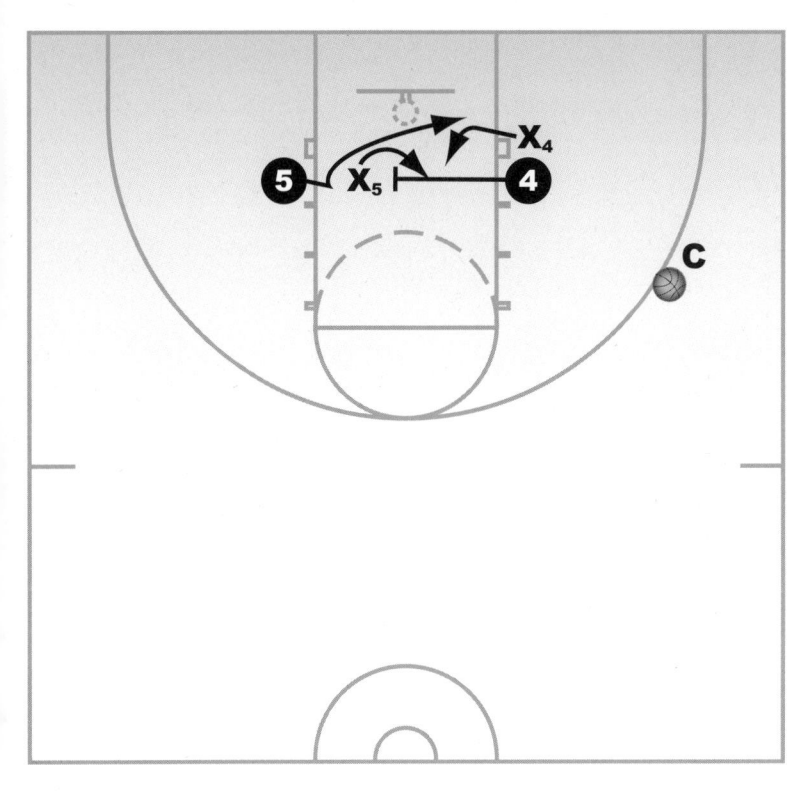

LESSONS FROM THIS LEGEND...

もし⑤がスクリーンのベースライン側を抜けた場合（**1.15 参照**）、**X4**はスイッチする、なぜならルールではボールサイドのディフェンスはベースライン側を、ヘルプサイドのディフェンスはトップサイドを守ると決めているからだ。

ここで私はあなたに私たちのやり方、考え方を押し付けようとしているわけではない。私が言いたいことは、このようなゲームの状況をしっかり見極め、それらに対するディフェンスのルールを作らなければならないということである。

Krzyzewski 1.15

RANDOM MOVEMENT DRILL
ランダム・ムーブメントドリル

何らかの方法でディフェンスのタフネスを鍛えなければならない。私が現役でプレーしていた時は、ルーズボールドリルを使用していた。今のチームで私たちはそのドリルをめったに使用しないが、代わりに「ランダム・ムーブメントドリル」を行っている（**図1.16参照**）。ランダム・ムーブメントとはまさに言葉通りの意味である。オフェンスのプレイヤーたちはどこへ動いてもよい。さらに3人のコーチもドリルに加わる。ディフェンスのプレイヤーがボールから視線を外した瞬間に、コーチはそのプレイヤーに対してボールを投げつける。しかしこれはプレイヤーを傷つけるためではなく、注意を引くためである。「ボールを絶対に視界から外すな！」。コーチはオフェンスにパスを出すことも出来る。またさらに、あえて悪いパスを出すことでルーズボールシチュエーションを作り出すことも出来る。

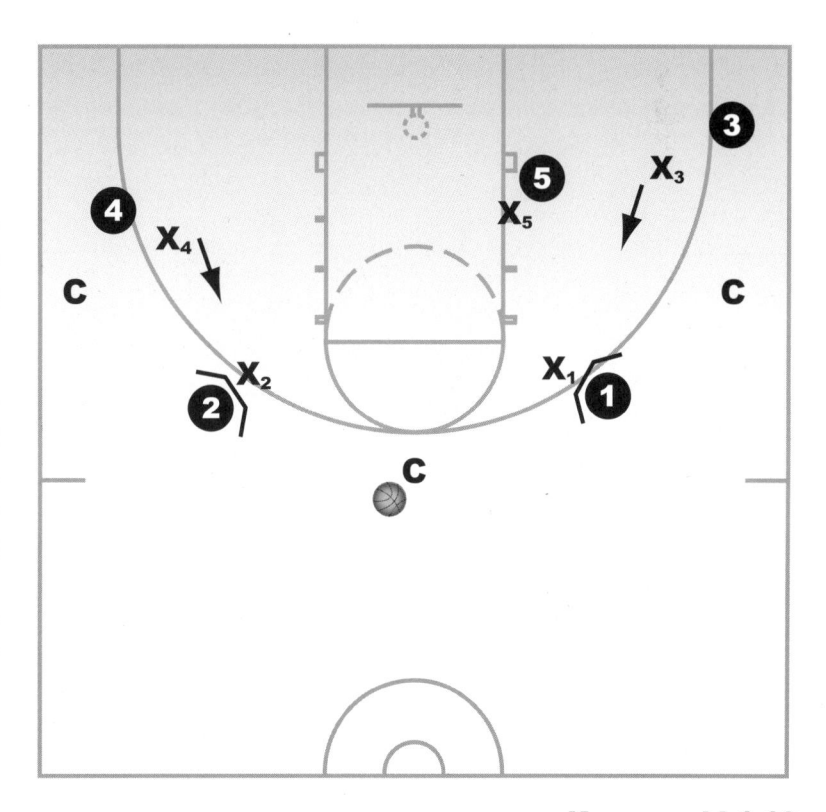

Krzyzewski 1.16

69

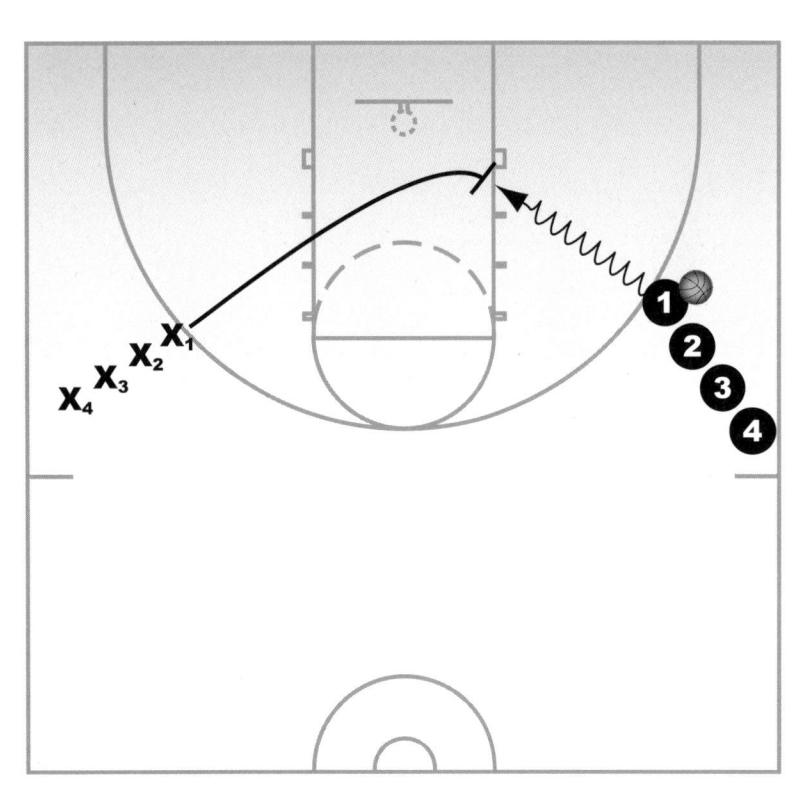

LESSONS FROM THIS LEGEND...

TAKE THE CHARGE DRILL
テイク・ザ・チャージドリル

私たちはチャージングを取るためのディフェンスドリルも行っている（**図 1.17 参照**）。シーズンに少なくとも 1 回、私たちはこのドリルを行う。

SOURCE
出典

・マイク・シャセフスキー（1985 年）。マンツーマン・ディフェンス。マックグレゴール・フラッシュバック・ノートブック（Vol.11）

Krzyzewski 1.17

LEGACY OF
Joseph "Joe" Lapchick

- セルティックスのスター選手であり、バスケットボール界で真の最初の俊敏なビッグプレイヤーであった。

- 初期の時代のバスケットボールにおいて、ほとんどすべてのセンターエリアの仕事を支配し、どのゴールにも絡むほどの選手であった。

- 自ら学ぶ姿勢を持ち、ゲームの中ではカリスマ的な存在であった。

- コーチとしての戦績は、セント・ジョーンズ大学で、20シーズン通算334勝130敗という記録を残している。

- セント・ジョーンズ大学を、1943年、1944年、1959年、1965年と4度のNITチャンピオンに導いている。

- ニューヨーク・ニッカボッカーズを3年連続でNBAチャンピオンシップに出場させている。

- 前向きに取り組めば、人生は裏切らないという信念を持っていた。

LESSONS FROM THIS LEGEND...

THE COACH PHILOSOPHY
By Joe Lapchick

著者注釈

ここから紹介するラプチックの教訓は、彼が亡くなった1970年からたった2年前に書かれた本「バスケットボールの50年」からの抜粋である。彼の教訓は2つの強い要素で構成される——。それはプレイヤーとの関係とディフェンスである。その両方を彼はマスターしていた。初期のセルティックスでのプロプレイヤーとしての経験と、その後の大学やプロでのコーチ経験が彼の教訓に強い影響を与えている。

人生の中で最も素晴らしい期間は青年時代である。私は自分の青年時代をバスケットボールプレイヤーとして、バスケットボールというゲームと共に成長しならが素晴らしい時期を過ごすことが出来た。そのため私が初めてコーチになった時、まずプレイヤーについて考えるべきだったのはごく自然のことである。今日、バスケットボールコーチとしての長いキャリアを過ごした後でも、私の考えは変わっていない。プレイヤーたちこそがすべての要素である。彼らの技術的なクオリティー、さまざまな能力、そしてバスケットボールに対するやる気、勇気、スピリット、忠誠心、愛情、これらをどの程度持っているか、それこそがチームのそしてコーチの成功を左右する要素である。

HANDLING PLAYERS
プレイヤーの扱い

プレイヤーたちの扱い方は、バスケットボールのすべての動きを知ることよりもはるかに重要である。コーチが強く指導した時、あるプレイヤーは紳士的に適切な反応を示すだろう、しかしあるプレイヤーは小鳥のように壊れてしまうかもしれない。

ファンはよく私に、プロチームのコーチと大学のコーチの違いを尋ねる。私の経験上、大学のコーチがより魅力的であると感じてきた。大学でコーチをする時、あなたはチームと共に練習に練習を重ね、そして26校もの異なる相手と試合を戦う。プロチームのコーチでは、6週間練習を行い、その後は同じリーグのチームと何度も何度も戦う。プレイヤーたちに尊敬の念を持った上で言えるのは、プロはほとんど大学の若い有望プレイヤーたちと一緒である。彼らと共に仕事をするのは光栄である。

チャンピオンシップを取ったことがあるようなコーチは、プレイヤーたちがコーチを作り上げる要素だという事実に最初に気がつく。これこそが疑いなく、私がずっとステレオタイプのオフェンスを好み、マンツーマン以外のディフェンスを使用する気が全くと言っていいほどなかった理由である。セルティックスのプレイヤーたちは常にどんな時も自らプレーを選択する自由を与えられていた。そして私のプレイヤーたちも同様に自ら状況判断を行う自由を与えられるべきだと、私はずっと信じてきた。

プレイヤーとしてのキャリアのすべてを通して、私はコーチから強い影響を受けるような状況にはいなかった。事実、私がプレイヤーだったころプロバスケットボールの世界にはコーチと呼べるような人は存在しなかった。プレイヤーたちは経験から、そして偉大な選手を見て、真似て、そして彼らの話を聞くことでバスケットボールを学んでいた。それは同じ間違いを二度と起こさないという部分を強調した、失敗から学ぶようなシステムであった。

ここ最近出会った多くのコーチたちは、非常に素晴らしいコーチの元で高校、大学とプレーし、そこで教えられたスタイルを継承していた。他のコーチたちは「有名」で成功を収めたコーチたちの方法を学び、それを自らのコーチングスタイルに取り入れようとした。私の考え方では、これは間違いである。私は、コーチとは自分の個性をしっかり持ち、自分が最も得意とするオフェンス、ディフェンススタイルを使うべきである、と感じている。もちろんそれは、プレイヤーたちがどのような能力を持っていて何をすることが可能なのか、によって決まってくる。

私が最初にコーチとして仕事を始めた時点（セント・ジョーンズ大）でよく知っていた他のコーチはナット・ホールマンとクレア・ビーだけであった。もちろん私とナットはセルティックスでチームメイトであったから知っていて当然である。セルティックスでプレーしていたころ、ナットは同時にCCNYのコーチも務めていた、そのため彼こそ私が最初に助言を求めに行く相手であった。ナットは私に数多くの良いアドバイスと助けをくれた。

私は個人的にクレア・ビーのことを知っていたわけではなかったが、彼はその当時彼がコーチをしていたLIUブラックバードで素晴らしい成績を収めていた。私は彼と話をすることを決めた。クレアと私はすぐに打ち解け良い友となった、そしてそれは今でも続いている。

私たちの会話の中で、クレアは私にプレイヤーたちはどうやって私に対し接しているのか？と尋ねた。私は「彼らは私のことをジョーと呼ぶよ」と答えた。

彼は頭を振りこう言った「それは良くないな。彼らはあなたのことを少なくともミスタ

LESSONS FROM THIS LEGEND...

ー・ラプチック、本当はコーチと呼ぶべきだよ」。

私はその小さなアドバイスを決して忘れることは無かった。私にとって尊敬とはコーチとして成功するために常に必要である規律の重要な一部である。コーチとして最初の1年間、プレイヤーたちは本能的に私のことを「ジョー」と呼んでしまう何かを感じ取っていたのだろう。私は笑顔でこう言うだろう「もちろんだよミスターX——。 あなたは完全に正しい」と。こうするとプレイヤーはいつも私の言わんとすることを理解してくれる。

Coaching From Experience
経験からのコーチング

クレアはその後、いくつかの練習プログラムを作るのを手伝ってくれた、そして別れの直前、彼はその時点で私の頭に直接響くような言葉を発した。

「ジョー」彼は言った、「私はあなたが助言を求めるためにわざわざ私の所まで来なければならなかったことを恥ずかしく思うよ。なぜなら私が最初にコーチとしてのキャリアを始めた時、私はあなたやあなたのセルティックスのチームメイトがプレーするのを見るためだけに、クリーブランドまで何百マイルもの道のりを運転したんだよ」。

彼の言葉は私の頭に突き刺さった。そして気がついた。私は自分の経験から学んだことを1番に教えるべきではないかと。私はそれまでの人生のすべてでバスケットボールをプレーして過してきていた。そしてその内の何年かは歴史上最も偉大なチームと共に。私はセルティックスのバスケットボールを隅々まで知っていた、そしてそれはどんな相手に対しても彼らのチームを倒すのに十分すぎるものであった。それ以上の何を私は必要としていたのだろうか？

私はセルティックスの一員として厳しく学んできたファンダメンタル、チームテクニック、そしてゲーム戦術などを慎重に見直した。そしてそれらを私のコーチング「ブック」として適応した。これらの個人、そしてチームとしてのセルティックスの考えは、セント・ジョーンズ・レッドマンとニューヨーク・ニッカボッカースでの19年のコーチングキャリアを通して私を支えてきた。これらの考え方は、プロそして大学の最高のチームを相手にしても、勝利を収めるのに十分素晴らしいものであった。

セルティックスのバスケットボールはそれまでのどのチームと比べても素晴らしいものであった。そして現在、全米で最高の大学チームのいくつかは、このスタイルを使って成功を収めている。もし現在の24秒ルールがなければ、多くのプロチームが今でもセルティックスのパッシングアタックを使っているだろう。

セント・ジョーンズ大は常に素晴らしいチームを有している。バック・フリーマンコーチが率いた大学史最も偉大なチームの1つであった「Wondar Five」は、セルティックスのスタイルを徹底的に使用していた。彼がヘッドコーチとしてチームを率いた9年間、チームは103試合に勝ち、31試合しか負けなかった。私がコーチしたセント・ジョーンズのチームも、コンスタントにレギュラーシーズンを勝ち、トーナメントでも良い成績を収めた。私の考えでは、セント・ジョーンズでの成功のすべては、偉大なプレイヤーたちの存在によるものである。過去何年か、特に最近ではニューヨークの高校のコーチたちが何百人もの非常によく鍛えられたプレイヤーたちを輩出してきた。そして幸運にもセント・ジョーンズはそれらのプレイヤーの内、何人かをチームに加えることが出来てきた。

Player Relationship Code
プレイヤーリレイション・コード（プレイヤーとの関わり方）

疑うまでもなく、セルティックスでの個人的な経験が私のコーチングスタイルに多大な影響を与えている。キャリアを通して、私はプレイヤーとの関わり方について約束事のようなものを作ってきた。その内のいくつかを以下に示す：

- バスケットボールプレイヤーとして、そして一紳士として、プレイヤーが高い意識と、自分の行動に対するモラル、そして感情のコントロールを身につけられるよう、コーチは強い情熱を持って手助けをする。これらを始まりとして、その後はフェアプレイ、他人の権利を尊重すること、そして基本的なスポーツマンシップなどが自然な形で続いてくる。もし理由もなく味方やレフリーに対して怒りの感情を示すようなことがあれば、プレイヤーとして明らかに価値を失うだろう。

- すべてのプレイヤーの学業成績や成長に対して常に関心を持つこと。プレイヤーの人生における1番の目的は良い教育を受けることである。コーチとしてプレイヤーの人生の目的と教育に対する気持ちに関心を示そう。

- プレイヤーたちの健康を守ろう。プレイヤーの怪我の状況に注意を払い、適切な処置がなされているか、そしてそれが日常的に行われているのかをしっかり把握する。すべてのプレイヤーが良い練習器具・用具を与えられていること、そして頻繁に医学的なチェックを受けていることを明確にする（激しい練習を始める前に、プレイヤーたちがメディカルチェックを受けることは非常に重要である）。

- プレイヤーたちとの間に壁が出来ない程度の距離を保つ。可能な限り彼らの個人的な問題に関しても真摯に対応することが好ましいが、ひいきのプレイヤーを作ってはならない。

- すべてのプレイヤーに関して勉強し、彼らを「知る」。プレイヤーがスタメンのスタープレイヤーであるとか、ベンチに座る最後の交代要員であるとかに関わらず、彼がチームの「一員」であること、またチームが成功するために無くてはならない存在であることを感じさせよう。論理的に、また多少のことはユーモアを持って対応する。しかし良いプレー・行動に対してはあらゆる形で称賛しよう。模範的であり、教育者であること。しかしすべてのプレイヤーはそれぞれ違う人間だと理解する。最近は批判的なプレイ

LESSONS FROM THIS LEGEND...

ヤーもいくらか存在する。しかし一方でよく話を聞き適切な反応を示すプレイヤーもいる。このような状況で、私はそれがただ単にプレイヤーに休養を与えたい場合である以外はゲーム中選手を交代させた時はなぜ交代させたのかを常にプレイヤーに説明する。

- 自分の仕事にプライドを持ち、Disrespectの感情をチーム内に許してはならない。ボスであっても、プレイヤーと接するときは民主的であれ。楽しみながら、堅実な気持ちで仕事に取り組むことでプレイヤーに対してコーチとしての自分の考えを効果的に伝えることが出来る。
- プレイヤー自身も行動や服装に責任を持たなければならないということを、コーチ自らの喋り方、服装、そして行動で示そう。
- プレイヤーたちが勝利に対する強い気持ちを持つように指導する。しかしその勝利とは、楽しみながら、そしてある程度の人間的な素晴らしさを持った上で勝ち取ることが重要であることを強調しよう。敗北はどんなときも喜ばしいことではない。しかしもしそこから何かを学べたのであれば、完全に負けたとは言えない。もしあなたが全力を尽くし、紳士的にプレーしたならば、心に痛みを感じることなく、強い意志を持ったまま敗北を喫することもできる。
- プレイヤーが規律を守ることは絶対である。しかしながら、失敗を犯したプレイヤーを辞めさせるよりも、その失敗から成長できるようプレイヤーを手助けすることのほうがはるかに重要である。失敗を犯したプレイヤーをまず初めに救おうとすることは、コーチだけが持つ責任である。それはそのプレイヤーがチームにとってどれだけ重要であるという理由からではなく、どれだけそのプレイヤー自身のためになるのかという考えが元となる。しかしながら、これらの行動はそのプレイヤー以外のチームメイトの尊厳を奪うような形で行われることは決して許されない。

SOURCE
出典

- ジョー・ラプチック（1968年）。バスケットボールの50年。エングルウッド、クリフ、ニュージャージー：プレンティス・ホール。

LESSONS FROM THIS LEGEND...

DEFENSIVE SKILLS

By Joe Lapchick

初期のセルティックスや他のプロチームのプレイヤーたちと、現代のプレイヤーたちの間にあるバスケットボールに対する心理的なアプローチの違いは、私がここでコメントする価値があるほどに大きく違っている。あの頃のセルティックスは得点を決めることに対してそれ程関心がなかった。私たちは相手よりも多く得点できることは分かっていた。それよりも私たちが重きを置いていたのは相手に得点を許さないことだった。

ディフェンシブ・バスケットボールは初期のバスケットボールにおいて最も重要な要素であった。クリス・レオナルドはドッグというニックネームを持っていた。なぜなら彼はどんな相手とマッチアップする時も、試合開始のティップオフから試合の最後の1秒まで自分のマークマンにへばり付いていたからだ。クリスとマッチアップするプレイヤーはその日は彼にとってタフな試合になるだろうと、試合前から分かっていた。

おそらく、私たち初期の時代のプレイヤーがどれだけディフェンスに対する強い気持ちを持っていたかを表すためには、ニュージャージー州ジャージーシティー出身のスキート・ライトを例に出すのが最も適した方法だろう。スキートは試合前、コートに出てきて相手プレイヤーと握手をする時、彼はそのプレイヤーの手を強く握りながらこう言うだろう「俺は今日2点取る、だからお前も2点だけ取っていいよ、OK」と。

相手プレイヤーは大抵の場合笑顔で軽く頭を下げるだけである、そこでスキートはまず自分のゴールにボールを入れ、先に2点を取っておく。そして試合直前のセンタータップのためにコート中央に並ぶとき、彼は自分のマッチアップするプレイヤーを睨みながら「オーライ、俺はもう自分の分は得点したよ。さてそっちも得点出来るか見てみようか」と言うだろう。そこからは自分の体をゴールと相手プレイヤーの間に入れ、得点されるぐらいなら死んでもいいというぐらいの気持ちでディフェンスする。

自分のマークマンが得点を決めた時、スキートは激しく悔しがる。ある試合で、チームの大量リードを喜んでいたチームメイトたちがスキートに対して冗談半分である行動をしたのを私は覚えている。相手チームが攻めてきたとき、あるチームメイトがスキートに対して「スイッチだ、スキート。俺がお前のマークマンをディフェンスする」とコールした。スキートはそのコールに従ってスイッチした、しかし彼のマークマンがチームメイトから簡単に得点を挙げたのを見て驚愕した。相手チームの次のオフェンスで、今度は別のチームメイトがスキートにスイッチをするようコールした「お前のマークマンは大丈夫だ。俺の相手をディフェンスしてくれ」と。

その時スキートは大きく頷きながら、「もちろんだ！ どうぞ奴をディフェンスしてくれ、俺もこのままこいつをディフェンスするから」とチームメイトに向かって叫んだ。

ごく限られたプレイヤーだけが、彼のようなディフェンスに対する強いこだわりを持っている。コーチとしての最後の年、自分のプレイヤーの1人がディフェンスの最中に足も動かず、次の1歩が最後の動きになってしまうのではないかというぐらい激しく疲弊していた。ところがその後、私たちのチームがボールを奪い返したとき、信じがたいことが起こった。その瞬間先のプレイヤーの目に再び生気が戻り、彼はまるで今試合が始まったかのように元気になった、そしてボールを求めながらゴールに向かって矢のようにダッシュしていった。

セルティックスはバスケットボールにスイッチという概念を持ち込んだ。シャムロックによってスイッチの技術・戦術が作り出される前までは、バスケットボールは基本的に個人の、1対1の戦いだった。ゲームにおける大きな目標は、自分のマークマンの得点を自分の得点よりも少なく抑えることであった。もちろん理論的には、もしチーム全員がこの目標を達成できれば、チームは必ず勝つことが出来る。私はセルティックスの一員となる前まで、一度もスイッチを使ったことがなかった、そしてシャムロックの他のプレイヤーたちと十分にプレーするために、かなりの時間をこの技術を身に付けることに費やした。彼らは「ブロック」プレイ（スクリーンプレイ）の時にスイッチするだけでなく、試合中自分の最も近くにいる相手を常にピックアップしていた。自分がディフェンスしている時に得点を決められた相手がチームメイトのマークマンであったなら、それは天の助けであった。

このようなゲーム中の対応力こそ、セルティックスがチャンピオンであり続けた理由であった。全員が常にどこにポジションを取るべきか、どこに移動するべきかを知っていた。決断が必要な時、チャンピオンは正しい選択をする。

チームの世代交代が上手くいかなかった時のみ、結果的に王朝は終わってしまうだろう、しかしチャンピオンは常にプライドを持ち続け、もう1度自分たちをチャンピオンに返り咲かせるノウハウを知っている。

現代のバスケットボールは高得点の試合が多くなってきている、そしてすべてのプレイヤ

LESSONS FROM THIS LEGEND...

ーが自分の名前をスタッツシート上に見たいがために、オフェンスの技術ばかりに集中している。しかしながら、ディフェンスは依然としてバスケットボールというゲームの中で大きな要素を占めている、そしてプレイヤーに個人ディフェンス、チームディフェンス両方の大事さを理解させるのはコーチの責任なのだ。

チャンピオンシップを勝ち取るような偉大なチームは必ず素晴らしいティフェンスをするチームである。このようなチームのコーチたちはディフェンスを教えることに献身的である。そのため彼らのプレイヤーたちは常にディフェンスのファンダメンタルがしっかりしている。これこそが彼らが偉大なチームである秘密である、まさに個人ディフェンスとチームディフェンスがセルティックスの成功の秘密であったように。

偉大な野球の打者でもヒットを全く打つことが出来ないスランプに陥ることがある。クォーターバックは攻撃を組み立てることが出来ない日がある。そしてバスケットボールプレイヤーも、ゴールに蓋がしてあるのではないかと疑いたくなるような夜がある。しかしながら──、もしあなたのチームのディフェンスが素晴らしいものであったら、オフェンスの出来にかかわらず試合に勝つことが出来るだろう。

INDIVIDUAL AND TEAM DEFENSE
個人・チームディフェンス

個人ディフェンスとチームディフェンスを分けることは非常に難しい。2つはとても密接に関係しているため、1つだけを身に付けるようなことは不可能である。メンタルの部分では、同じ要素が必要となる──。プライド、やる気、決断力、ハッスル、敏捷性、積極性、臨機応変に対応できる能力、そしてこれらを継続できる集中力。

多くのプレイヤーたちは「完全」なプレイヤーになりたいと願っている。しかしその中のほんの僅かなプレイヤーだけが、上に述べたような能力を得るのに必要な気持ちを持ち合わせている。素晴らしいディフェンスを身に付けて、それを試合で発揮できるだけの強い気持ちを持ったプレイヤーこそが、実際に大きな試合で勝つことが出来るプレイヤーである。彼らの献身的な姿勢が一般に認識されることはめったにないという事実は別としてだ。

完全なプレイヤーになることを望んでいるプレイヤーたちが、さらにディフェンスの部分でも自分を追い込んでハードワーク出来るということを前提として、初めて私たちは個人ディフェンスへと移ることが出来る。

INDIVIDUAL SKILLS
個人ディフェンス

私はディフェンスの技術について考える時、バックコートプレイヤー（ガード）、コーナーマン（フォワード）、そしてピボットプレイヤー（センター）に分けることを好む。なぜならば私の考えでは、すべてのポジションのプレイヤーたちにすべてのポジションで必要とされる技術を教えることは練習時間の無駄であるからだ。異なるポジションによって、特にディフェンスのスタンスやフロアポジションに関しては、必要とされる技術に大きな違いがある。

シーズン前の練習の初期の段階で基本的なディフェンス・ファンダメンタルを指導した後は、ポジション別にそれぞれ必要な技術を練習していったほうが、コーチにもそしてプレイヤーにとってもより利点があるだろう。

STANCE
スタンス

片方の足を前に出したボクサースタンスが望ましい。なぜならこのスタンスの方が両足を並行にするスタンスよりも横の動きに対して広く対応出来るからだ。両足は前後にずらし、大体肩幅ぐらいの広さに開く。前足側の手は上に高く、相手プレイヤーの方向へ伸ばす。もう片方の手は横に広く開く。

BALANCE
バランス

体重は両足の母子球へ均等にかけ、かかとはわずかに地面に着くぐらいにする。両膝はわずかに曲げ背中は真っ直ぐ、少し前傾になるような姿勢をとる。顔は上げる。相手の動きに付いていくために横に動いている時、上に上げた手は横に降ろしてもいいだろう。

FLOOR POSITION
フロアポジション

マークマンとゴールの間のポジションを保つという古い格言めいた考えは、相手プレイヤーがゴールに近い時（特にビッグマンが相手の場合）はオフェンスの前にポジションをとり、それ以外ではマークマンとボールの間にポジションをとってオーバープレイするというプレッシャー・ディフェンスの考え方に取って変えられてしまった。

SLOUGHING-OFF
スラッギングオフ

ゴール方向に下がってヘルプポジションをとる（サッギング＆フローティング）、左右どちらかにシフトする、相手が行きたい方向をブロックする、ベースライン側を守ったりスイッチする、これらのディフェンス方法はある意味すべて「マークマンとゴールの間にポジションをとる」という考え方を犯している。

自分のマークマンが多くの場合右方向にドリブルやカッティングをしてくる時、良いディフェンダーはその方向へオーバーシフトし、相手の動きを邪魔する。しかしながら、良いディフェンダーというのはいかなる時も、頭を振ってボールの位置や自分の後ろの状況を確認したりすることはしない。

FOOTWORK
フットワーク

相手プレイヤーがボールを持っているいないにかかわらず、フロア上のポジションによってディフェンスの取るべきスタンスやフットワークが決まってくる。もし相手がシュート

LESSONS FROM THIS LEGEND...

を打てる距離にいなければ、ディフェンススタンスをカッティング、パス、ドリブル、そしてドライブに対応できるものに変えることが出来る。ディフェンダーは自分のポジションを保つことが出来るような、スタンスとボディーバランス（重心の位置）を取らなければならない。

シャッフル（グライド）は可能な時は遣うべきである。両足を交差さっせたり、大きすぎるバックステップをとることは好ましくない。なぜならフェイクされたときに宙に浮いたような状態になるからだ。両足を同時に素早く、スキップするような形で動かすことでディフェンダーは相手オフェンスに付いていくことが可能となる。そしてオフェンスの方向転換、ストップ、スタート、ピボット、そしてドライブに対する準備が出来る。

相手がディフェンダーの前足側にドライブをしてきた時は、シャッフルスキップとホップを使って前足を素早く後方へスイングする。最初の１歩は後方へ、そして相手がクロスオーバーなどで方向転換した時に瞬時に逆方向へシャッフル出来るよう準備しておく。

もし相手が後ろ足側にカッティングまたはドライブしてきても、動きは基本的に同じである。シャッフルからホップし、なるべく最初のディフェンスポジションを保ちながら付いていく。オフェンスはディフェンスを抜くためにクロスオーバーステップを使用する。この時ディフェンダーは片方の手を相手の視線のラインに、もう片方はボールの位置に持っていく。自分のマークマンに確実について行き、なおかつヘルプに行ったチームメイトをカバー出来るようなポジションを常にとっておく。

Vision
ビジョン

ディフェンダーは自分のマークマンに意識を集中するべきである。しかし同時に、周辺視野を上手く使い、コート上の出来るだけ広いエリアを見るようにすることが好ましい（ボールとマークマン以外の相手プレイヤーたち

の位置）。ボールの動きを追うために頭を動かすことは危険である。賢いオフェンスは即座にその弱点を見抜き、ゴール方向へカッティングすることでディフェンダーを出し抜くだろう。

スタンスを少し広くとり、少し下がり目にポジションをとることで、ディフェンダーは頭を動かすことなくマークマンとボールの位置を把握することが出来るだろう。ディフェンダーは相手プレイヤーのお尻を見るとよい、しかし同時に周辺視野を広く持つことで、ボールと他の相手プレイヤーたちの位置も把握することが出来るだろう。

Use of Hands
手の使い方

クイックハンド（手の素早い動き）はディフェンスする際とても重要である。前足側の手は常に動かし、たとえシュートをブロックすることが不可能だとしても、シューターの視野を妨げたりしてシュートを邪魔する。もし相手プレイヤーがドリブルを止めたら、適切な手の使い方をすることで後ろ方向へピボットで逃げるように仕向けることが出来る。そしてそれがインターセプトやジャンプボールに繋がるかもしれない。このような状況では、他のチームメイトは自分のマークマンにプレッシャーをかけ、彼等へのパスをインターセプトする準備をしておくのが自然な動きである。

Backtracking
バックトラッキング

良いディフェンダーはバックコートからフロントコートへ戻るとき、後ろ向きに走る。後ろ向きに走る能力を持つことで、ディフェンダーはオフェンスの状況を把握し、自分のマークマンを見つけ、そしてチームメイトにも彼らのマークマンの位置を知らせ適切なポジションにつかせることが出来るだろう。

ボールを持ってダウンコートへ攻め込んで来る相手に対して、平然と背を向けて戻ってくるようであれば、それはそのプレイヤーが怠

け者である証拠となる。ディフェンスポジションに戻る時は、注意を払いチームメイトを鼓舞するべきである。そうすることで相手オフェンスが簡単に得点チャンスを得ることを防ぐ。

Talking
トーキング

ディフェンダーは喋ってコミュニケーションをとることで、お互いに助け合うことが出来る。チームメイトに相手スクリーンが来ていることを知らせることは、重要なディフェンスファンダメンタルの１つである。使う言葉は短く確かなほうがよい。「ハンズアップ！」「ウォッチ・ザ・ピック！（スクリーンに気をつけろ）」「ステイ！」「22番は俺が行く、34番を頼む！」「スイッチ！」「ドリブル止まった！」「ボール！」「ローポスト！」「ハイポスト！」

Defense Screens
スクリーンに対するディフェンス

スクリーンについて語る時場合によっていくつか異なった用語を使用することがあるが、ここでは「アウトサイド」スクリーンをディフェンダーの背後からかけるスクリーン、「サイド」スクリーンをディフェンダーの左右どちらかにかけるスクリーン、そして「インサイド」スクリーンをオフェンスとディフェンスの間のスクリーンと定義する。以下に図を使ってそれぞれスクリーンに対するディフェンス方法を示していこう。

インサイドとアウトサイドスクリーンに対する基本的なディフェンス方法は図1.0で示す「フロント」（オーバー・ザ・トップ）、サイドスクリーンに対しては「スライド」（図1.1参照）と「スイッチ」という方法がある（図1.2参照）。

どんな状況であってもそれがスクリーンやピックを含んでいるならば、ゴールにより近いディフェンダーがスクリーンの存在を知らせる役目を担う。スイッチを行う場合でもそのプレイヤーが必ず最初に動く。彼の動きはポ

LESSONS FROM THIS LEGEND...

ジティブでなければならない、そして早く、積極的にスイッチを行う。スクリーンを受けた側のディフェンダーは、即座にスイッチしたチームメイトのマークマンをディフェンスする（**図1.3参照**）。

ハイポスト、またはローポストのボールを持っているをディフェンスする場合、スイッチはボールに向かってされるべきである。ポストスプリット（ボールを持っているポストマンに対するカッティングプレイ）をディフェンスする時、最初にカッティングしたプレイヤーがパスを受ける、受けないに関わらず、ポストマンのディフェンダーはこの相手プレイヤーに対してスイッチしてしまう場合が多い。多くのコーチはこのスイッチを禁止しており、パスが渡った場合のみスイッチするように指導している。

ポストプレイヤーがゴール付近にポジションを取っている場合、ほとんどのディフェンダーはフロントでディフェンスしようとする。このような状況では、ディフェンダー同士がぶつかってしまう時だけスイッチを行う。ノーコンタクト、ノースイッチ（コンタクトがなければスイッチはしない）がルールである。

どのようなスイッチを行う場合でも、深い位置（ゴール側）にいるディフェンダーは素早く前方に動き（ジャンプ・スイッチ）、カッティングしてくるプレイヤーが横に動かなければならないよう仕向けるべきである。カッターを横方向へ向かわせることによって、そのプレイヤーがゴールに正対して良いシュートを打つことを防ぐことが出来る。

DEFENSING THE DOUBLE-SCREEN
ダブルスクリーンに対するディフェンス

ダブルスクリーンを使用してくるチームを相手にする時、スリーメンスライド（3人目のプレイヤーがスライドする）が必要になってくるだろう。このタイプのディフェンスの動きは、試合に先立って練習しておく必要がある、スカウティングノートを利用することでどのような動きが必要になってくるかを決めることが出来るだろう。もし相手チームがダ

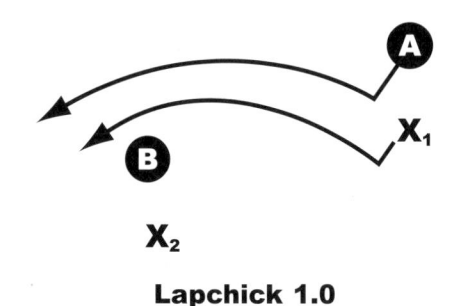

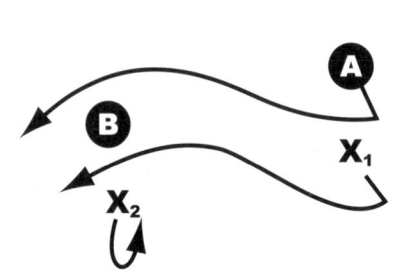

Lapchick 1.0

Lapchick 1.1

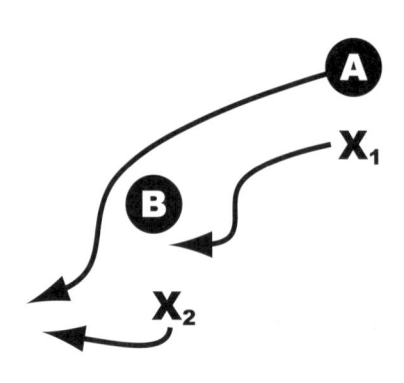

Lapchick 1.2

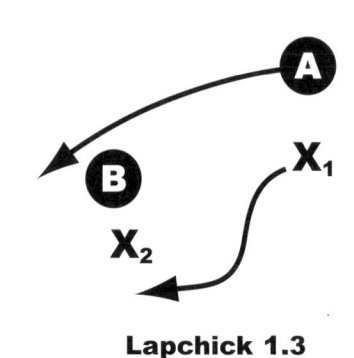

Lapchick 1.3

ブルスクリーンを多用してくるようであれば、ツーマンゾーン、つまりダブルスクリーンを使ってカッティングしてくるプレイヤーについているディフェンダーがそのままゾーンに加わるような方法が使えるだろう（**図1.4参照**）。

DEFENSIVE ROLL
ディフェンシブロール

ディフェンシブロールはスイッチの際に使用する。ディフェンダーがスクリーンをかけにきたオフェンスのポストプレイヤーと実際にぶつかってしまったような時、ロールを使用することで（ゴール方向に）そのスクリーンをかわし素早くチームメイトのオフェンスをカバーすることが出来るだろう（**図1.5参照**）。

1対1のディフェンスを練習している時も、プレイヤーは常に相手プレイヤー（パッサー、ドリブラー、カッター、ポストマン、それぞれボールを持っている場合と持っていない場合）が状況によってどんな動きをすることが出来るのかを問いかけながら練習するべきである。こうすることでディフェンダーは最小限の動きで相手をディフェンスすることが出来るし、それらの動きに対して準備することも出来る。

GUARDING THE PLAYMAKER (QUARTERBACK)
プレイメーカー（ポイントガード）に対するディフェンス

この手のプレイヤーは相手チームの速攻、そしてセットオフェンスの要である。便宜上すべてのディフェンダーがプレッシャーをかけていると仮定しよう（ボールに対してタイトにディフェンスする）。ボールを持っている持っていないに関わらず、プレイメーカーに対しては特にプレッシャーをかける。もしゲーム中ある程度の時間、プレイメーカーがボールを持てないようなディフェンスが出来れば、チームディフェンス全体にとって良い結果となる。

プレイメーカーに対するディフェンスでは、

LESSONS FROM THIS LEGEND...

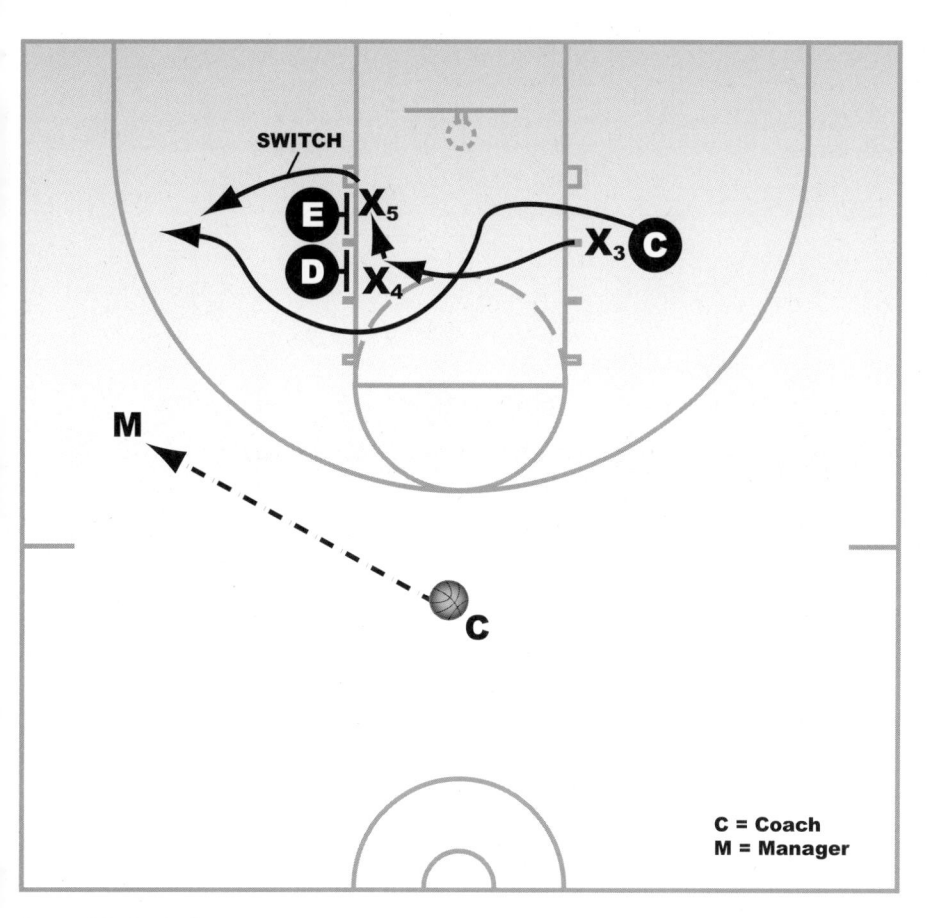

Lapchick 1.4

C = Coach
M = Manager

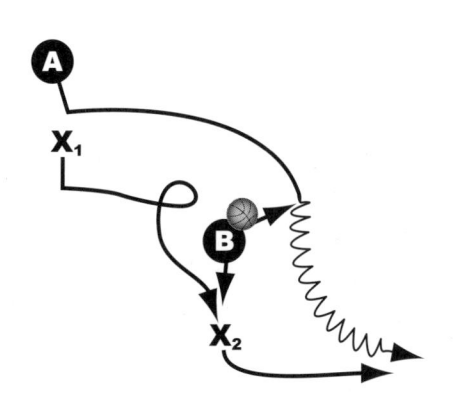

Lapchick 1.5

腕を動かしながらアグレッシブにプレッシャーをかけることでパスコースを妨ぎ、効果的ではないパスをさせることが出来るかもしれない。このような状況では、他のチームメイトはパスの受け手となる相手プレイヤーに対して、「バックドア」をされる危険を冒してでもタイトなディフェンスを自然に行えるようにするべきである。プレイメーカーがパスを出した後、ディフェンダーはパスが出た方向へ1歩下がり、カッティングやスクリーンに行こうとするプレイメーカーを邪魔しなければならない。

GUARDING THE CUTTER
カッターに対するディフェンス

カッターがまだバックコートの深い位置にいる時、ディフェンダーはタイトにディフェンスする必要はない。ボールを持っていなければ、ボールを持っているプレイヤーに比べてそれ程危険でもないので、ディフェンダーは下がってディフェンスすることが出来る。もしスカウティングノートやゲームを見た結果そのプレイヤーがどちらかの方向に行く傾向があると分かれば、その方向にオーバーシフトして逆方向へ行かせるようなディフェンスをする。カッターがパスを出した瞬間に、ディフェンダーは素早くさがって体の向きを変える。そうすることでボールとマークマン（カッター）の両方を視野に入れることができる可能性が上がる。

ディフェンダーはカッターのフェイントに引っかからないようにすることが重要である。視線はカッターのお尻のあたりにキープし、体重は両足に均等にかける、そうすることで横の動きについて行きやすくなる。相手プレイヤーに抜かれないために、ディフェンダーは体を半分ターンさせクロスステップを使うことも出来る。もしマークマンのスピードについて行く自信がなければ、さらに半歩後ろに下がるようにする。

GUARDING THE DRIBBLER
ドリブラーに対するディフェンス

もしスカウティングレポートが手に入らない状況であれば、ディフェンダーはドリブラーが左右どちらの方向に好んで行くのかを見つけるまでは、ドリブラーに対して正対してディフェンスする。ドリブラーの傾向が分ったら、オーバーシフトし逆方向へドリブルさせるようディフェンスする。ゴールに近い位置でなければ、ドリブラーからある程度スペースをとり、重心を後方に置くよう心がける。

両手は低く下げ、内側の手でボールをチェックする。ディフェンダーはドリブラーに対して、ボールを奪いに行ったりスティールを狙いにいってはならない。ドリブラーを横に横にと行かせるようにディフェンスする方が効果的である。ドリブラーを横方向に行かせることが出来れば、ゴール方向へ向かうためドリブラーは必ずターンしなければならない、そこでボールを奪うチャンスが増える。ドリブラーがターンしてしまったら、ディフェンダーは少し後ろに下がり、重心を低く抑える。そうすることでドリブラーに付いて行くことが出来る。

左足を前に出しているディフェンダーに対してドリブラーが右側に抜こうとしてきたとき、ディフェンダーは右足をかなり後方へ踏

LESSONS FROM THIS LEGEND...

み出し、その後に左足をそれに合わせて左へスイングする。もう一度言うが、ドリブラーがドライブから、またはストップしてシュートに行かない限りは、重心は低く保つ。

GUARDING THE SCORER
スコアラーに対するディフェンス

スコアラーに対しては、なるべくボールを受けさせないようにタイトにディフェンスする。ほとんどのスコアラーは、その位置でボールを受けたら必ず得点出来るというようなエリアを持っている。もしスカウティングレポートでそのようなエリアが分かっているならば、ボールを持っている持っていないにかかわらず、スコアラーをそのエリアに入れさせないようにすることが得策である。スコアラーがボールを持っている時は、重心のバランスをとり、片方の手を上にもう片方はボールに対してしっかりとん伸ばす。

「スコアラー」がボールを下げてフェイクをしていたり、ドリブルをしている時、ディフェンダーは半歩後ろへ下がる。スコアラーがドリブルを止めたり、ボールを上に上げてディフェンスに正対するような状況になった瞬間に、ディフェンダーはアグレッシブにボールを奪うか後ろにピボットで逃げさせるようにディフェンスする。

GUARDING THE MAN WITHOUT THE BALL
ボールを持っていない相手に対するディフェンス

ゴールからどれだけ離れているかによってマークマンとの距離も決まってくる。一般的には、ディフェンダーはボールに対してオーバープレーし、マークマンへのパスコースを塞ぐようにディフェンスする。相手プレイヤーがパスを受けるためにハードに動かなければならないようなディフェンスをする、相手がゴール付近にいるときは特にである。もしマークマンがある程度ゴールから離れているのであれば、スペースを空けてチームディフェンスをヘルプできるポジションをとる方が重要であるかもしれない。

SLOUGHING
スローイング

スローイングはチームディフェンスをする上で効果的である。ボールが逆サイドにある時、ディフェンダーはボールサイド方向へ「フロート」し、ゴール付近にポジションをとることでチームメイトをヘルプするようなチームディフェンスが可能である。

もしゴール方向にパスが出たら、さらに内側に寄ってゴールを守る。そのときなるべく頭をふらないようにする。自分のマークマンから少し離れてボールの状況を確認し、同時に自分のマークマンにも集中する。

DOUBLE-TEAM TRAPS
ダブルチームトラップ

すべてのプレッシャー、プレスディフェンスはダブルチームを使用する。ダブルチームとは2人のプレイヤーによって組織的にまたはその場の状況から判断して行われる、相手プレイヤーに強くプレッシャーをかけるための協力プレーである。ダブルチームの目的は、悪いパスを出させること、ジャンプボールシチュエーションを作り出すこと、またはボールをスティールすることである。普通この種のトラッププレーは、マンツーマンディフェンスやゾーンディフェンスの中でチームとして組織的に行うプレーである。私の考えでは、多くの素晴らしいチームはダブルチームをゾーンディフェンスと共に上手く使用することが出来るが、ダブルチームはマンツーマンディフェンスと一緒に使うことで一番効果を発揮する。このディフェンス方法は2人以上のプレイヤーを必要とするため、チームワークが大事になってくる。アウトオブバウンズから1つ目のパス、相手チームがハーフラインを越えた時、ジャンプボールの直後、または相手チームのビッグマンに対して使用することが出来る。

トラップを仕掛ける時、ディフェンダーはまず相手プレイヤーのコースに入り方向を変えさせるか後ろにピボットさせる。そこへ2人目のディフェンダーが、ドリブルやステップで間を割られないようにスペースを詰める。

手は高く伸ばし、パスコースを塞ぐ。

相手がスクリーンを仕掛けてきた時のスイッチプレイ、相手ビッグマンにパスが入った時、特にドリブルを始めた瞬間、ドリブラーがアグレッシブなディフェンスから逃げようと後ろにターンしたとき、またはゴールにより近い相手プレイヤーをディフェンスするためにスイッチを行った時、これらの場合にトラップを仕掛けることが出来る。

BEATING OPPONENT TO POSITION
ポジション争い

多くのプレイヤーが、フロア上でまたはゴール付近で得意なサイドを持っている。スカウティングリポートや、ゲーム中の早い段階で相手の動きをよく観察することで、十分な情報を得ることが出来る。相手プレイヤーに対してオーバーシフトしたりフロントでディフェンスすることで、彼の得意なサイドから遠ざけることが出来る。

BOXING-OUT
ボックスアウト

ディフェンダーはそれぞれ、自分のマークマンがリバウンドを取ったり、チップインから得点出来るポジションから遠ざける役目を担っている。シュートが放たれた瞬間に、ディフェンダーは自分のマークマンがどの方向へ動くのかを即座に判断する。相手プレイヤーのゴールへ向かうラインは必ずブロックしなければならない。相手プレイヤーが行こうとしている方向を塞ぐには、クロスオーバーステップを使用する必要があるかもしれない。そしてしっかりと相手プレイヤーを見ながら、相手の動きに合わせて左右に重心をずらすことも必要である。

REBOUNDING
リバウンド

リバウンドを奪うためのポジションを取る際、重心は低く、両足は広く開き、腕は少し伸ばした形をとる。ゴール下のリバウンド争いでは体のぶつかり合いは普通である。ディ

LESSONS FROM THIS LEGEND...

フェンダーはリバウンドに行けないぐらいゴール下に深く入りすぎないように気を付ける。高く飛べるプレイヤーは特に、このような状態からもリバウンドに飛ぶことが出来るためボールが頭上を越えて後ろに行ってしまうことがよく起こる。ボックスアウトは1人の役目ではない。チームディフェンスの重要な一部であることを忘れてはならない。

オフェンスリバウンドからの得点力があるプレイヤーに対しては、正対してボックスアウトを行うほうが効果的かもしれない。こうすることによって、より効果的にこのプレイヤーをリバウンドポジションから遠ざけることが出来るだろう。もちろんこの場合、リバウンドを取る役目は他のチームメイトに委ねられる。ガードプレイヤーもフリースローライン付近にポジションをとり、ディープリバウンドに備える。

5人すべてのディフェンダーがボックスアウトをする必要がある。大体の場合、ビッグマンがゴール付近のエリアをコントロールするが、もしバックコートのプレイヤーたち（ガード陣）が注意を怠れば、深い位置まではねたリバウンドを相手チームに拾われてしまう。

BLOCKING SHOTS
ブロックショット

最近のバスケットボールでは、自分のマークマンのシュートだけでなくチームメイトの相手のシュートもブロックしてしまうほど技術にすぐれたビッグマンたちが存在する。ビル・ラッセルは、ウォルト・チェンバレン（76サーズ）やUCLAのルー・アルシンダー（後のカリーム・アブドル・ジャバー）と並んで、この分野の達人であった。

相手プレイヤーがディフェンスを抜き去りゴール方面へドライブしてきた時、シュートをブロックする唯一の方法は全力でドリブラーを追いかけ、シュートを手から離す瞬間に内側の手でブロックするしかない。この技術はタイミングと練習が必要である。ハッスルプレイはこういった場面で実を結ぶ。

THE SAVE
セーブ

多くのセンタープレイヤーは「セーブ」をすることに長けている。これは相手プレイヤーの1人がチームメイトを抜き去り、ゴールに向かってノーマークでドライブしてくるような状況をブロックショットで救うことである。もう一度言うが、ブロックショットをする上で、状況判断、タイミング、そして上半身下半身のスピードが必要とされる。ブロックショットは素晴らしいプレーであり、チームディフェンスの重要な一部である。

GUARDING THE OUT-OF-BOUNDS OPPONENT
アウトオブバウンズに対するディフェンス

アウトオブバウンズポジションにいるマークマンに対するディフェンスでは、一般的にゴールとマークマンとの間にポジションをとる。ディフェンダーはラインと垂直になるように横を向き、ボールとコート上で展開されているすべての動きが見えるようなポジションをとる。気をつけなければならないのは、アウトオブバウンズの状況では、パスを出すプレイヤーにシュートを打たせるプレーが多く見られることである。

FREE BALL
フリーボール

ルーズボールはとても重要である。チームメイトがファンブルしたボールを、自分たちが確保するか相手チームに奪われるかで4点の違いがでる可能性がある。接戦の試合で、ルーズボールをアグレッシブに取りに行くことができる気持ちを持ったプレイヤーは、チームのオフェンス、ディフェンス両面において無くてはならない存在である。

ONE-ON-ONE DEFENSE
1対1のディフェンス

すべてのチームが1人のプレイヤーにすべてを託すプレーを持っている。そしてこのような状況で良いディフェンスが出来る能力は非常に重要である。これは究極のディフェンスプレーと言えるかもしれない。なぜならボールを持っている相手プレイヤーはたった一つのことしか考えていないからである——、得点を決めるということを。ボディーバランス、フットワーク、そしてハート（気持ち）、これらがこの状況でオフェンスを止めるためには重要となってくる。

TWO-ON-TWO
2対2のディフェンス

2対2のディフェンスは1対1のディフェンスと似ている、しかしこの場合ディフェンダーは相手のスクリーンプレーにも対応する必要がある。フロント、スライド、コミュニケーション、積極性、ダブルチームをどう使うか、ここではこれらの要素が重要となる。2対2のオフェンスを上手く行うにはかなりの練習を必要とするのと同様に、この状況をディフェンスするのにもそれ相応の鍛練が必要となる。

PRESSURE DEFENSE
プレッシャーディフェンス

プレッシャーディフェンスの基本はボディーバランス、フットワーク、状況判断、そしてハッスルプレーである。実際に今の時代、すべてのチームが何らかの形でプレッシャーディフェンスを使用している。そしてコーチは相手チームに簡単に破られないようなプレッシャーディフェンスを取得出来るよう、自チームのプレイヤーたちに指導しなければならない。プレッシャーディフェンスを使用することでインターセプトの可能性がより大きくなるのと同様に、相手チームに簡単な得点チャンスを与える可能性も増える、ということをプレイヤーたちに理解させることは大事である。

INTERCEPTIONS
インターセプション

インターセプトは大体相手チームのミスプレーから発生するものである。プレッシャーディフェンスの結果として起こる不注意なパス（クロスコート、弱いループパス、ノールッ

LESSONS FROM THIS LEGEND...

クパス、ポストマンに対する直線的なパスなど）、ファンブル、トラベリング、そして無理なシュートなどである。すべてのディフェンダーは、プレッシャーディフェンスの結果起こるこれらの状況に注意を払っていなければならない。

GUARDING THE BIG MAN
ビッグマンに対するディフェンス

現代のビッグマンは機動的で、素早く、良いシューターである。彼らの多くがウイングやコーナーのポジションもプレー出来る。そして何人かはバックコートでもプレー出来るようなプレイヤーも存在する。1対1でビッグマンをディフェンスする時は、横側のやや後方からまたはフロントでディフェンスしたり、ポジション争いをしたり、またリバウンド争いの際には正対してディフェンスすることも頻繁にある。チップインが上手いプレイヤーに対しては特にしっかりとボックスアウトしなければならない、もし自分のマークマンがチップインを狙ってきていることが分かったら、リバウンドを取る仕事はチームメイトに託し、ボールを無視してでもその相手プレイヤーをボックスアウトする必要がある。

ビッグマンに付いているディフェンダーは、パッサーにパスを入れることが難しいと思わせるぐらいアクティブにディフェンスするべきである。強く、そして積極的に、入ってくるすべてのパスに対してカットを狙うぐらいの気持ちでディフェンスする。相手ビッグマンが明らかに自分より優れていて、1人ではとてもディフェンス出来ないような時、ガードフォワードがウイングからヘルプにくるか、またはダブルチームに行くことを考えるのが賢いディフェンスであろう。ゾーンディフェンスを使用することも必要になるかもしれない。この場合、クレア・ビーによってデザインされた1－3－1のゾーンディフェンスが有効であることを覚えておくといいだろう。相手ビッグマンの得点を抑えることに特化している。

HELPING OUT
ヘルピング・アウト

これはチームのディフェンスである。コミュニケーション、パスコースのディナイ、ボールに対するアグレッシブなディフェンス、悪いパスに対する反応、インターセプト、ドリブラーに対するプレッシャー、ダブルチーム、etc、これらのゲーム中の要素を通して、すべてのプレイヤーはチームメイトをヘルプするという考えを持つべきである。しかしながら、コーチはプレイヤーに対して、まず自分のマークマンをしっかりディフェンスすること、その上でチームメイトのヘルプに行くこと、この重要性をしっかり理解させなければならない。自分のマークマンに対するディフェンスを怠り、インターセプトやスティールをあえて狙いに行くようなプレーは決して賢いとは言えない。このようなプレーから相手に得点を許すことはチームの士気を落とすことにつながる、特に試合の終盤では。残り時間も少なく、チームが負けているような状況の時だけ、プレイヤーはギャンブルに行ってもいいだろう（40～60％スティール出来ると思われる場合のみ）。

SOURCE
出典

・ジョー・ラプチック（1968年）。バスケットボールの50年。エングルウッド、クリフ、ニュージャージー：プレンティス・ホール。

LEGACY OF
Harry Litwack

- ボックス＆ワンディフェンスを世に広めた。

- 1938年にテンプル大学が3－2ディフェンスを用いてNITで初優勝を飾ったことで、全米に3－2ディフェンスを発展させた人物の一人である。

- 多くの歴代のバスケットボール人たちは、歴史上のどのコーチたちよりも、能力の小さな選手たちを率いて勝利に導いたコーチであると信じている。

- スポーツマンシップと、コーチとしての高い資質の必要性を促した。

- 7シーズンにわたってフィラデルフィアSPHASでプロ選手としてプレーし、イースタンと全米リーグの両リーグにおいてチャンピオンシップ獲得に大きく貢献した。

- 1969年にはNITトーナメント優勝、1956年と1958年にはNCAAで3位入賞を果たすなど、13シーズンにわたりテンプル大学を率いて優秀な成績を収めた。

LESSONS FROM THIS LEGEND...

ZONE DEFENSES

By Harry Litwack

かなり多くの人々がゾーンディフェンスを信じてはいない。東海岸にゾーンディフェンスを使用していたチームが1つあったが、プロモーターたちがゾーンディフェンスはゲームの展開を遅くし、ファンたちもそれを好まないと信じていたために、彼らが長い、本当に長い間大都市付近で開催される試合に招待されなかったことを、私は知っている。後にNBAがスタートした時も彼らはゾーンディフェンスを排除した。彼らは同じ理由で、ゾーンディフェンスを使用するチームを持つことはなかった。しかし今日、そこら中でゾーンディフェンスが効果を発揮している。そしてあなた自身もゾーンを使うチームと対戦したり、もしくは自チームでゾーンディフェンスを使ったことがあるだろうと私は確信している。

私はこれまで何種類かのゾーンディフェンスを使ってきた。そしてかなりの成功も収めてきたと自負している。ゾーンディフェンスとは私1人で作り出したものではない。それは私が何年も、何十年も前から試行錯誤の末改良を加えたものである。私はゲームに関して1つの哲学を持っている。現在のバスケットボールではシュートとドライブの技術が非常に優れている。しかしもし相手チームにディフェンスを破られるのであれば、私は外からのシュートを決められるほうが良いと考えている。私はドライブからの3点プレイや、簡単なレイアップシュートを相手プレイヤーに決められることによって試合に負けることは望んでいない。

ADVANTAGES OF ZONE DEFENSE
ゾーンディフェンスのアドバンテージ

- ゾーンディフェンスではマンツーマンディフェンスに比べて良いリバウンドポジションを得ることが出来ると私は信じている。コーチングキャリアを通して、私のチームはそれほど多くの長身プレイヤーを擁していたわけではない。

- 私がゾーンディフェンスを信じて使う他の理由としては、ゾーンディフェンスをすることでプレイヤーがより長い時間プレー出来るということだ。ゾーンディフェンスではファールトラブルに陥ることはあまりない。チームはロスターに12人のプレイヤーを置くことが出来るが、実際のゲームではその内の8人で勝つ、と私は強く感じている1人である。コーチとしてあなたの役目は、これらのプレイヤーをファールトラブルから遠ざけ、より長い間コート上でプレーさせることである。

- 私はまた、ゾーンディフェンスは相手チームのガードプレイヤーからクイックネスを奪うことが出来ると考えている。もし私のチームがピート・アラビッチを守らなければならないような場合、マンツーマンで彼を止めることは無理であろう。その場合、私はゾーンディフェンスか、ボックスワンやトライアングルツーなどを使うだろう、そうすることで素早いガードプレイヤーからドライブの機会を奪うことが出来る。

- ゾーンディフェンスのもう1つの強みとして、自チームの弱いディフェンダーを隠すことが出来るという点も上げられる。

1つ確認しておきたいことは、私たちはマンツーマンの基本も教えるということだ。1対1の守り方、スクリーンに対するディフェンス、ポストの守り方などを教える。試合中常にゾーンディフェンスを使い続けることが出来ると考えるほど、私たちは純真ではない。ゲーム中点差を離されている時、後ろに構えて相手にただボールを保持させるようなことはしない。私の基本的な考え方としては可能な限りゾーンディフェンスを続けるということだ。

BOX-AND-ONE DEFENSE
ボックスワンディフェンス

私たちは3－2ゾーン、場合によっては2－3ゾーンを使用する。しかし時として、何か異なったことをやらなければならないような時がある。何年も昔のことだが、私がそれまでに見てきた中でも最高のプレイヤーたちを擁するチームとの戦いに備えてチームの練習を行っていた。私たちはその時、4人でゾーンディフェンスをし、1人はマンツーマンディフェンスをするという、異なったタイプのディフェンスを披露した。このボックスワンディフェンスを使うことで、私たちは幸運にもその偉大なチームを倒すことが出来た。

COMBINATION DEFENSE
コンビネーションディフェンス

素晴らしいチームであった1956、57，58年シーズンのチームでは、私たちはいくつか異なった、とてもシンプルなディフェンスを使っていた。私たちはチームのスタープレイヤーであったガイ・ロジャーズに対して「going through」という指示が出た時はマンツーマンディフェンスを、それ以外はすべてゾーンディフェンスを使う、とだけ伝えた。今日使われている同様のディフェンスは、コンビネーション・ディフェンスと呼ばれてる。私は特にルールを作ってはいなかったが、2人の非常に素早いガード、ロジャーズとハル・リアー、そしてミドルには非常にリバウンドが強く、ボールを素早く展開出来る大きなプレイヤーを擁していた。今の時代、

LESSONS FROM THIS LEGEND...

試合中に相手チームがいつマンツーマン、ゾーン、そしてコンビネーション・ディフェンスを使ってくるのかを知ることは難しい。コーチはすべての種類のディフェンスに対応出来るようにチームを準備しなければならない。マンツーマンだけを確実にプレーし続けられる時代は終わったと考えている。その理由としてゲームのスピードとファールの数が考えられる。100という点数が決まる現在のゲームでは、多くのファールがコールされることになる。そしてプレイヤーたちはファウルトラブルに陥る。最初の8人のプレイヤーたちを出来るだけ長い時間コート上に留めるために、私たちは出来るだけ長い時間ゾーンディフェンスを使用する。

SOURCE
出典
・ハリー・リトワック（1970年3月）。ゾーン・ディフェンス。NABCプロシーディング。

LESSONS FROM THIS LEGEND...

THE 3-2 ZONE DEFENSE

By Harry Litwack

ここでは3－2ゾーンディフェンスの基本的な考え方を紹介していきたい。コーチによっては、これを1－2－2ゾーンディフェンスと呼ぶ人たちもいる。まず初めに言っておきたいことは、私たちはただ突っ立って、オフェンスに主導権を与えるようなことはしない。私たちはアグレッシブであることを望んでいる。出来る限り速く、左右、前後に動く。相手チームが私たちのディフェンスに対してペネトレーションすることを許さない。図1.0で示しているように、ボールをコートの中心部分に入れさせないようにすることは極めて重要である。腕を動かし、スティールを狙い、そして相手オフェンスにロブパスを投げさせるようなディフェンスをする。このディフェンスを成功させるためのその他のポイントは、プレイヤーたちと信頼関係を築き、自信を植え付け、彼ら自身にこのディフェンスを信じさせることである。

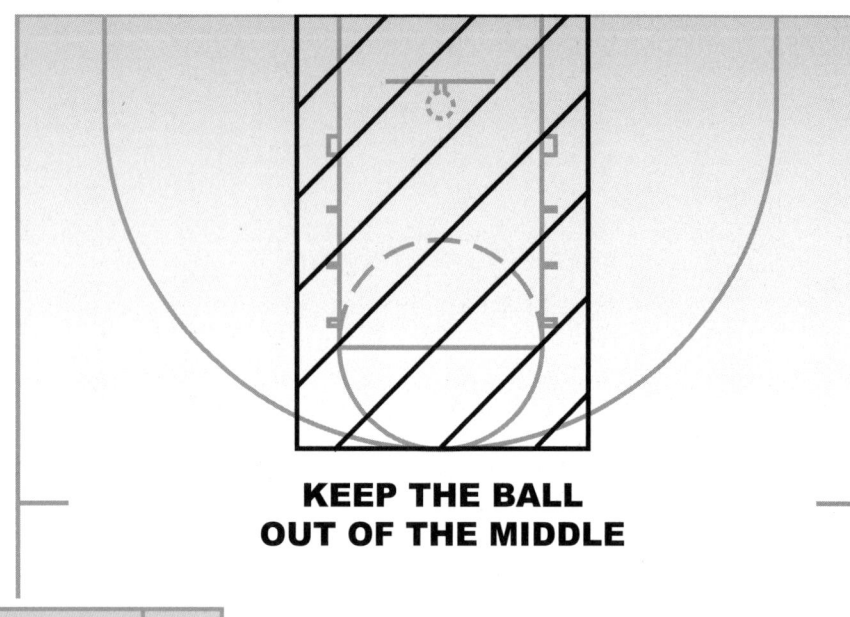

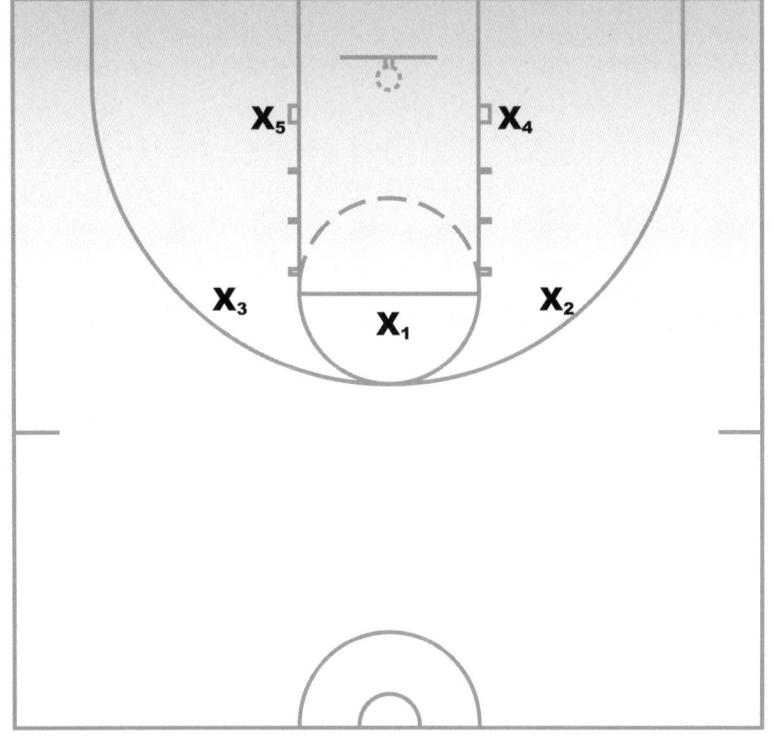

KEEP THE BALL OUT OF THE MIDDLE

Litwack 1.0

INITIAL ALIGNMENT
最初の配置
図1.0は3－2ゾーンディフェンスにおける最初の配置を示している。

Litwack 1.1

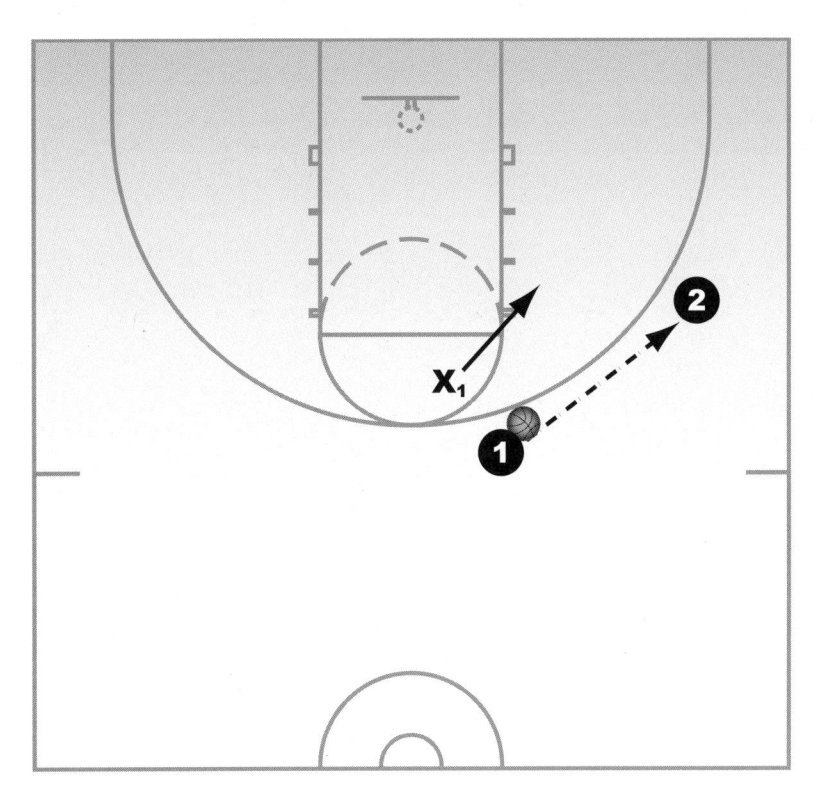

LESSONS FROM THIS LEGEND...

Litwack 1.2

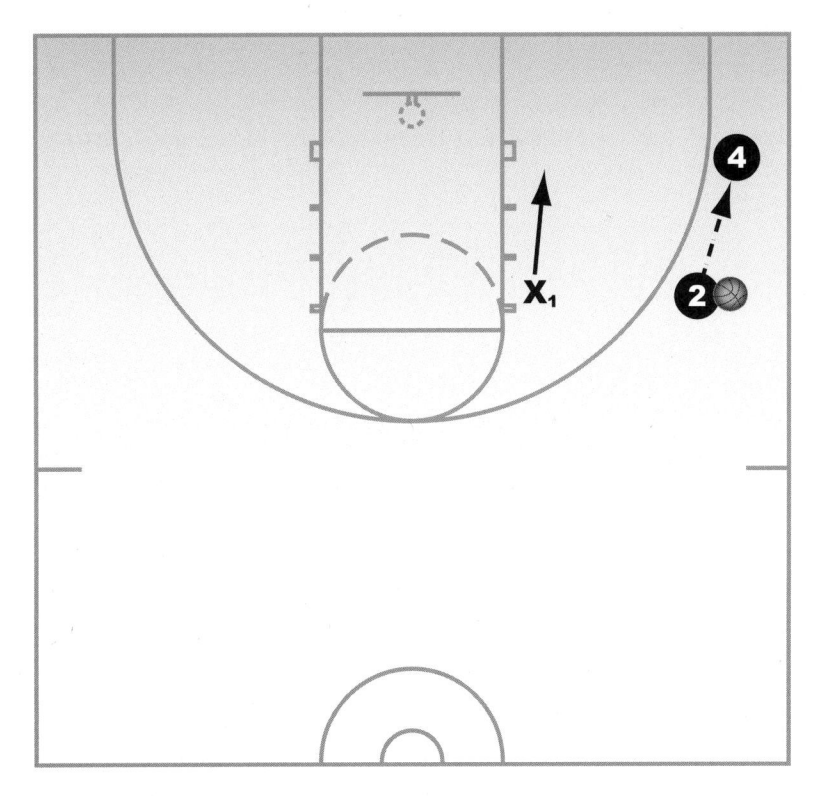

Litwack 1.3

MIDDLE MAN
ミドルマン

X1 はミドルマンである。もしくはこのディフェンスを 1 − 2 − 2 ゾーンと呼ぶコーチたちにとってはポイントマンと呼ぶかもしれない。このプレイヤーはクイックネスに優れていなければならない、そして常に動くことが求められる。彼のこのディフェンスでの責任は以下のことを含む：

- 自分のディフェンス範囲にボールがある時は常にアタックする。
- ボールを中心からサイドライン方向へ追いやる。
- ドリブルペネトレーションを許さない。
- もしボールが自分の頭の上を越えてハイポストに入った場合、ポストプレイヤーに対してダブルチームに行き、アウトサイドにパスを戻させるようにディフェンスする。
- ボールがウイングにパスされた時、下にさがりポストエリアのディフェンスをヘルプする。
- ボールがコーナーにある時は、さらに下にさがりローポストエリアをカバーする（**図 1.3 参照**）。ローポストをカバーしている時は、フロントで守るのではなくサイドで守るようにする。

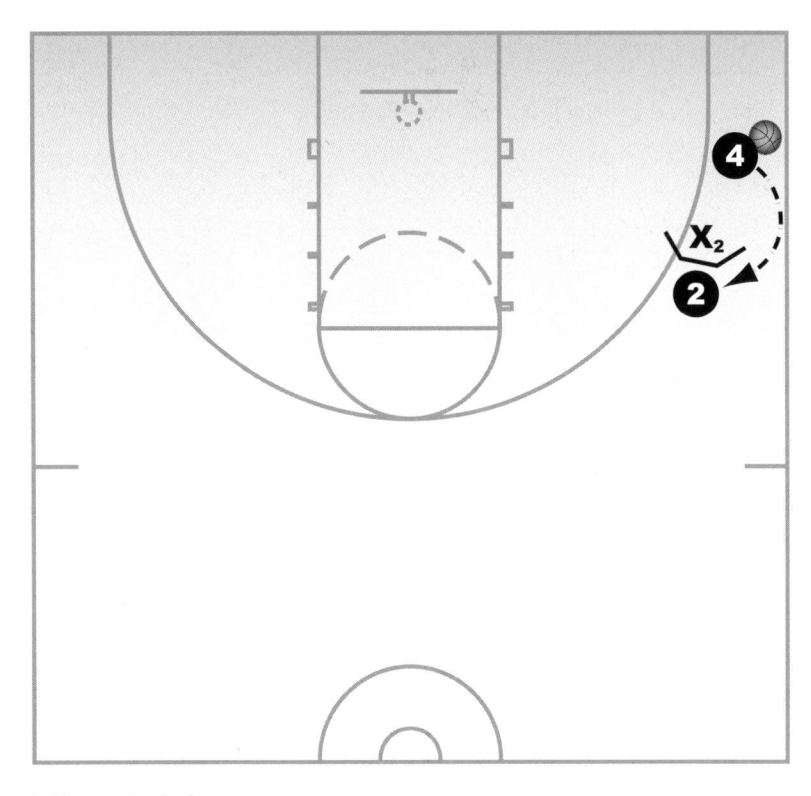

LESSONS FROM THIS LEGEND...

WING MEN
ウイングマン
ウイングマンの役割は以下の動きを含む：
- 自分のエリアにボールがある時は、常にアタックする。
- ドリブルペネトレーションを許さない。
- ボールが頭の上を越えてポストに入った時、ウイングマンはディフェンスのポジションを変えるがポストのヘルプにはいかない。私たちはこれをレーンをブロックすると呼ぶ。もし相手のウイングプレイヤーがよいシューターではないと分かっている場合は例外である。この場合、ウイングのディフェンダーは下にさがりポストディフェンスのヘルプに行く。
- ボールがコーナーに落ちた時、コーナーにいるオフェンスがウイングへのリターンパスを簡単に返せないようにディフェンスする。許してもよい唯一のパスはロブパスである。そうすることでディフェンスが再度しっかりと形を作る時間を得ることが出来る。
- コーナーのオフェンスがドリブルを始めたら、コーナーのディフェンダーと共にダブルチームに行く（**図 1.5 参照**）。
- 優れたポストプレイヤーに対しては、必ずヘルプに行くよう私たちはウイングプレイヤーに指示を出す。

Litwack 1.4

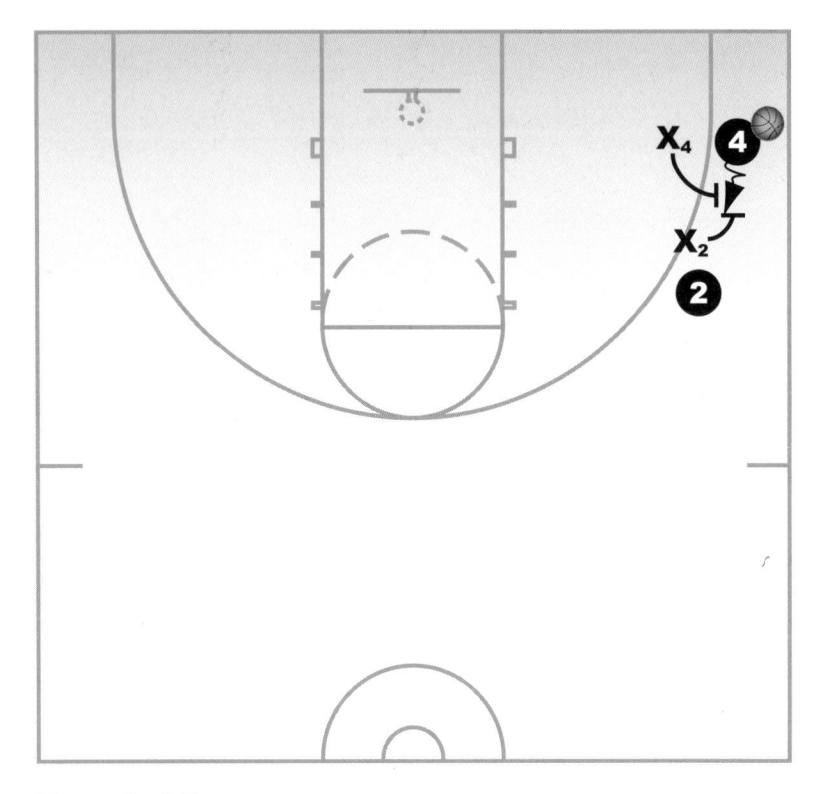

Litwack 1.5

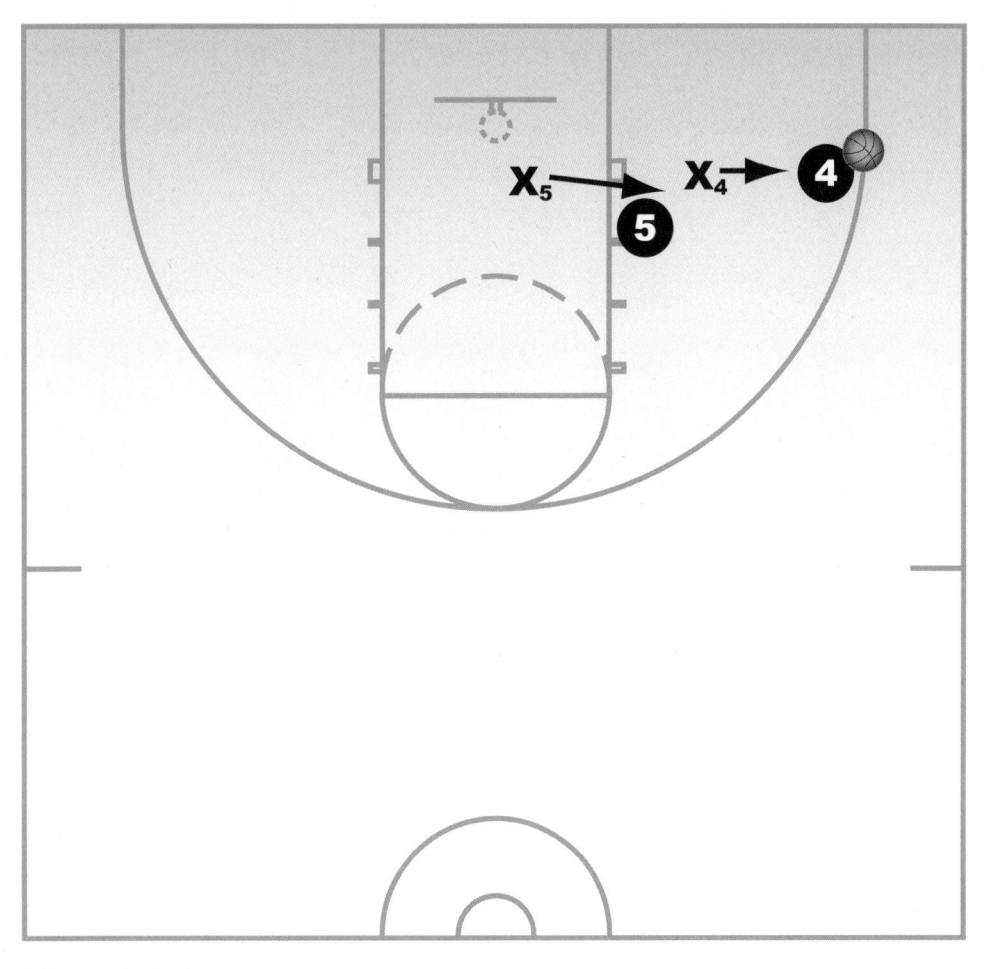

LESSONS FROM THIS LEGEND...

Litwack 1.6

BACK MEN
バックマン

私たちが思うに、このディフェンスをする上で最も難しいことは、ミドル方向にペネトレーションを許してしまった場合の対処である。これが起こってしまった場合、下の2人のプレイヤーたちはどちらがポストのプレイヤーに対して責任を持ってディフェンスするのかが分からなくなってしまう。これこそがなぜミドルエリアにボールを入れさせないことがとても重要なのかという理由である。バックマンのディフェンスにおける役割は以下の通りである。

- ボールがウイングからポストに入った時、そのポストマンのディフェンスは逆サイドのバックマンの役割である。
- バックマンの2人はお互いにコミュニケーションを取らなければならない。私たちは「アップ」という言葉を使う。この短い言葉を使うことでプレイヤーたちは誰にディフェンスの責任があるのかを素早く知ることが出来る。
- バックマンのディフェンスにおける最も重要な役割はボールをボールサイドのローポストエリアに入れさせないことである、と伝えている。
- ウィークサイドのバックマンはレーンを越えてボールサイドである逆サイドのローポストをディフェンスしなければならない（図1.6参照）。
- ボールサイドのバックマンはコーナーのボールもディフェンスする。私たちのディフェンスでは、決してベースライン側のドライブを許してはならないというルールがある。ボールはディフェンスのヘルプがいる方向へ戻させるべきである。

LESSONS FROM THIS LEGEND...

DEFENSIVE SLIDES IN OUR 3-2 ZONE
3－2ゾーンでのディエフェンシブ・スライド

ボールが次の位置にある状況でのディフェンシブ・スライドをここで示したい。

- ボールがウイングにある場合（図1.7参照）。
- X_2 はボールをディフェンスする。
- X_1 は下にスライドしてハイポストエリアの真ん中あたりをカバーする。
- X_4 はローポストへのパスを出させないようにディフェンスする、しかし❹に対して1歩踏み出してそちらにも対応できるように準備しておく。
- X_5 はレーンを越え❺をカバーする。
- X_3 はレーンの中心あたりまで下がる。

- ボールがコーナーにある場合（図1.8参照）。
- X_4 はボールをディフェンスする。
- X_2 は❹から❷へのパスコースに立つ。
- X_5 はローポスト❺をディフェンスする。
- X_1 は下にさがり、ローポストにボールが入らないようにヘルプディフェンスする。
- X_3 は下にさがりゴール付近をディフェンスする。

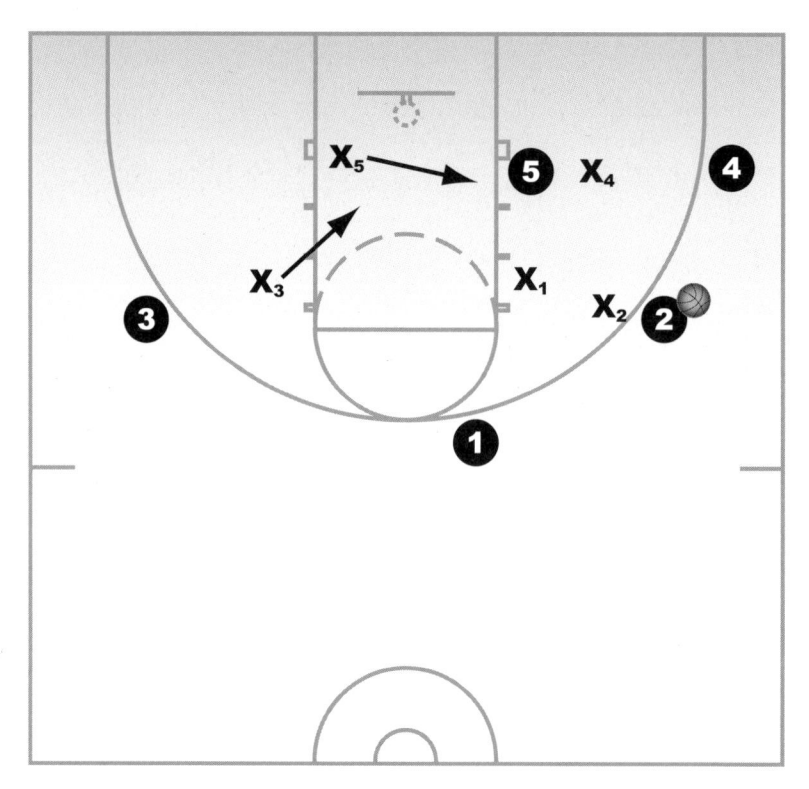

SOURCE
出典
- ハリー・リトワック（1970年3月）。ゾーン・ディフェンス。NABCプロシーディング。

Litwack 1.7

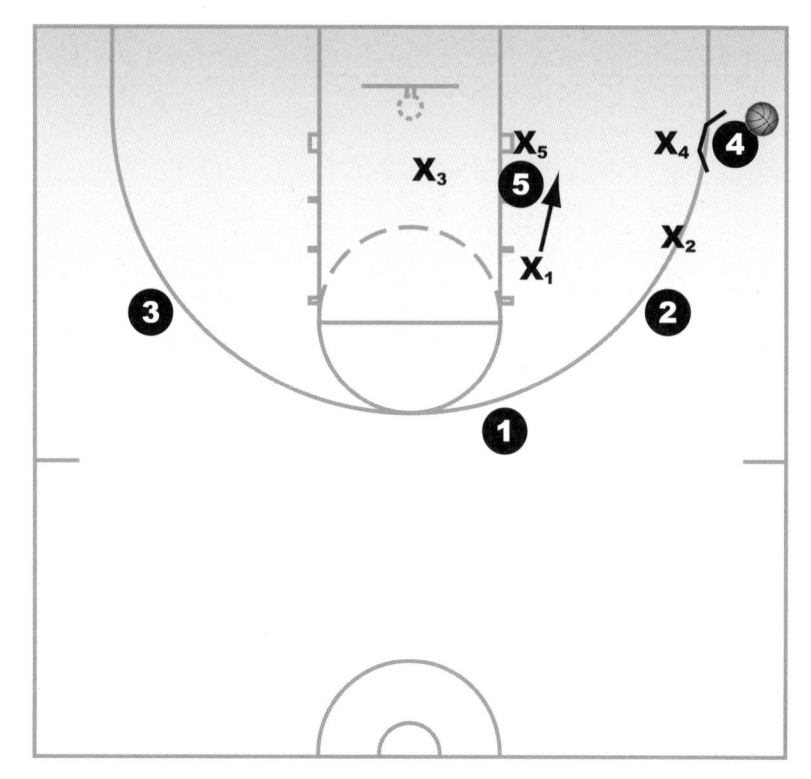

Litwack 1.8

LEGACY OF
Arthur "Dutch" Lonborg

- 1925年ウォッシュバーン大学を率いてAAUのチャンピオンに輝いた。

- ノースウエスタン大学を1931年と1933年にビッグテン優勝に導いた。

- 1939年に行われた初のNCAAトーナメントの組織作りをサポートした。

- カンザス大学でアスレチックディレクターとして携わり、彼の飛びぬけた管理能力の高さは全米で認知された。

- オリンピックがこの世に広まるきっかけとなった1936年のオリンピックへ、ドクター・ネイスミスをつれていくための資金をかき集めただけではなく、彼のために、カンザス州ローレンスに自宅を購入するための資金をもかき集めた。

- 1956～1960年にかけてアメリカのオリンピック委員会に従事した。

- カンザス大学で3つのスポーツにわたって卓越した力を持っているとされ、バスケットボールにおいては1919年にオールアメリカンに選出される栄誉を受けている。

LESSONS FROM THIS LEGEND...

SPECIAL BASKETBALL DEFENSES

By Arthur C. Lonborg

スペシャルディフェンスの説明をする前に、いくらかのスペースを割いて個人ディフェンスの説明をしたいと思う。この記事では、マンツーマン・ディフェンスに焦点をあてていきたい。

ディフェンスを語る上で覚えておかなければならない最も重要なことは、ディフェンスをするプレイヤーは常にバランスを保っていなければならない、ということだ。良いディフェンダーというのは、どんな時にでもあらゆる方向に自然に動くことが出来る。これは適切なフットワークを使うことによって可能である。

適切なディフェンスのスタンスというのは、両足間の距離はある程度近く、体重を両足に均等に置いている状態である。重心はある程度低く腰を落とし、腕は広げて肘は曲げる、そしてどの方向へも動ける準備をしておく。

著者注釈
この基本的なディフェンスの動きは、現在ステップ・スライドフットワークと呼ばれている。

ディフェンスはコート上を動く際、ボクサーステップを使用する。このステップは1歩が長すぎてはならない。プレイヤーはまず右に重心を移しその方向へ右足を出す、そして左足を素早く右足の隣まで持ってくる、そうすることで再び元の姿勢に戻ることが出来る。この動きを同じ方向へ進んでいる限り続ける。

ボールマンをディフェンスする時、ディフェンダーは片手を高く上げ、もう片方の手はパスやドリブルに備え横に伸ばす。よいディフェンダーは、ゴール付近にいる場合を除いて、常にマークマンとゴールの間に適切なポ

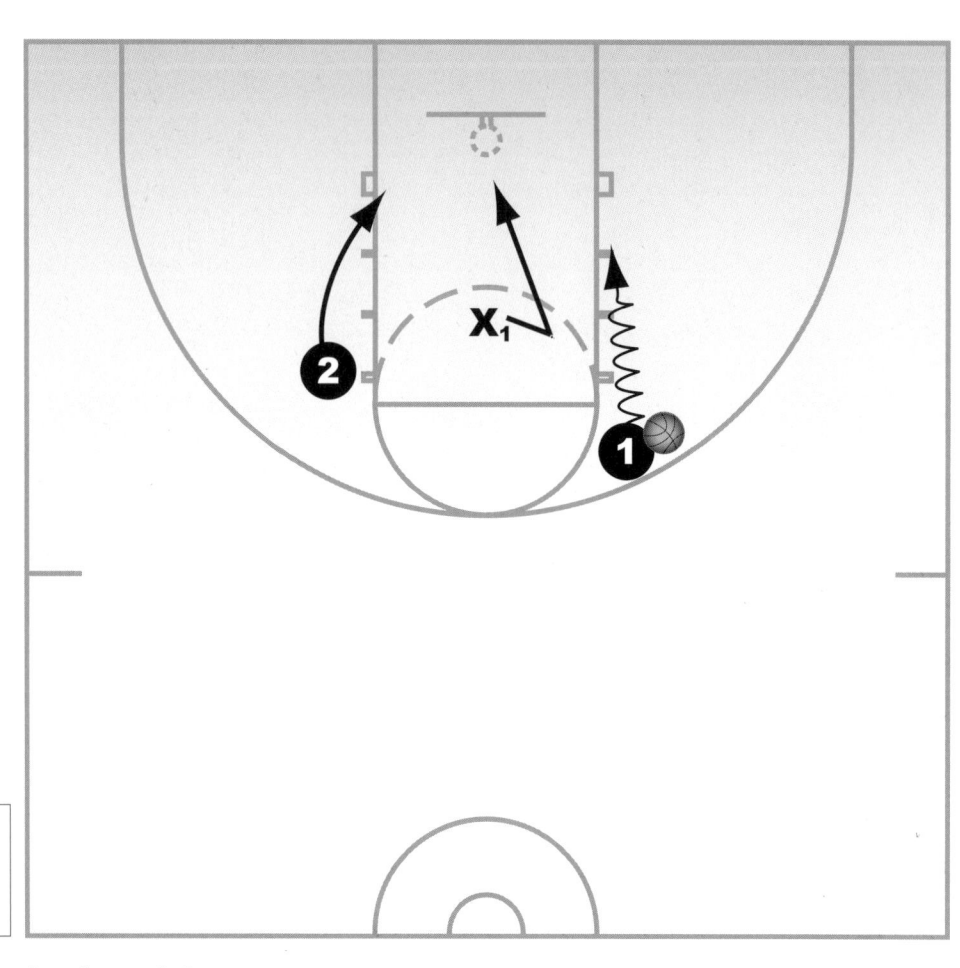

Lonborg 1.0

ジションを取っている。ディフェンダーは相手オフェンスについて勉強しなければならない。スピードやその他の能力をあらかじめ知ることで、どの程度の距離間で守るのかを判断する。だいたい3フィートぐらいが平均的なオフェンスとの距離である。

TWO-ON-ONE SITUATIONS
2対1のシチュエーション

過去数年間のルール変更により、速攻が再び有効となった。そしてディフェンダーは時に2人のオフェンスに対してディフェンスすることを求められる。また他の状況では、2人のディフェンダーが3人のオフェンスをディフェンスする場合もある。

2対1の状況になった時、ディフェンダーはゴール付近のあらゆる種類のシュートを止める努力をしなければならない。ディフェンダーはゴールへ向かって戻り、可能であれば両オフェンスに対し正対し、オフェンスのどち

LESSONS FROM THIS LEGEND...

らかに裏を抜かれて簡単なシュートを打たれないように、常にディフェンスする。味方のヘルプが帰ってくるまでは2人のオフェンスを止めるよう努力する。ゴール付近のポジションから簡単に外に出てしまうようなディフェンダーは短い距離のシュートを止めることは出来ない。そのためゴール付近のエリアをしっかりディフェンスするよう心掛ける。

私は2対1の状況でオフェンスの位置を常に正確に把握できるようなディフェンダーを好む。つまりこのディフェンダーはどちらのオフェンスに対しても背を向けることがないということだ。図1.0で示しているディフェンスは2人のオフェンスの位置を的確に把握している。

THREE-ON-TWO SITUATIONS
3対2のシチュエーション

3対2のシチュエーションでは、2人のディフェンダーの内1人はオフェンスの勢いを止めるようディフェンスし、もう1人は後ろに下がりゴール付近の短い距離のシュートを止めるようディフェンスする。オフェンスが得点エリアに近づいてきた時、もしどちらかのサイドにいるオフェンスがボールを持っているならば、後ろのディフェンスはこのオフェンスをカバーする。前方にいたディフェンスは少し下がり、図1.1で示しているように、逆サイドへのパスをカット出来るようなポジションを取る。もしボールがトップの位置にいるオフェンスに戻ったら、後ろのディフェンスは再度ゴール付近をディフェンスする。このディフェンスの方法では、ディフェンスは短い距離のシュートを防ぐことができ、なおかつ中間距離でのシュートを打たせるようしむけることが出来る（図1.1 参照）。

FREE THROW LINE SITUATIONS
フリースローラインのシチュエーション

現代のバスケットボールでは、フリースローラインへカッティングしてきたプレイヤーにパスを出し、そしてパッサーはパスを出した味方に向けて再度カッティングし、可能であればリターンパスをもらうような形がよく見

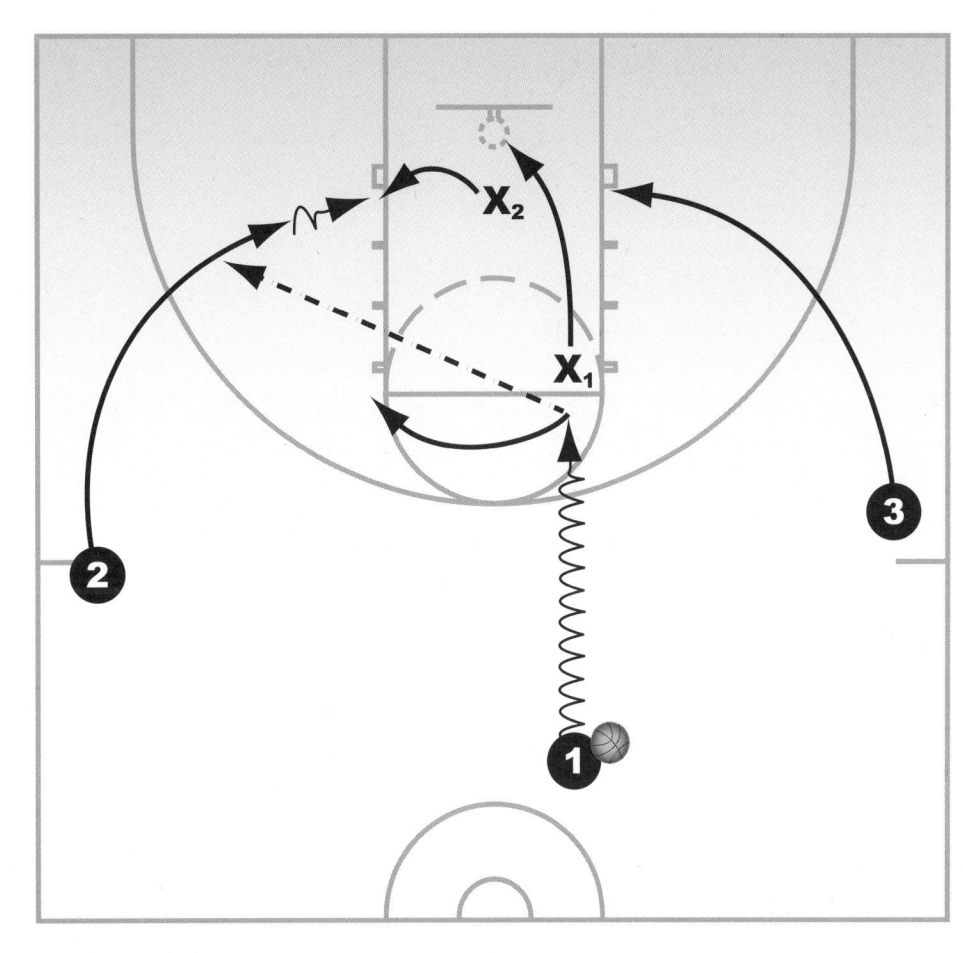

Lonborg 1.1

られる。このオフェンスの形に対してはスイッチしてディフェンスすることが有効な方法の1つであるが、あまり早くにスイッチしすぎないように気を付ける必要性がある。もしスイッチが早すぎれば、フリースローラインでパスを受けたオフェンスにそのままターンしてシュート、またはドライブインからのシュートを許してしまう。この状況では、ディフェンダーはスイッチのコールを必ず行い、そしてその場合は素早くスイッチする。これはかなりの練習を必要とする、そしてプレイヤーはチームメイトと協調して動けるようになることが求められる。

オフェンス同様にディフェンスでもチームワークは必要とされる。あるチームはディフェンスの際マークマンを変えること（スイッチ）を好まない。マークマンを変えない場合、ディフェンダーはスクリーンの後ろからショートカットするか、間を割っていくしかない。あるディフェンダーは自らをスクリーンにかからないようにする技術や能力を持っている。そしてその状況下でオフェンスを効果的にカバーすることが出来る。このような状況ではマークマンの交換は必要ない。

このシチュエーションに対するもう1つの効果的なディフェンス方法としては、まずはボールを受けようとするプレイヤーをフリースローラインにカッティングさせないことである。さらにはボールマンのディフェンダーも、フリースローライン方向へのパスに対して注意を払ってディフェンスすることも出来る。もちろんこの場合、ディフェンスはオフェンスがこのプレーをフェイクとして使いそのままゴール方向へカッティングし、ディフェンダーの裏にパスされてゴール付近のイー

LESSONS FROM THIS LEGEND...

ジーなシュートを打たれる、ということも気を付けていなければならない。ディフェンダーは、フリースローレーンにカッティングしようとするオフェンスに対して最初はある程度ルーズなポジションを取り、危険な位置に入ってきたらしっかりディフェンスできるような準備をしておく。

SOURCE
出典
・アーサー C・ロンバーグ（1936年1月）。スペシャル・バスケットボール・ディフェンス。ザ・アスレティック・ジャーナル。

LEGACY OF
John "Johnny Mac" McLendon

- バスケットボールを統合したパイオニア的存在であり、黒人社会にバスケットボール人としての自覚を高めた。

- テネシーＡ＆Ｉ大学（現・テネシー州立大学）を率いて、1957年、1958年、1959年と3年連続でNAIAのチャンピンシップに輝いている。

- 25年間のコーチングキャリアの中で、523勝165敗という記録を積み上げた。

- カンザス大学のジェイムス・ネイスミス氏の元で学んだ。

- 1961年にABL所属のクリーブランド・パイパーズで初の黒人ヘッドコーチとなった。

- 彼のチームは、速攻を推進し、つねに素晴らしいコンディションと激しいプレッシャー・ディフェンスで戦うチームとして知られた。

- 彼のゲームに対する飛びぬけた知識は人々を熱狂させ、彼の愛きょうのある人柄は、バスケットボール大使の一人とさせた。

- クリーブランド州立大学のバスケットアリーナは彼の名がとってつけられている。

LESSONS FROM THIS LEGEND...

THE FOUR DEGREES OF DEFENSE THEORY

By John McLendon

プレイヤーは、目的をはっきり意識しているほうが、学びの状況でより多くの物を得ることが出来る。プレイヤーは、得られる結果に対する自分たちの現在地をある程度知ることで、より刺激を受ける。彼らは自分と同じポジションの他のプレイヤーに対して、自分が今どの位置にいるのかを知ることで、より効果的に学ぶことが出来る。ゲームでの実際の場面に関する質問に対する、曖昧な意見や一般的なコメントはプレイヤーに歓迎されない。そしてそれは彼らに対して公平ではない。モラル、心理的なコンディショニング、個人的な決定力、いくつものチーム課題、そしてコーチが求めているもの、これらの要素に対する技術やパフォーマンスをはっきりと客観化すること、その価値と必要性は尊重されるべきであると私は強調してきている。「four degrees of defense（ディフェンスの4段階）」のセオリーでは、各等級間にはっきりとした線がある、こうすることでそれらを身につけようとするプレイヤーやコーチに対して、それぞれの等級でのディフェンス要素が明確になる。オフェンスについては長い間熟慮されてきた。実際にバスケットボールのゲーム中に記されるすべてのスタッツがオフェンスを評価する上で役に立つ。ディフェンスの問題を明確にすることと、その問題がどの程度認識されているのかを観察することで、どのプレイヤーがどの程度までディフェンス面で到達しているのかを評価することが可能となる。

First Degree Defense
第1段階のディフェンス

自分のマークマンへのディフェンス。第1段階のディフェンスとは、1人のディフェンダーが1人のオフェンスプレイヤーをディフェンスするという状況（1対1のシチュエーションと言った方が分かりやすいかもしれない）に当てはまる。この時ディフェンダーはオフェンスのボールの保持に関わらず、オフェンスが止まっている時も、そして動いている時も、常にディフェンスしなければならない。第1段階のディフェンダーにとって問題となってくるオフェンスの方法がいつくか挙げられる：

- パスをする時、またはした後のフェイクに対するディフェンス。
- ドリブルしている時、またはドリブルを止めた後のフェイクに対するディフェンス。
- ボールを受ける前、そして受ける時のディフェンス。
- シュートを打つ前のフェイクに対するディフェンス。
- シュートを打った後のオフェンスの動きに対するディフェンス（オフェンシブリバウンドに対するボックスアウト）。
- シュートそのものに対するディフェンス（空中でのブロックショット）。
- ピボットマンに対するディフェンス（ゴールを背にしてボールを受ける準備が出来ている、または既にボールを持っているプレイヤーに対するディフェンス）。

もし出来るのであれば、そのプレイヤーは第1段階のディフェンスを身に付けていると言える。

Second-Degree Defense
第2段階のディフェンス

自分のマークマンとボールへのディフェンス。ディフェンダーにとって、ボールが移動するたびに理想的なディフェンスポジションをキープするためには、第2段階のディフェンススキルが必要となってくる。この段階のディフェンス能力を身に付けることで、常に移動するボールポジションの中で、自分のマークマンをディフェンスすることが可能になる。守るべきゴールとマークマンのポジションを正確に把握して、それに対して適切なディフェンスのポジションを取る能力は、決して多くのプレイヤーに自然に備わっているものではない。多くのプレイヤーたちにとって、この技術を身に付けるためには多くの厳しい練習が必要とされる。いくつか第2段階のディフェンス・シチュエーションを以下に示す。

- ボールがあるプレイヤーから他のプレイヤーにパスされた時（ボールポジションが変わった時）、それに対応して適切なディフェンスポジションを取る。自分のマークマンとボールを同時に見ることで常に両者に対してディフェンスすることができ、スコアリングエリアを把握した上で両者に対して適切なポジションを保つ技術は必須である。
- アウト・オブ・バウンズのプレー。ボールがディフェンダーの後ろ（背中側）にある状況で、ボールとマークマンを同時にディフェンスするのは困難であり、明らかに第2段階のディフェンススキルが必要である。
- ピボットマン（ポストマン）に対するディフェンス。止まっている、または動いている状態のピボットマンに対して1人でディフェンスするには第2段階のディフェンスが必ず必要である、そうでなければオフェンスに完全にやられてしまうだろう。これは、ゲームの中でボールの位置を全く把握してない状態で相手プレイヤー（ピボットマン）をディフェンスすることが不可能である場面のいい例である。またボールの位置だけを把握した状態で自分のマークマンに対して適切な

LESSONS FROM THIS LEGEND...

ポジションを取ることは不可能である。ここでも第2段階のディフェンス技術が必ず必要である。

- ピボットマンにパスを出した直後のパッサーに対するディフェンスは、ボールとパッサーを同時にディフェンス出来ていなければ不十分である。
- リバウンディング。ディフェンスリバウンドを獲得するためには、まず自分のマークマンを、その後にボールという順番でプレーすることが最も効果的である。逆の方法でプレーするプレイヤーもいるだろう。しかし彼等はボールとマークマンに対して同時にプレー出来ないために失敗する。バックボードに対するポジションの取り方は第2段階のディフェンス能力に付随する。

第2段階のディフェンスを身に付けているプレイヤーを探すことは簡単ではない。このレベルのディフェンスにまず気付かせること、そしてそれを身に付けるための技術を指導することは、コーチそしてプレイヤー両者にとって挑戦する価値がある。

THIRD DEGREE DEFENSE
第3段階のディフェンス

自分のマークマン、ボール、そしてオフェンスの状況に対するディフェンス。第3段階のディフェンスとは、プレイヤーが相手オフェンスの戦術やテクニックを認識し予測する技術、能力、そしてノウハウを持っていることである。そしてそれはオフェンスに対するディフェンスの弱みを消し去ることが出来る。第3段階のディフェンスを身に付けるためには、プレイヤーは以下のような能力が必要である：

- チームメイトや彼等のマークマンに対して、彼等の間を抜ける、下側を抜ける、上側を抜ける（ファイトオーバー）ことが出来る能力。
- いつスライドするのか、またはいつしてはいけないのかを認識し予測出来る能力。
- スイッチする能力。
- いつスイッチするのか、またはいつスイッチしてはいけないのかを予測出来る能力。
- スイッチする際に必要なテクニック。
- スイッチしなければならないような状況を潰すことが出来る能力。
- ブラインドスクリーン（バックスクリーン）、止まった状態でのインサイド・アウトサイドスクリーン、ムービングでのインサイド・アウトサイドスクリーン、これら各スクリーンに対応出来る適切な技術。
- ポストプレイを潰すことが出来る技術（ピボットマンがスクリーンとして使われた場合）。

良いチームはすべて、オフェンスに一時的なアドバンテージを作りだすために2人またはそれ以上のオフェンスプレイヤーを絡めたいくつかの戦術を使用する。バスケットボールではプレーを選択できるオフェンス側にすでにアドバンテージがあるため、ディフェンスがこの第3段階のディフェンス能力を身に付けていない限りは、オフェンスの数々の戦術を打ち破ることは不可能である。もしプレイヤーが常にオフェンスの「トラップ」（スクリーン）にかかってしまっているようであれば、彼のディフェンスは第3段階に達していない。コーチと同じようにプレイヤー自身も自分のディフェンスがどの段階にあるのか分かっている。

FOURTH-DEGREE DEFENSE
第4段階のディフェンス

自分のマークマン、ボール、オフェンスの状況、そして自分の仕事をしながらチームメイトをヘルプ出来るディフェンス。この第4段階のディフェンスが出来るプレイヤーは非常に稀である。技術だけでなく、最高のディフェンス能力とリバウンド力を兼ね備えているこの段階にあるプレイヤーは、何物にも代えがたい存在である。第4段階のディフェンスを身に付けたプレイヤーは既に述べた3段階での数多くの状況に対してディフェンス出来るだけでなく、同時にチームメイトをヘルプすることも出来る、そしてこの段階のプレイヤーは自分の仕事を全く犠牲にすることなくそれが出来る。

この段階のプレイヤーは「ダブルチームプレイヤー」であり、ピボットマンを「サンドイッチ」するのを助ける。そしてヘルプサイドにいる相手オフェンスを無効にすることができる（スロー・オフ・ディフェンダー）。彼はコート上どこで起こるトラップに対してもヘルプに行き、自分の近くにいるボールを持っているプレイヤー、またボールをもらおうとしているプレイヤーを常に気にしている。彼はルーズボールに飛び込み、ジャンプボールシチュエーションを作り出す。このタイプのプレイヤーは速攻の機会をより多く作り出し、展開を早くする。そしてオフェンスの戦術の中でさえディフェンシブプレイの役割を非常に重要なものとする。

プレイヤーのディフェンス能力を主体的に測るためには、このディフェンス技術を各段階に分けるやり方は必ずしも適したものではないかもしれない。しかしこのコンセプトを使うことで各プレイヤーをある程度正確に分類することは可能である。ディフェンスを成長させることで、プレイヤーの全体的な能力を高めることが、コーチに求められる挑戦である。良いディフェンスはオフェンスのチャンスを何倍にも増やすことが出来る。オフェンス思考のプレイヤーやチームも、ディフェンスに力を入れることで、結果的に自らを制限するのではなく高めることが出来るのである。プレイヤーが第2段階、いや第1段階でもこのディフェンスを自らの技術のレパートリーに加えることが出来れば、間違いなく全体的なプレイヤーとしての価値を高めることが出来る。各個人プレイヤーの成長が、あらゆる面でチームを次の段階へ成長させる。そして継続的な素晴らしい成績を収めることが出来る大きな可能性を与えてくれるだろう。

SOURCE
出典

- ジョン B.Jr. マクレンドン（1965年）。ファストブレイク・バスケットボール：ファンダメンタルとファイン・ポイント。ウエスト・ニャック、パーカー出版。

LESSONS FROM THIS LEGEND...

RELATING DEFENSE TO THE FAST BREAK OFFENSE

By John McLendon

速攻とは通常バックコートから始まるフルコートのオフェンス方法である。そしてこのオフェンスの始まりとして最も多いプレーはディフェンス・リバウンドだ。さらに言えば、ここ何年か速攻は、ゾーンの様な形からリバウンドを確保したのを確認して始まるようになってきている。リバウンドが取れなければ、速攻は無い。シュートを打たなければ、リバウンドは無い。そして速攻が出なければ、オフェンスは成り立たない。速攻をただ待つことは出来ない。チームは相手のシュートが外れた時に、より多くの得点チャンスを得なければならない。得点チャンスを増やすために、ディフェンスを組織し、発展させ、ゲームで使用しなければならない。そしてそれがオフェンスを発展させることにも繋がる。

すべてのオフェンスでは、ディフェンスがオフェンスをより効果的にするための助けになるという考えを持つべきである。ある特定のオフェンス方法は、特にチームディフェンスと密接に関係している。フルコートで激しいマンツーマンプレッシャー・ディフェンスと、ゆっくりとしたコントロール・オフェンスの組み合わせは明らかに不調和である。これは誇張した例ではあるかもしれないが、オフェンスとディフェンスがある種の協調性と兌換性を持つべきであるということを示している。

私がかつてフットボールチームでアシスタントコーチをしていた時のヘッドコーチであるW．F．バーグハート博士はラインマンに対して、たとえ相手チームがボールの所有権を持っていたとしても、ボールを持っていない自分たちがオフェンスなのだ（そういう気持ちでプレーしろ）、ということを上手く教えていた。何年もの間、私はディフェンスとオフェンスを相互に関連させるために、この考え方を使ってきた。たとえ相手チームがボールを保持していたとしても、ボールを持っていないチームはそれを奪い返すために戦術を駆使する。そしてそれはボールを奪った瞬間にオフェンスの一部となる。実際に、いくつかのオフェンスの動きはボールの所有権を手にする時にはすでに始まっている。

ディフェンスの際に、攻撃的な目標になるであろういくつかの項目を以下に示す：

1. オフェンスがボールの扱いを誤ったり、ファンブルしたりするようなディフェンスをする。ディフェンダーはオフェンスを個人的に狙いに行く、そして下手なドリブラー、下手なパッサー、下手なレシーバーに対してはダブルチームに行く。下の様な場面で積極的にディフェンスに行く：
   - ボールがバックコートにある時
   - ハーフライン付近にボールがある時
   - ハーフラインを超えた瞬間
   - ハーフラインを超えたオフェンスがボールを止めた時
   - フロント、バックコートのすべてのコーナー付近
   - サイドライン、ベースライン付近
   - ボールマンが他のチームメイトから隔離されている時
   - ドリブルが止まった時
2. インターセプトが狙えるようなパスを出させる：
   - 長くて高いパスを出させるようなプレッシャーのかけ方、ポジションの取り方でディフェンスする
   - パッサーに対して、横方向にパスを出させるようにオーバープレーする
   - クロスコートパスを出させるように、相手オフェンスを分断する
   - ハーフライン近くで後方にピボットさせることによって、パスコースを狭める
   - パスを受けようとするポストマンに対してプレッシャーをかける
   - ポストマンにパスを出そうとするプレイヤーに対してプレッシャーをかける
   - 相手チームがゲームの展開を早めたとき、特にパスでの展開を早めたとき
   - 相手のセットオフェンスに対して、普段行かないようなエリアやポジションにパスを出させるようにディフェンスする。
3. 相手プレイヤーを、ボールが奪いやすいような状況やポジションに追い込む。
4. 確率の悪いシュートを打たせる。すべてのシュートに対してコンテストしなければならない。さらに言えば、コンテスティングは相手プレイヤーがシュートエリアに入ってくる前から、またシュートモーションに入るまえから始めるべきである：
   - 相手プレイヤーが得意なシュートを打たせてはならない。得意なシュート体勢だけでなく、得意なスピードでも打たせない。
   - 得意にしているエリアでのシュートも許してはならない。
   - シュートフォームとシュートエリアを変えるようにディフェンスする。
5. ゴール付近でのシュートはブロックに行く。ジャンプ力があり、マークマンとボールを同時にディフェンスすることができ、さらにはタイミングを計る能力に優れているプレイヤーは、ファールすることなく良いブロックを決める素質を持っている。考え方としては、ブロックすることが重要なのではなく、ブロックに行くことでシュートのタイミングをずらし、成功確率を下

LESSONS FROM THIS LEGEND...

げることでディフェンス・リバウンドを確保する可能性を増やすことである。

繰り返しになるが、速攻を主体とするチームが使用するディフェンスは、攻撃回数と速攻のチャンスを増やすようなディフェンス方法であるべきだ。相手オフェンスからボールを奪うようなアグレッシブなディフェンスである。

違った言い方をすれば、ディフェンスからオフェンスに切り替わる際、スコアリングポジションにより早くプレイヤーを配置出来るほど、確実なオフェンスに繋がるより良いディフェンスだと言える。この目的を達成するためには、バックコート、すなわちオフェンス時にはスコアリングエリアになる位置から、相手オフェンスに対してディフェンスを仕掛ける方法がベストであることは、全くもって明らかである。バックコートエリアで、インターセプション、スティール、そしてルーズボールからディフェンス側がボールを奪った場合、相手チームがディフェンスを作り直す時間はほとんど無いと言ってよい。

このディフェンスへの対応の難しさは、ボールを奪われたプレイヤーだけでなく、それ以外のチームメイトにも当てはまることである。プレスディフェンスに対してオフェンス側が感じる、ボールを前に運ばなければというプレッシャーは、攻守が変わった時にディフェンス側にとって有利に働く。相手チームがディフェンスへ切り替える前に、すでにスコアリングエリアにはより多くのオフェンスプレイヤーがいるような状況を作ることが出来る。

図1.0では、ディフェンス側がボールを奪った際に得られる数的優位をエリア別に示している。この図では、前述したようなプレッシャーディフェンスを行ってボール所有権を得た際、コート上の多くのエリアで数的優位が得られることを示している。図中のエリア1、2、3でボールを奪うことが、ディフェンス側にとって理想的な展開であることは疑う余地がない。

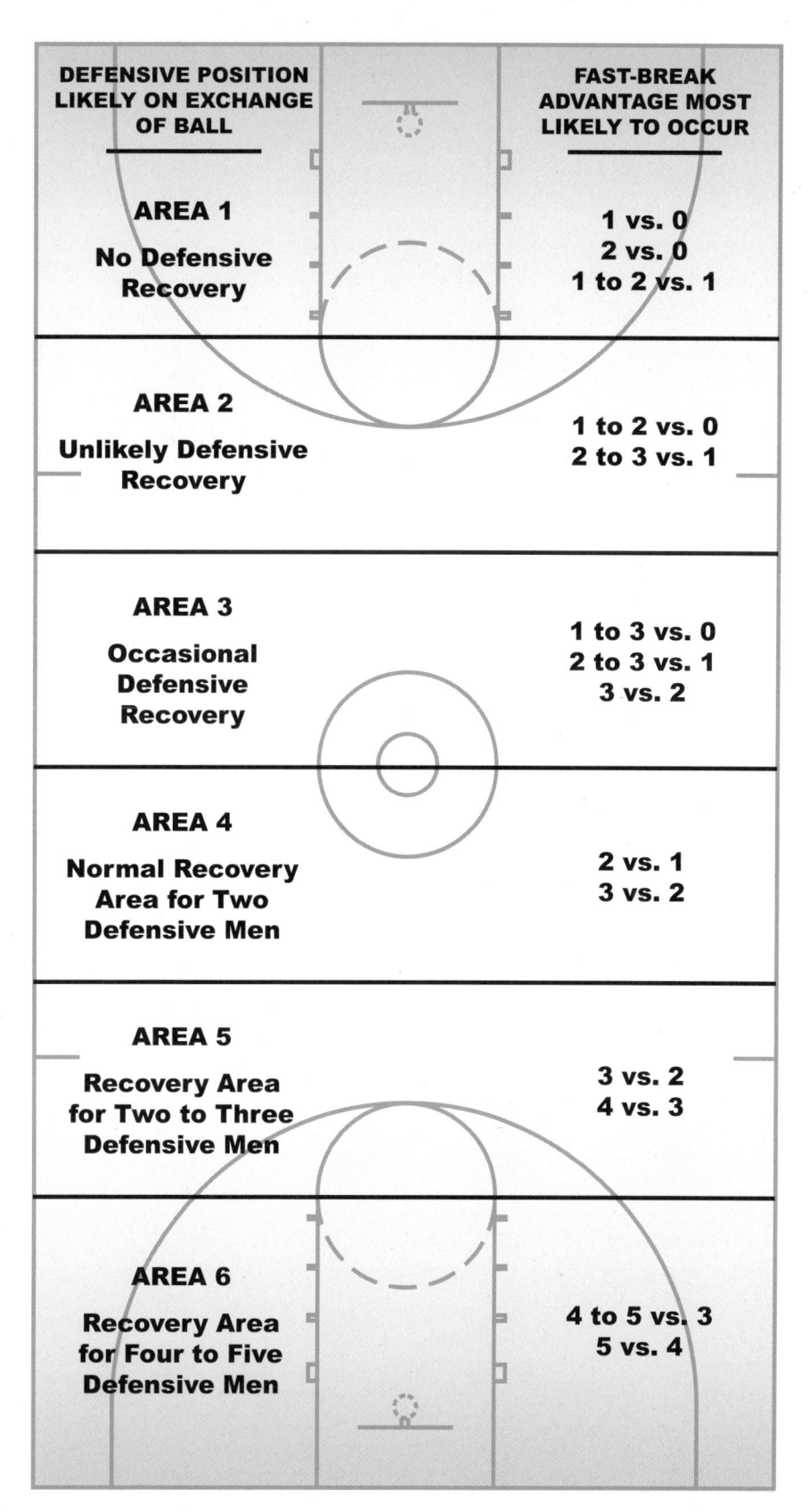

DEFENSIVE POSITION LIKELY ON EXCHANGE OF BALL	FAST-BREAK ADVANTAGE MOST LIKELY TO OCCUR
AREA 1 No Defensive Recovery	1 vs. 0 2 vs. 0 1 to 2 vs. 1
AREA 2 Unlikely Defensive Recovery	1 to 2 vs. 0 2 to 3 vs. 1
AREA 3 Occasional Defensive Recovery	1 to 3 vs. 0 2 to 3 vs. 1 3 vs. 2
AREA 4 Normal Recovery Area for Two Defensive Men	2 vs. 1 3 vs. 2
AREA 5 Recovery Area for Two to Three Defensive Men	3 vs. 2 4 vs. 3
AREA 6 Recovery Area for Four to Five Defensive Men	4 to 5 vs. 3 5 vs. 4

McLendon 1.0

LESSONS FROM THIS LEGEND...

以下に示すのは、速攻を主体としたチームに合ったいくつかのディフェンス方法と、そこから生まれるオフェンスの可能性である。**図1.1**にはこれらの要約を示しておく。

- フルコートプレス、マンツーマン。ディフェンスはエリア1、2、3に焦点を絞る（**図1.1参照**）。これはフルコート・ディフェンスの最も基本的で効果的な戦術であるが、それだけでなく他のプレッシング・ディフェンスの効果を高めるための基本的な方法でもある。
- フルコート・ゾーンプレス。フルコート・マンツーマンプレス同様、ディフェンスの焦点はエリア1、2、3である。ゾーンプレスを使うことによって速攻に与える利点としては、オフェンスに切り替わる際自動的に、自然にオフェンスに優位な形が出来ていることである。ゾーンプレスではエリアを複数でディフェンスするため、数的優位を作るために動きまわる必要がない。
- スリー・クォーター・コートプレス。ここでは、マンツーマンもゾーンもエリア2、3に集中する。このエリアでボールを奪うことが出来れば、多くの場合オフェンスに優位となる。
- ハーフ・コートプレス。ディフェンスの焦点は、エリア3とエリア4にまたがる10秒ライン付近である。速攻を主体としたチームが行うハーフコート・ディフェンスはプレッシャーのきついディフェンスである。このディフェンスの利点としては、他のディフェンス同様ボールを奪った際に数的優位を作れることであるが、このディフェンスではゴールまでの距離が長いため、相手チーム側に対応する時間を与えてしまう。そのためこのエリア（3、4）でのディフェンスでは、オフェンスに移るときに3つのラインで速攻に行けるようにする必要がある。この3線速攻は、エリア4、5からの攻守切り替えの際にも必要となる要素である。
- ノーマルマンツーマン。マンツーマン・ディフェンスはすべてのディフェンスの基本となる。マンツーマン・ディフェンスをしっかりと身に付けているプレイヤーは、他のディフェンスもより効果的に

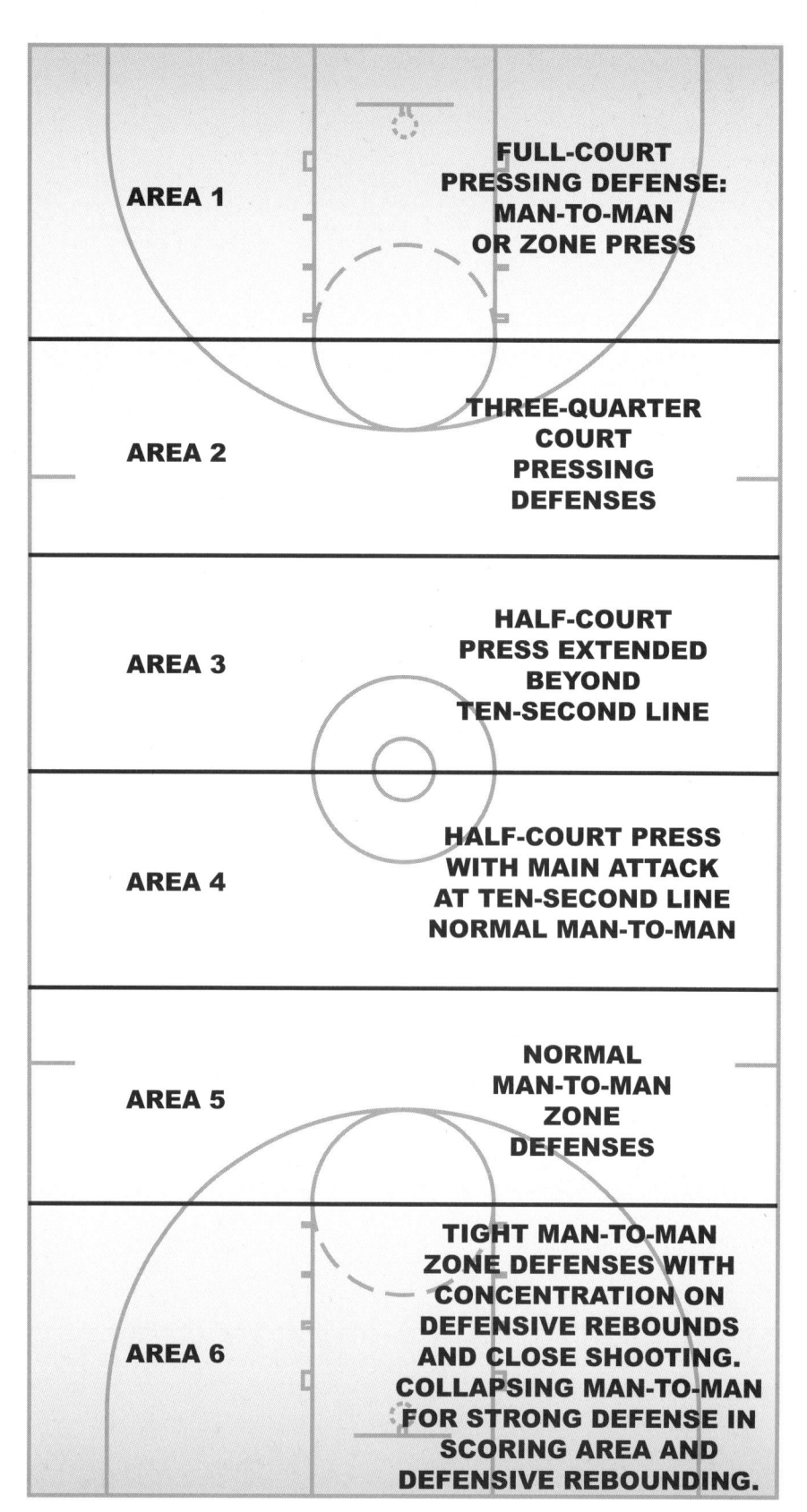

AREA 1	FULL-COURT PRESSING DEFENSE: MAN-TO-MAN OR ZONE PRESS
AREA 2	THREE-QUARTER COURT PRESSING DEFENSES
AREA 3	HALF-COURT PRESS EXTENDED BEYOND TEN-SECOND LINE
AREA 4	HALF-COURT PRESS WITH MAIN ATTACK AT TEN-SECOND LINE NORMAL MAN-TO-MAN
AREA 5	NORMAL MAN-TO-MAN ZONE DEFENSES
AREA 6	TIGHT MAN-TO-MAN ZONE DEFENSES WITH CONCENTRATION ON DEFENSIVE REBOUNDS AND CLOSE SHOOTING. COLLAPSING MAN-TO-MAN FOR STRONG DEFENSE IN SCORING AREA AND DEFENSIVE REBOUNDING.

McLendon 1.1

LESSONS FROM THIS LEGEND...

プレーすることが出来る。速攻に繋がるディフェンスとして言えば、3つのラインを作りづらいという点がマンツーマン・ディフェンスの弱みではある。マンツーマン・ディフェンスからの速攻を教える方が、ゾーン・ディフェンスからの展開を教えるよりも難しい。しかしながら、チームとして3線を作る方法を学び、それぞれの責任を明確にさえすれば、エリア4、5、6からでも危険な速攻を仕掛けることは出来る。

- プレッシング・マンツーマン。このディフェンス方法は、ノーマルなマンツーマン・ディフェンスよりもより積極的にボールを奪いにいく。なぜならこのディフェンスはフロントコート全体にわたってオフェンスにプレッシャーをかけるようにデザインされているからである。またディフェンスから速攻を出す際にも、このディフェンスの方が出足は早くなる。サイドライン、両コーナー、ピボットエリア、そして10秒ライン付近など、エリア4、5、6の特定のエリアでプレッシャーをかけることで、このディフェンスは特に効果を発揮する。

- ゾーンディフェンス2－1－2。これはエリア5、6に焦点をしぼったディフェンスである。ディフェンスとしての欠点を除けば、この2－1－2ディフェンスはファーストブレイクに最も効果的につながるディフェンスである。このディフェンスは、リバウンドや速攻時を含め、最適なオフェンスの形を異なった選択肢から作ることが出来る。またプレイヤーに自分たちの役割を指導する際に非常に有効であると同時に、練習中に5人で行うドリルとしても優れている。このディフェンスからオフェンスを成功させるためには、多くの場合3線をしっかりと作ることが必要とされるが、エリア4、5から2対1の状況を作り出すことが出来るベストなディフェンスの1つでもある。

- ゾーンディフェンス2－3。このディフェンスはエリア6を中心としたものである。2－3ゾーンは、2－1－2ディフェンスと同様の利点を多く持っているのに加え、リバウンドに対してより強いディフェンスである。

- ゾーンディフェンス3－2。これはエリア4、5に焦点をしぼっている。この3－2ゾーンディフェンスは、1ガードまたは2ガードのオフェンスに対して非常に危険なディフェンスである、なぜならボールを奪った瞬間にディフェンスが対応出来ない3対2という数的優位を作り出すことが出来るからである。このディフェンス方法はゴールから最も遠く、ディフェンス側の対応が多くの場合可能であるエリアからオフェンスへ切り替える際に、最も効果的にオフェンスのアドバンテージを作り出すことが出来る。しかしながらやはり欠点はあり、エリア6でのディフェンスが弱いことと、リバウンドの役割が2人のプレイヤーにかかってしまう点である。

- ゾーンディフェンス1－3－1。このディフェンスはエリア5、6に焦点をしぼる。1－3－1ディフェンスの1番の目的はオフェンスに関するものでは無い。1－3－1ディフェンスから速攻を出す可能性は、他のディフェンス方法に比べてそれほど高いものではない。ピボットマンとサイドコートのシューターに対するディフェンス、そしてリバウンドに対する完璧ともいえる体系というディフェンスに特化した1－3－1というディフェンスでは、攻守交替時に相手ディフェンスが最も対応しやすいエリア（エリア6）から速攻を仕掛けることは困難である。

- その他のゾーンディフェンス。一般的にエリア6に焦点を当ててディフェンスする。多くのゾーンディフェンスが速攻を展開する上である意味適しているとはいえ、ディフェンス面での価値の方が強く、オフェンス時にアドバンテージを得ることはできない。

- マンツーマンとゾーンのコンビネーションディフェンス。ディフェンスの焦点は状況によって異なる。速攻を成功させるには、ディフェンス時に複数のエリアでどれだけプレッシャーをかけられるかにかかっている。エリア3、4、5でのダブルチーム、トリプルチームディフェンスを使用するディフェンスが最も速攻を成功させることが出来るディフェンスであると言える。

SOURCE
出典

- ジョン B.Jr. マクレンドン（1965年）。ファストブレイク・バスケットボール：ファンダメンタルとファイン・ポイント。ウエスト・ニャック、パーカー出版。

LEGACY OF
Raymond "Ray" Meyer

- デポール大学を42年間にわたって率い、724勝354敗という戦績を残した。

- ブルー・デイモンズを率いて、21シーズンにわたってトーナメント出場を果たした。

- デポール大学を1949年と1979年の2回のファイナル4へ導き、1945年には1回のNIT優勝を遂げている。

- 選手や仲間、マスコミから尊敬され、愛情を受ける最も誠実なリーダーとして人々に感銘された。

- 自信家として知られただけではなく、人々の手助けをするために人生を全うした謙虚な人間でもあった。

- ノートルダム大学で後にホールの由来となったジョージ・ケオガン（Keogan）コーチの元でプレーし、伝説となった1936年のアイリッシュチームと戦い、チャンピオンに導いた。

- シカゴにあるセント・パトリック高校を率いて、1932年に全米カトリック高校選手権で優勝に導いた。

LESSONS FROM THIS LEGEND...

PRINCIPLES OF MAN-TO-MAN DEFENSE

By Ray Meyer

PSYCHOLOGICAL REQUIREMENTS
心理的な必要条件

1対1のディフェンスは戦いである。頭、手足、すべてを使って戦う。その戦いに勝つためには、良いディフェンダーになるのだという強い気持ちを持っていなければならない。それは心理的、肉体的タフネスであり、これを鍛える唯一の方法は、すべての練習中、試合中の1分1秒を全力でプレーすることだけである。たとえ自分のマークマンに2度3度とゴールを決められた後でも、自分はこの相手を止められると考えることが出来るのは1つの能力である。

良いディフェンダーは自分自身の中で、ディフェンスに対する考え方を確立しなければならない。他のどの要素よりも、ディフェンスが試合に勝つための1番の要素である。プレイヤーは自分のマークマンの得点を平均よりも低く抑えるという目標を自分で設定しなければならない。ディフェンダーはそれぞれ、自分のマークマンを止めるという課題を与えられる。もしプレイヤーの闘争心が高ければ、その事実が自然に彼を奮起させる。

積極的でない限り、良いディフェンスをすることは出来ない。自分のマークマンを支配するという強い気持ちをどれだけ持っているかで、そのプレイヤーの積極性がわかる。それはすべてのシュート、リバウンド、ドリブルに対して挑戦する（邪魔しに行く）こと、そしてマークマンに対するパスコースやカッティングのコースをディナイすること、これらを継続的に行うことに反映する。緩むことなくプレッシャーをかけている時、積極的なプレイヤーは自分のプレーの中でリスクを冒してでもチャンスを狙いに行く。チャージングを狙いに行き、必要があればフロアに飛び込み、ルーズボールはすべて自分のボールだという気持ちでディフェンスする。こういったプレイヤーは、ボックススコアには決して反映されないが、しかしチームの勝利にとって意味のある小さなことをすべて行う。

PHYSICAL REQUIREMENTS
身体的な必要条件

コンディショニングは、良いディフェンスをプレーするために最初に必要な条件である。素晴らしい気持ちと積極性を持っているプレイヤーも、彼のコンディションが数分の激しい動きで疲弊してしまうような低いものであればそれらの意味がとても小さくなってしまう。プレイヤーのコンディションが低い場合、長い時間でのプレーの効率性を下げてしまうし、そうでなければベンチで過ごす時間が増えてしまう。激しい動きを40分間続けるための身体的、心理的タフネスは、長時間に及ぶ自分を追い込むような練習でのみ得ることが出来る。

プライド（自尊心）は、良いディフェンスをプレーする上で必要な要素である。プライドとは、決断力、積極性、そしてコンディショニングの総合的な結果である。自分のマークマンをどのようにディフェンス出来たかによって、良いディフェンダーは喜びや痛みを感じなければならない。プライドは他のチームメイトにも広がり、チーム全体に影響する。このことはプレイヤーたちが確かに感じることが出来る何かである。これは1人のプレイヤーが全力でプレーした結果、チーム全体で得られる満足感、緊張感、そして幸福感である。強い気持ちや決断力を持つことなく不注意にプレーしてしまう、自分に対して規律を持てないようなプレイヤーは、決してプライドを感じることは出来ないだろう。

POSITION
ポジション

ディフェンスの動きはお尻から始まる。そのため、ディフェンダーの姿勢とスタンスは非常に重要である。自分の利き足を少し前方に出した（一般的に、右利きにプレイヤーは左足）ボクサースタンスを保ち、両足間は肩幅程度に開く。

これは良いバランスで機動力を確保できる、最も横に広く開いたスタンスであるべきである。体重は両足に均等にかける。頭と胸はしっかりと上げ、背中はほんの少しだけ前方に傾ける。お尻を下げることで重心を下げるが、そのために腰を曲げるのではなく、両膝を曲げる。両手は胸のあたりの高さまで上げ、手の平は上に向ける。前足側の手を使って常にボールにプレッシャーをかけなければならない。バランスを崩すことに繋がるため、後ろ足側の手でボールにプレッシャーをかけに行くことはできない。フロアポジションは基本的に自分のマークマンとゴールの間にとる。ここで説明したスタンスがすべてのプレイヤーに対してベストな方法なわけでは無く、プレイヤー個人の能力によっても大きく変わってくるだろう。

FOOTWORK
フットワーク

フットワークに関しては、3つのステップが存在する：リトリートステップ（後方へのステップ）、ラテラルステップ（横）、アドバンスステップ（前）。リトリートステップでは、前足のつま先部分に力を入れ、そのまま前足で床を押すことで後方へ移動する。この動きと同時に、後ろ足も後方へ下げ、動いた分だけ前足を後ろ足へ向けてスライドさせる。足を持ち上げるのではなく、スライドさ

LESSONS FROM THIS LEGEND...

せる。

ラテラルステップを使用する時は、行きたい方向と逆サイドの足で床を押し、同時にリード足側の肘を進行方向へ振る。こうすることでより大きな勢いを得ることが出来る。ラテラルステップの最中シャッフル（ステップスライド）するが、決して両足を交差させない。また両足を近づけすぎてもいけない。これらを行ってしまうと、方向変換が難しくなってしまう。

アドバンスステップの際、ディフェンダーは後ろ足で体を押し出し、前足を前方にスライドさせる。前方に行き良いよく移動するために、膝は深く曲げる。前足側の手は上に高く上げ、もう一方の手はパスやドリブルに備えて低く保つ。その後のオフェンスの動きに対応できるよう、必要であればリトリートステップをする準備をしなければならない。

Playing Man With Ball
ボールマンに対するディフェンス

自分のマークマンがボールを保持している場合、ディフェンダーは持ちうるすべてのディフェンスファンダメンタルを使用し、マークマンのオフェンス選択肢を無効にして消し去るよう個人的なディフェンス戦略を立てなくてはならない。ボールマンに対しては、出来る限りタイトにディフェンスする。もし彼が優秀なシューターであるならば、シュートを打たせないように近い位置でプレッシャーをかけなければならない。シューターに簡単なシュートチャンスを与えることは出来ない。もし相手オフェンスがドライブやカッティングを得意としているならば、ディフェンダーは相手とのスペースをより空けなければならない。

ディフェンダーは自分のマークマンの得点を抑えるという責任があると共に、ゴールに繋がるようなパスをさせないようにする責任もある。ディフェンダーはボールに対して必ずプレッシャーをかける。ボールマンの前足がまたは利き手の肩が自分の中心に来るようにスタンスをとると良いだろう。こうすることで、相手オフェンスのパスコースを上手く制限することが出来る。もし相手がゴール前にいるならばインサイドを、フロアの両サイドにいるならばアウトサイドをアウトプレーする。

Post Defense
ポストマンに対するディフェンス

ポストマンに対してディフェンスする時、ディフェンダーはポジションとボール両方に対してディナイしなければならない。相手に両方を与えることは出来ない。もし相手ポストマンがフリースローラインあたりのハイポストでゴールを背にしている場合、ディフェンダーはポストマンから2フィート（60センチ）ぐらい離れた、丁度ゴールとの間にポジションをとる。ポストマンがターンした時に、ディフェンダーはクローズアウトしゴールから離れさすようにディフェンスする。これがまず最初の動きであり、同時にゴールに直接つながるようなパスをさせないようなディフェンスをする必要もある。

ディフェンダーがポストマンに対してある程度スペースを空ける理由としては、チームメイトが相手オフェンスのカッティングに対して付いて行こうとする時に間を通れるようにするためである。またある程度スペースを空けることで回りの状況をより良く見ることができ、カッターに対してパスが通った時にヘルプに行きやすくなる。もしポストマンがローポストやゴールに近い位置でボールを受けた場合、ディフェンダーはポストマンの真後ろ付近にポジションをとる。こちらのポジションを背中で感じさせないよう、相手に寄り掛かることはしない。逆に振り向くような形でこちらの位置を確認させるように仕向ける。

もしディフェンダーがポストマンに寄り掛かってしまうと、シュートに対してブロックに飛ぶことが出来なくなってしまう。ディフェンダーはボールに対してだけプレーし、フェイクにはかからない。ボールを見ていなければ反応は出来ない。

ポストマンをディフェンスしている時、ディフェンダーが常に頭に入れておかなければならないルールがある：「ボールとポジションを同時に与えてはならない」。相手がゴールに近い位置にいる時、ディフェンダーはただ後ろに立つだけで、易々とパスを入れさせてはならない。もしポストマンがフリースローラインぐらいの高い位置か、またはサイドのキーにポジションを取っているならば、ディフェンダーは体の4分の1程度をポストマンの横、ボールサイド側に出す。ポストマンがさらに下にさがり、ゴールとフリースローラインの真ん中あたりの位置にいる時は、体の半分程度をボールサイド側から出してディフェンスする。

いかなる場合でも、ゴール付近、もしくはゴール下で相手ポストマンがポジションを取った時は、体の4分の3を前に出してディナイする。もしこの状態でボールがウィークサイド、またはフロントへ振られてしまった場合、ポストマンの後ろを通って再度ディナイポジションをとることは難しいだろう。そのためディフェンダーはある意味ギャンブルを行い、ポストマンの前方を回りながらパスが入らないようにディフェンスする。ポストマンの前を回ってボールサイドへ行った後は、再び体の4分の3を前に出す形でディナイする。

ディフェンダーはウィークサイドに確実な味方のヘルプがあると確信できている時にだけ、ポストマンに対してフルフロント（体全部を前に出す）でディフェンスすることが出来る。フロントでディフェンスしている時、ただ普通に立っているだけで、相手パッサーが簡単にロブパスを出せる機会を与えるべきではない。もしディフェンダーがフロントからサイドへ回ってバックへ、さらに再びフロントへというように動き回った時、相手オフェンスがロブパスのタイミングを取ることが非常に難しくなる。ディフェンダーが積極的に動いている時、パッサーがポストマンにボールを入れることは非常に難しいと私自身もずっと感じてきた。

LESSONS FROM THIS LEGEND...

MAKE HIM GO YOUR WAY
自分が行かせたい方向へ相手を移動させる

ディフェンダーは相手オフェンスに対して、自分の行かせたい方向、つまりは後ろ足側のストロングサイドへ行かせるようにディフェンスすべきである。

相手のドライブやカッティングに対するリトリートステップは、そちらの方向へ行く時に最も効果的である。ディフェンダーは自分の前足側（利き足）からオーバープレーする。そうすることでオフェンスが進む方向の選択肢を1つ消すことができ、自分の得意な方向、後ろ足側へと動く準備が出来る。相手オフェンスが1度動き出した後、彼をゴールへ近づけないようにディフェンスする準備を常にしていなければならない。そうでなければ結果的にオフェンスに負けてしまうだろう。

練習ではディフェンス側に有利になるようなリカバリーやトラップを練習しなければならない。オフェンスはゴールから20フィート離れた位置からよりも、ゴールに近い位置からの方がより確実に得点を決めることが出来るという事実から、ディフェンダーは、自分のマークマンのゴールに向かうドライブを防ぐことが最も重要な責任であることを、常に頭に入れておかなければならない。ドライブを防ぐための準備は常に出来ていなければならない。マークマンが何度もフェイクをした後、ドライブを諦めてチームメイトにパスを戻す光景を見ることは、ディフェンダーにとってとても満足感のあることである。

HANDS AND ARMS
手と腕の使い方

パスをカットしたり、パスコースを制限したりするために、手と腕は常に動かしておくべきである。手と腕を動かすことで足を動かす助けになり、また体のバランスを保つことにもつながる。マークマンがスコアリングエリア外にいる場合、腕は大きく外側に伸ばし、手のひらは上に向ける。重心は下げ、動ける準備はしておく。スコアリングエリア内にいるオフェンスに対してディフェンスする時は、前足側の手を高く上に上げ、もう一方の手は腰の高さあたりに下げておく。

相手に対して真っすぐに立ち、前の手を相手の目のあたりで振ることでプレーの邪魔をする。得点を易々と与えないようにディフェンスするが、特に相手が遠い位置からのアウトサイドショットを打とうとしている時はファールをしてはならない。ディフェンダーは相手プレイヤーの腰のあたりを見るべきである。オフェンスは足、肩、または頭を使ってフェイクを仕掛けることは出来るが、腰を動かすことなく移動することは出来ない。

相手オフェンスがドリブルを止めた時、ディフェンダーはオフェンスに近づき、手と腕を振ってオフェンスがボールを後ろに下げるようにプレッシャーをかける。手と腕を動かすことが、相手プレイヤーにとって脅威とならなければならない。ボールに対して集中し、効果的に腕を動かすことですべてのパスに対して反応する。もしパスをカット出来ないようであれば、相手を慌てさせターンオーバーを誘う。

ONE PASS AWAY
ワンパスアウェイ

ボールからワンパスアウェイの位置にいるプレイヤーをディフェンスする時、ボールと相手プレイヤーを同時に見ることが出来る「ミッドポイント」のポジションを保つようにする。もし「ミッドポイント」ポジションを保てないのであれば、ボールを見ることを諦め、自分のマークマンに集中する。ワンパスアウェイにいるプレイヤーにボールを持たれないようにディフェンスする時は、ボールとマークマンに対してフラットな三角形を保つ。パスコースから1歩下がり、マークマンからボールまでの距離の3分の1程度の位置（ボールマン寄り）にポジションをとる。

ボールがバックコート内にある時は、同様にパスコースから1歩下がるが、よりボールに近い位置にポジションをとる。

ハーフコートでは、マークマンがボールを持っていない場合ディフェンスポジションを変える。チームがプレスディフェンスをしている時は、パスコースから1歩以上は下がらず、しっかりとコースに手を伸ばす、そして1歩か2歩普段よりボール寄りにポジションをとる。パスコースに直接体を被せてはならない、あえてパスコースを空けることでスティールするチャンスを作り出す。もしプレスをしていなければ、ボールに対して体をオープンにしてディフェンスする。片手をマークマンに対して、もう一方の手はポストエリアに向けて伸ばす。

もしボールが自分がいる位置より後方にパスされた場合、リトリートステップでボールラインまでさがりパスコースを再度確認する。

GUARDING THE WING
ウイングに対するディフェンス

ウイングかコーナーにいる相手をディフェンスする時、ディフェンダーはほとんどフロントのような近い距離でディフェンスする。相手プレイヤーがポストエリアに移動した時は、ポストマンに対するディフェンスを適用する。つまりゴールから10フィート（3メートル）までの近い距離に相手がいる場合はフロントで、そこから20～22フィート（6～6.5メートル）までの間では、パスコースに手を入れる程度の距離でディフェンスする。ボールサイドの手をパスコースにしっかりと入れ、1歩2歩ボールマン寄りにポジションをとる。もう一方の手は外側に伸ばし、相手が方向転換して視界から消えてしまうような場合に手でそれを感じることが出来るようにしておく。相手がゴールに向かってバックドアカットをした場合、ディフェンダーはオフェンスに向かって方向転換し（オフェンスに常に顔を向けた状態で）、パスを通させないようにリードハンドでパスコースを塞ぐ。相手オフェンスが一般的なスコアリングレンジ（ゴールから20フィート程度の距離）よりも外側に出たら、そのプレイヤーに一切ボールを触らせないようなディフェンスをしている場合以外は、パスコースを空けてもよい。

相手ウイングマンにボールを持たれてしまった時は、一切効果的な動きをさせないように

LESSONS FROM THIS LEGEND...

ディフェンダーはプレッシャーをかける。オープンなシュートやインサイドへのパスをさせないようにディフェンスする。もしドライブをしかけてきたら、外側にオーバープレーし、チームメイトのヘルプディフェンスが待っている内側、ミドル方向へドライブさせるようにする。

Two Passes Away
ツーパスアウェイ

ツーパスアウェイの位置にいるプレイヤーをディフェンスする際、ディフェンダーはまだ自分がディフェンス中である、ということを常に意識していなければならない。決してリラックスしてはならない。チームメイトのヘルプにいける準備をしておかなければならない。これが出来るプレイヤーは良いディフェンダーである。

トップのガードエリアにいる相手をディフェンスする時、ディフェンダーはボールに対して体をオープンに開き、インサイドにヘルプに行けるようにフリースローラインあたりまで下がる。可能な限り、ボールとマークマン両方を視野に入れるようにするべきである。もしどちらかを選ばなければならないような状況になったら、まずマークマンに集中し、出来る時に再度ボールを視野に入れる。ボールとマークマンの両方を見ることは、数歩下がった状態で体をオープンに開いた場合のみ可能である。そうすることでボールとマークマンの中間あたりで、周辺視野を使うことで両方を視野に入れることが出来る。

フォワードエリア（ウィングやコーナー）でツーパスアウェイの位置にいるプレイヤーをディフェンスする時は、ボールに対して体を開き、フリースローレーン寄りに移動する。また出来る限りゴール方向へ下がったほうが良い。パスコースから1歩下がった位置にポジションを取っていても、マークマンがボール方向へカッティングしてきた時にフロントに入ってディフェンスすることは可能である。ディフェンダーはボールサイドの手をボールに向けて、もう一方の手はマークマンに向けて伸ばした体勢で体を開く。ディフェンダーはポストマンへのどのようなロブパスに対しても、スティール、パスカット、またはチャージングが取れるように準備しておくべきである。ディフェンダーはゴールに向かってくるドライブに対して、常にコースに入れるように準備しておかなければならない。逆サイドのフォワードがベースライン側をドライブしてきた時は特にである。マークマンのボールやゴールに対するどのようなカッティングに対しても必ずディフェンスしなければならない。もしディフェンダーがボールとマークマンに対して適切なポジションをとっているならば、マークマンがフォワードポジションで容易にパスを受けることはできないはずである。マークマンに対するすべてのクロスコートパスに対しては、彼がパスを受けると同時に、強く、そして早くクローズアウトに行けるようにする。ディフェンスポジションからマークマンまで、最初の半分は走って、最後の2、3歩はシャッフルしながらややベースライン側に向かってクローズアウトする。ディフェンダーは常にヘルプやリカバーに行ける準備をしておかなければならない。そしてどんな時でも必要であれば、オープンになっている相手プレイヤーをピックアップし、そのプレイヤーを止めた後再び自分のマークマンのディフェンスに戻る。

Defending The Shooter
シューターに対するディフェンス

シューターを相手にディフェンスしている時、ディフェンダーはそのプレイヤーを止めるという挑戦にやりがいを見出さなければならない。マークマンがボールを持った瞬間に必ずスペースを詰め、簡単にシュートを打たせないようにディフェンスする。出来る限りタイトにディフェンスし、ヘルプがいる方向へドリブルさせるように仕向ける。少なくともオフェンスがやりたいことをやれないように、ディフェンダーは十分なプレッシャーをかけてディフェンスしなければならない。

Defending The Driver
ドライバーに対するディフェンス

フロントコートにいるドライバー、またはドリブラーに対するディフェンスでは、ディフェンダーはなるべく相手をサイドライン方向へターンさせて、内側へ行かせないようにする。基本的に、ドリブラーやドライバーを外側へ行かせるようにディフェンスすることは、どんな状況でも良いディフェンスとされる。相手オフェンスに抜かれてしまいディフェンスポジションから外れてしまったら、再びドリブラーの前方の良いポジションを確保するために、出来る限り早く走って戻る。これを達成するためには、ドリブラーの進行方向に沿って走るのではなく、ゴール方向へ走って先回りしなければならない。もし他のチームメイトが、自分が追い付く前にドリブラーをピックアップしたら、状況を見極めてチームメイトのマークマンに対してスイッチするか、そのままトラップに行くかを判断する。

ドリブラーに対するディフェンスをしている時、ディフェンダーはドリブラーの進行方向に向かってスライドからのリトリートステップを使用して付いて行く。決して足を交差させてはならない。必ずシャッフルで付いて行く。スライドで付いて行っている際、ディフェンダーはボール側の手の平を上に向けて、そして手首と指を内側に曲げるようにしてボールにプレッシャーをかける。ドリブラーの膝に向かってボールをチップして、ボールをキックさせるように仕向ける。ディフェンダーはドリブラーに対してある程度スペースを空け、チームメイトのヘルプがいる方向へ、ゴールへ近づかせないようにドリブルさせる。相手のペネトレーションに対して、リトリートステップから反応出来るように常に準備しておく。相手がゴール正面にいる場合は両サイドどちらかへ、サイドにいる場合は内側へ向かわせるようにディフェンスする。

ディフェンダーは適切なポジションをとり、チャージングをいつでもとれるように準備しておかなければならない。もし相手プレイヤーが顔を上げてプレーをしていたら、彼はパッサーとして危険であることを覚えておかなければならない。もし顔を下げて下を向いているようであれば、ドライブのみに注意しておけばよい。

LESSONS FROM THIS LEGEND...

DEFENDING THE PASSER
パッサーに対するディフェンス

パッサーに対してディフェンスしている時、ディフェンダーはそのプレイヤーからボールを手放させたいが、ゴールに直接つながるようなパスを自由に自信を持って出させたくはない。ディフェンダーはパッサーとの距離を詰め、両手を大きく動かすことでボールにプレッシャーをかける。相手のドリブルが止まった時などは特にである。たとえ相手プレイヤーがまだドリブルが出来る状態であったとしても、彼がパスの供給役となるような特定のオフェンスを相手がプレーしている場合、ディフェンダーは両手を高く上げながら距離を詰めてプレッシャーをかけ、パッサーが容易にパスを出せないようにディフェンスする。目標としてはパスに触れて方向をずらしたり、カットすることである、少なくとも全くオープンのパスは決して出させてはならない。パッサーがボールを離した瞬間に、ディフェンダーはそのパスの方向へジャンプしピックやカッティングに備える。

パスをした直後のプレイヤーは、多くの場合非常に危険なプレイヤーになり得る。覚えておかなければならない重要なことは、パスが出された直後にディフェンダーはジャンプバックすることである。後方またはパス方向にさがり、相手プレイヤーに裏を取られるようなことは決して許してはならない。オフェンスは自分が行きたい方向を知っているが、ディフェンスはそれに反応することしか出来ない。またオフェンスにとって、チームメイトにピックに行こうとする時、その距離が長ければ長いほど難しくなる。マークマンがパスを出した直後、ディフェンダーはパス方向にリトリートステップで下がり、ボールとマークマンの間にポジションをとる。相手のどんなカッティングやスクリーンに対しても対応する。もしパスが頭上を越えて後ろへ出された場合、ディフェンダーはボールとマークマンが見えるポジションまで下がる。こうすることで内側のボールに対するヘルプに行けると同時に、自分のマークマンが簡単にカッティングしたりスクリーンに行ったりするのをディフェンスすることが出来る。

DEFENDING THE CUTTER
カッターに対するディフェンス

カッターに対するディフェンスでは、パスコースから1歩だけ下がり、なおかつゴールとカッターの間にポジションをとる。ディフェンダーはボールやゴールに向かうどんなカッティングに対してもフロントでディフェンス出来るようなポジションをとらなければならない。

相手プレイヤーがボールからツーパスアウェイの位置にいる場合、ディフェンダーはマークマンよりもボールに対して数歩近づくべきである。ボールサイドで常にフロントで対応することで、カッティングのタイミングを遅らすことが出来る。マークマンがカッティングしてきた瞬間に、ディフェンダーは1歩2歩カッターに向かってスライドし、カッターの腰あたりに対してハンドチェックをしながら常にフロントでディフェンスする。

DEFENDING THE SCREEN
スクリーンに対するディフェンス

スクリーンに対するディフェンスでは、スクリナーをディフェンスしているプレイヤーが、スクリーンをかけられる側のチームメイトに対して出来るだけ早くスクリーンを知らせなければならない。ディフェンダーは相手オフェンスのスクリーンプレーに対して、チームメイトがスクリーンが来ていることを知らせる役目を怠った場合にそなえ、目で確認しなおかつスクリーンが来る方向の手で相手を感じることでスクリーンプレーを把握する準備をしておくべきである。基本的に、スコアリングエリアでのスクリーンプレーに対してはすべてスイッチで対応する。スイッチをする条件は、チームによってそれぞれ違ってくるだろう。高さのバランスがとれているチームであれば、ディフェンスでスイッチを多用するだろう。試合に出ているプレイヤーの高さに明らかに違いがあるチームでは、ディフェンス時にスイッチを行う回数は減るだろう。どんな状況でスイッチを行うかというルールはそのチームに合ったものでなければならないし、練習で行うドリルからそのルールを徹底しなければならない。ディフェンダーはスクリーンに対してオーバーザトップ（ファイトオーバー）することで、スクリーンにかからないようにすべきである。これを確実に行う最良の方法としては、スクリナーが近付いてきた瞬間に前足とお尻をマークマンに向かって投げだすことである。

こうすることでスクリーンが完璧にセットされていない限りは、スクリーンにお尻をぶつけることなくスクリーンの前を通るこが出来るだろう。スコアリングエリアでスクリーンにかかってしまった場合は、スイッチは止むを得ない。スクリナーに付いているディフェンダーは、スイッチをする際素早く前方に出るために、スクリナーに対してタイトに彼が進む方向へついて行かなければならない。ディフェンダーはボールに対してだけスイッチを行う。ボールマンに付いているディフェンダーは、彼がボールを持っている限りはスイッチしないというのがルールである。ボールを持っているプレイヤーしか得点を決めることは出来ない。

スクリーンに対するスイッチの練習をしている時、スクリナーのディフェンダーはスクリーンをかけられるチームメイトに向かって「左！」または「右！」と叫ぶことでスクリーンの位置を知らせる。正確に的確なタイミングでスクリーンの位置を知らせることで、スクリーンをかけられるディフェンダーはその方向に向かって半歩踏み出せる、そうすることでスクリーンを避けるためにファイトオーバー出来る可能性が上がる。もしスクリーンが成功しスイッチが必要な状況になったら、ディフェンダーはボールマンの外側の肩に向かってジャンプするようにスイッチしなければならない。そうすることでボールマンがバウンズパスか、または後ろにさがりながらしかパスを出せないじょうな状態に持って行く。積極的なスイッチから相手に低いパスを出させることで、スクリーンにかかったチームメイトがリカバーする時間を与えることが出来る。もしスクリナーをディフェンスしているプレイヤーが積極的に覆いかぶさるようなスイッチをしなければ、頭の上から容易にロブパスを通され、相手チームに簡単な得点チャンスを与えてしまうだろう。またスイ

LESSONS FROM THIS LEGEND...

ッチをしている時、ツーパスアウェイの位置にいるディフェンダーは、ヘルプポジションからパスカットやチャージングを狙う準備をしておくべきである。

OFFENSE HAS ADVANTAGE
オフェンスは強みを持っている

バスケットボールにおいて、オフェンスはディフェンスに対して明らかな強みを持っている。オフェンスは自分が何をやりたいかを知っていて、ディフェンスはそれに対して反応しなければならない。ディフェンダーはこのオフェンスに対する弱みを理解した上でプレーしなければならない。

ディフェンダーはゴールへ向かったいかなる足のフェイクに対しても、マークマンとボールに対して先手を取るために反応する。ディフェンダーがゴール方向へのフェイクに反応し、オフェンスがそれに対して再度足を戻したとき、ディフェンダーは後ろ足をフロアから離してボールマンに向かって前に戻すことでポジションを修正してはならない。まず前足を動かし、そして後ろ脚をスライドさせることでバランスが崩れることを防ぐ。もし相手プレイヤーが前方へフェイクした後、その足を残したまま重心だけ後ろに戻したような場合、ディフェンダーも重心を前方に少し移動させるだけで足は動かさない。リトリートステップをする準備をしておかなければならないため、重心を前に移動させることによって前足でフロアを押しやすくなる。

横方向のフェイクに対して、ディフェンダーは移動するがボールマンの動きすべてには反応しない。途中まで反応した後、重心を再度両足均等にかけなければならない、そうすることでどちらの方向へも動くことが出来る。横方向のフェイクに対して大きく反応してしまえば、相手のクロスオーバーの動きに引っかかってしまう。基本的にはすべてのフェイクに対して、リトリートステップを使用しドライブやカッティングに備える。

THE PRESSING DEFENSE
プレッシングディフェンス

プレッシングディフェンスは試合の展開を早くするには良い戦術である。相手チームが展開の遅い試合を仕掛けてきた時、または試合終盤で負けている状況などでプレスを使うことが出来る。試合終盤で負けている時、もしプレスがまったく使えないのであれば、相手チームに追いつく方法はない。

強いチームはゾーンとマンツーマン両方のプレスディフェンスを持っているべきである。プレスディフェンスを成功させるためには、クイックネスと状況判断が重要な要素となる。バスケットボールは失敗のゲームである。もしあなたのチームがボールにプレッシャーをかけることができれば、相手チームはより多くの失敗を犯すだろう。動かないゾーンディフェンスよりも、プレッシャーマンツーマン・ディフェンスのほうがより多くのターンオーバーを誘発出来ることは、容易に予測出来ることであうる。

プレスディフェンスは、試合中にペースを変えたいときには非常に効果的である。マンツーマンプレスでは、インバウンドパスでボールが入る前にプレッシャーをかける。ゾーンプレスではボールを入れさせてから、パスを受けたプレイヤーに対してトラップを仕掛ける。

SOURCE
出典

・レイ・メイヤー（1967 年）。レイ・メイヤーによるバスケットボール・コーチング。エングルウッド・クリフ、ニュージャージー：パーカー出版

LESSONS FROM THIS LEGEND...

OFFSIDE HELP AND RECOVER DRILL

By Ray Meyer

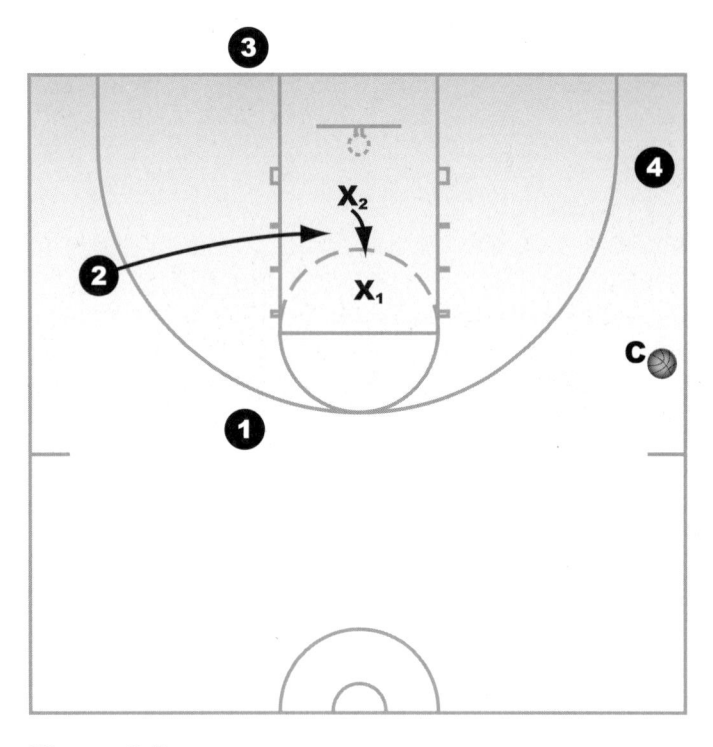

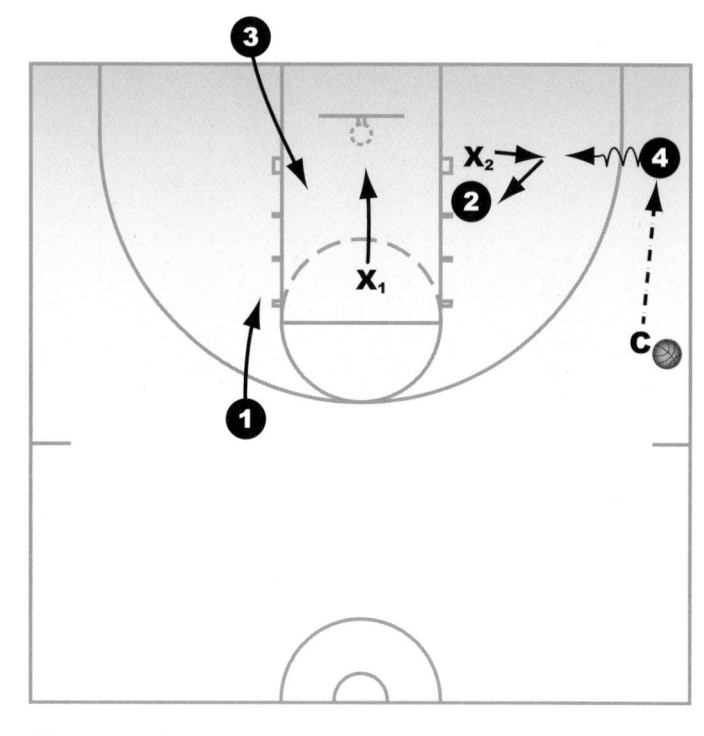

Meyer 2.0

Meyer 2.1

私たちのディフェンスはボールのペネトレーション（パス・ドライブともに）を止めるという考え方から作られている。私たちのプレイヤーが熟練したヘルプディフェンスを身に付けることは必須である。この考えをプレイヤーたちに指導するために、私たちはオフサイドヘルプとリカバードリルという練習ドリルを考え出した。このドリルは4人のオフェンスプレイヤーと2人のディフェンダーで行う。

最初は図2.0で示しているような形から始める。コーチがウイングの位置でボールを持ち、❸はエンドライン外側に立つ。X1とX2はヘルプディフェンスのポジションで、ボールとマークマンの両方が見える位置にポジションをとる。ドリルは❷がレーン内にフラッシュする動きから始まる。X2はこのフラッシュカットに対してディナイしなければならない。

❷のフラッシュカットの後は、以下に示すように動いて行く：（図2.1 参照）
・コーチから❹へパス。
・❹がボールをキャッチした瞬間に、❸はコートに入ってくる。
・可能であれば、❹はゴールへ向かってドライブする。
・X2は❹のドライブを止めた後、❷のディフェンスへ戻る。
・X1はゴール方向へ下がり、❸へのパスコースを塞ぐ。
・もしボールがコーチへ戻ったら、コーチは❸に対してロブパスをだしてもよい。
・X2は方向転換し、❸へのロブパスに対応しなければならない。
・コーチは再び❹へパスを戻し、❹か❸がシュートを放つまでドリルを続ける。

SOURCE
出典
・レイ・メイヤー（1967年）。レイ・メイヤーによるバスケットボール・コーチング。エングルウッド・クリフ、ニュージャージー：パーカー出版。

LEGACY OF
Ralph "Cappy" Miller

- カンザス大学でネイスミス氏の元で学んだ。

- 38年間にわたって大学界でコーチングを続け、リタイヤした時はディヴィジョンⅠのコーチの中で歴代8位の勝ち星であった。

- 3つの大きなカンファレンスで2度もコーチオザイヤーに輝いた。

- プレッシャーディフェンスとアップテンポのオフェンスを強調した。

- どんなときも彼自身は教育者であると考えていた。

- 単純なことをしっかり実行することが、成功のカギを握ると考えていた。

- 1948年にウィチタ・イースト高校（KS）を率いて、ゾーンプレスを世に広めた。

- オレゴン州立大学のコートはRalph Millerコートと名付けられている。

LESSONS FROM THIS LEGEND...

PHILOSOPHICAL MUSINGS

By Ralph Miller

著者注釈

共同著者の1人であるジェリー・クラウスは1982年、オレゴン州立大でミラーコーチの下、バスケットボールを学ぶ幸運に恵まれた。そこで学んだいくつかの信念は、彼がネイスミス・アレンから学んだ基本的な考え方と相まって彼の哲学を形作った。コーチミラーは彼自身を教育者であると1番に見ていた。そしてどこの大学でコーチをしていようとも、常にコーチングのクラスを設置し、そこで教えていた。

バスケットボールの指導と教育に関する彼の考え方は以下の通りである：

1. 指導の目的—戦うための基本的な技術を教えること。
2. どうプレーしたら負けないかを教える。これは勝利を重ねることでその変わりとなる。
3. 敗北はミスから生ずる。陳腐な個人・チームディフェンス（簡単に得点を与える）、ディフェンスリバウンドを取れない、そしてターンオーバーなどである。
4. プレイヤーは常に戦う姿勢を持たなければならない。
5. コーチは良き教育者でなければならない。教えるべきことがらに精通し、何をどう教えるのかを知っていなければならない。良き教育者とは、物事を簡潔により分かりやすい形で教えることが出来る。
6. 体のポジションと動き（走る、止まる、ピボット）が、最も基本的な技術である。
7. 相手が最も得意で素早く出来ることを分析する。そしてどうそれに対応するかを決める。
8. オフェンシブ・コンセプト：
   - オフェンスの基本—ゴールに向かうパスとカッティング。
   - パスは第1の武器である（最も素早い攻撃方法）。
   - より素早いノーバウンドパスを使用する。バウンズパスはバックドアや緊急事態の時にだけ使用する。
   - シュートが放たれた時、ディフェンスを考える—自分をマークしていた相手をディフェンスすることが責任である（瞬時にピックアップするというルール）。
   - ボールハンドラー—チームメイトのために得点チャンスを作り出す。
   - ジャンプストップがオフェンスにおいて最も重要な技術である（特にゾーンディフェンスに対しては）。
9. プレッシャーディフェンス
   - 簡単な得点を防ぎ、ボールの所有権を奪う。
   - 常にボールを見る。
   - 体のポジション—スタッガードスタンス（両足を前後に半歩ずらしたスタンス）、両足を肩幅に広げ、シューターをディフェンスしている時以外は手の平を上に。
   - ボールをミドル方向に入れさせない。
   - 時間とスペースをかけさせる。
   - 足でディフェンスする—スライド、必要な時は走って、ストップ、ピボット。
   - すべての方向転換はピボットを使う。
   - ギャンブルしない。バスケットボールは確率のスポーツである。
10. 指導のポイント—バスケットボールとは連続性のあるスポーツである。
    - 練習ドリルを制限する。簡潔に、システムに合った競争的なものであること。練習ドリルは指導するための道具である。
    - 動きのゴールを設定する。
    - すべてのプレイヤーがすべての練習をする。
    - することによって学ぶ—繰り返すこと。そして全体を理解する。
    - 我慢強く—学ぶ機会はすべて与える。
    - なぜそれを教えているのかを知る。
    - 自分が上手く出来ることだけを実演する。
    - 批判する場合、基準は常に一定であり、建設的であり、そして大事な時にだけ使用する。
    - 物事を変える時はそれを必ず簡潔にする。
11. 技術を変えることに対して慎重になる。
    - 10歳から12歳—成功は約束されている
    - 13歳から14歳—65％成功する
    - 14歳から35歳—40％しか成功しない。
12. ボールポゼッションの80％はディフェンスリバウンドと相手シュートが決まった後に得られる。そして残りの20％は相手のミスや、スティール、インターセプションなどからである。
13. 成功するチームとは、プレーをしているプレイヤーにとっても、見ているファンにとっても魅力的で楽しいものであるべきだ。
14. 確かなルールを定め、平等な機会を与えることで、個々のプレイヤーそしてチームを成功に導けるようにチームを率いる（学問的に、社会的に、そして人間的に）。

SOURCE
出典

- ジェリー・クラウス（1982年）。クラスノート。コルバニス、オーランド。

LESSONS FROM THIS LEGEND...

A COMPREHENSIVE BASKETBALL DRILL SYSTEM FOR PRESSURE OFFENSE & DEFENSE
By Ralph Miller

オレゴンステイト大のラルフ・ミラーによって開発され使用されたこのシステムは、効果的な方法で基本的な技術を指導するために、よく知られた方法である。このシステムは多くのバスケットボールのレベルで効果的に使われている。

RALPH MILLER'S OREGON STATE UNIVERSITY BASKETBALL DRILL SYSTEM
オレゴン大のラルフ・ミラーによるバスケットボールドリルシステム

ドリルとは繰り返しを促すための指導の道具であり、実際に行うことによって学ぶことが出来る。ドリルは必要な技術力を高め発展させることが出来るが、不幸なことに、それらが必ずしも試合全体で使われる技術に直結するわけではない。そのため練習では、ドリルの数と長さを制限するべきである。

試合中に使われる技術は主に、よく訓練された自然な反応である。正確な反応を身に付けさせることがコーチの役目である。これらの反応は、ゲームや練習試合、そして日々のドリルによって培われる。そのためほとんどのドリルは、出来るだけゲームの状況に近い動きを取り入れるべきである。これらのドリルや戦術などは、ゲームでの的確な反応を身に付けさせるために、コート全体を使って行われるべきである。

チームとしての組織的なコンセプトの中で活きるように、個人的な技術も磨くべきである。そしてこの考え方はドリルを行う人数や内容に関わらず、常に強調されなければならない。試合での自然な反応の質を高めるためにも、チームとしてのルールをすべてのドリルに適用しなければならない。

私たちのプログラムは7つのドリルを含んでいる。その内3つのドリルはプレイヤー間での競争がないものである。残りの4つは、フルコートでの競争的なドリルがもっともチームとしての反応や対応力を磨くことが出来るという理由からフルコートで行い、それぞれのドリルに出来るだけ多くのファンダメンタルを含むようにしている。

シーズン最初の2週間は、練習時間の50から60%をドリルに割くべきである。続く残りのシーズンを通しては、練習時間の25%ぐらいをドリルに費やす。練習の中で使われるドリルに関しては、75から80%を競争的でフルコートを使用したドリルを用いたほうがよいだろう。シーズンのさまざまな段階における練習のサンプルを、いくつか下に示しておく。

PRACTICE SCHEDULES
練習スケジュール

FIRST DAY:
1日目：

2：00－2：10　ボディーポジション
2：10－2：20　セットアップドリル（2）
2：20－2：30　スピードドリル（2）
2：30－2：35　フリースロー
2：35－2：50　3対3
2：50－3：05　ハーフコートの4対4
3：05－3：10　フリースロー
3：10－3：30　ファーストブレイク
　　　　　　　（フリースローから）
3：30－3：55　ファーストブレイク
　　　　　　　（ミスショットから）
3：55－4：00　フリースロー

FIFTH DAY:
5日目：

2：00－2：15　ボディーポジション
2：15－2：20　フリースロー
2：20－2：25　セットアップドリル（2）
2：25－2：35　スピードドリル（2）
2：35－2：40　フリースロー
2：40－2：55　3対3
2：55－3：15　4対4（フルコート）
3：15－3：20　フリースロー
3：20－4：00　ハーフコートオフェンス

TENTH DAY:
10日目：

2：00－2：25　ボディーポジション
2：25－2：30　フリースロー
2：30－2：45　スピードドリル（2）
　　　　　　　（ディフェンスあり）
2：45－2：50　フリースロー
2：50－3：05　3対3
3：05－3：20　4対4（フルコート）
3：20－4：00　5対5
　　　　　　　（フルコートのゲーム）

ELEVENTH DAY OR MORE:
11日目以降：

2：00－2：15　ボディーポジション＆セットアップドリル
2：15－2：30　スピードドリル
2：30－2：35　フリースロー
2：35－2：50　4対4と3対3
2：50－2：55　フリースロー
2：55－4：00　5対5

DRILL DESCRIPTION
ドリルの説明

体のポジショニングや動きは簡単なウォーミングアップの1つとして、シーズンを通して行われる。なぜならこれらのドリルは体や足の使い方に焦点をあて、なおかつよいコンデ

LESSONS FROM THIS LEGEND...

ィショニングのトレーニングとなるからである。指導するべき正しいポジションとその説明は以下の通りである：両足は肩幅に開き、後ろ足のつま先が前足の踵の位置にくるように少しずらす、背筋を伸ばして真っすぐ立つ、大きく息を吸い込みそして吐く。息を吐く時、あなたの体はリラックスし少し沈む。そして両膝も曲がりそれによってお尻を床に対して真っすぐに降ろすことが出来る。首と頭、そして両目はドリルを通して真っすぐに保つ（高さを一定に）。両手が両膝にやや上に来るぐらいまで重心を落とす。両腕は腰のあたりまで上げ、手のひらは上に向ける、これでスタンスは完成である。体と手足は供にリラックスさせて、前足にはあまり体重をかけない（主に後ろ足にかける）。

この体勢から学ぶことが出来るピボットの技術は、良いディフェンスをするために必要な最も基本的な技術であると証明されてきた。ピボットには 90°、180°、そして 360° とそれぞれあり、360° のピボットを体のバランスを崩すことなく出来るようになるまでしっかり練習するべきである。ディフェンスではリバースターンが使われる。つまり後ろ足を起点に前足を後方に回すということである（**図 1.0 参照**）。ピボットをしている間、頭、肩、そして腕の高さは一定に保つ、そうすることによって動きの最中に最初の体のポジションを保つことが出来る。すべてのディフェンスの状況でピボットは使用される。

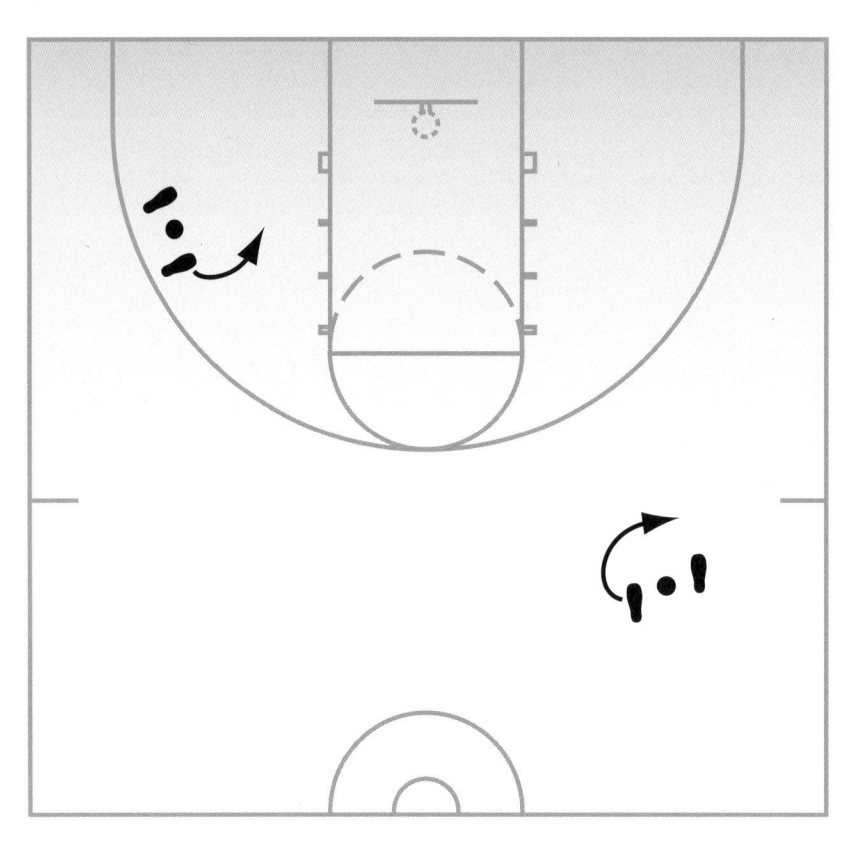

Miller 1.0

残りのフットワークは前、横、そして後ろ（リカバリー）へのステップである。横と前への動きはスライドとトー・トゥー・ヒール（つま先からかかとへの動き）を使用する。そうすることで両足が交差することは決してない。この技術を使うことで相手のジャンプシュートを止めることもできるし、必要な時はこれらに走りを加えることも出来る。正しいポジションを保ったままの連続した動きは、初めは 5 分ぐらいから、10 日も練習すれば 20 分は可能である。ドリルの時間を伸ばすことでプレイヤーのコンディションも高めることが出来る、そうする中で正しいポジションはどれだけ長い間でも保つことが出来ると分かるだろう。

LESSONS FROM THIS LEGEND...

ボールを2つ使ったハーフコートでのハンドリング・シューティングドリルは、簡単に「レイアップ」そして「スプリットポスト」ドリルと呼ばれる。レイアップにはディフェンスはあまり含まれないが、スプリットポストには含まれる。しっかりとプレイヤーの動きを観察することで、確かな技術や規律を高めることが出来る。

レイアップドリル（**図1.1参照**）はシューティングとボールハンドリンを鍛えるための基本的な2ラインドリルである。2つのラインはサイドラインとハーフラインが交わる所にそれぞれ作る。シューターはトップスピードで、フリースローラインの延長線上あたりから45度の角度を作ってシューティングエリアへ入って行く。シュートが放った後、そのプレイヤーはパス出しをするラインの後方へ走って戻る。

パッサーはフリースローライン上まで移動し、ピボットを行ってからシューターにパスを出す。そしてリバウンドを取った後、シューターのラインとは逆サイドのベースラインの後ろへ並びボールを次のパッサーへ戻す。その後シューターのライン後方へ戻るがフロアの外へ出ておく。一周したら左右のラインで役割を交代し、逆の手でシュートが打てるようにする。このドリルではボールを2つ使用する。シューターはフルスピードで走りこみ、台形の外側で踏み切る、そしてボードに描かれている四角の上の角へボールを置いてくるようにシュートする。パッサーは出来る限りピボットする、そしてパスは鋭く、ロブパスやバウンズパスは絶対にしない。シューターは胸のあたりでターゲットハンドを作っておく、そしてボールを確実にキャッチするまでしっかり目線をボールに向けておく。

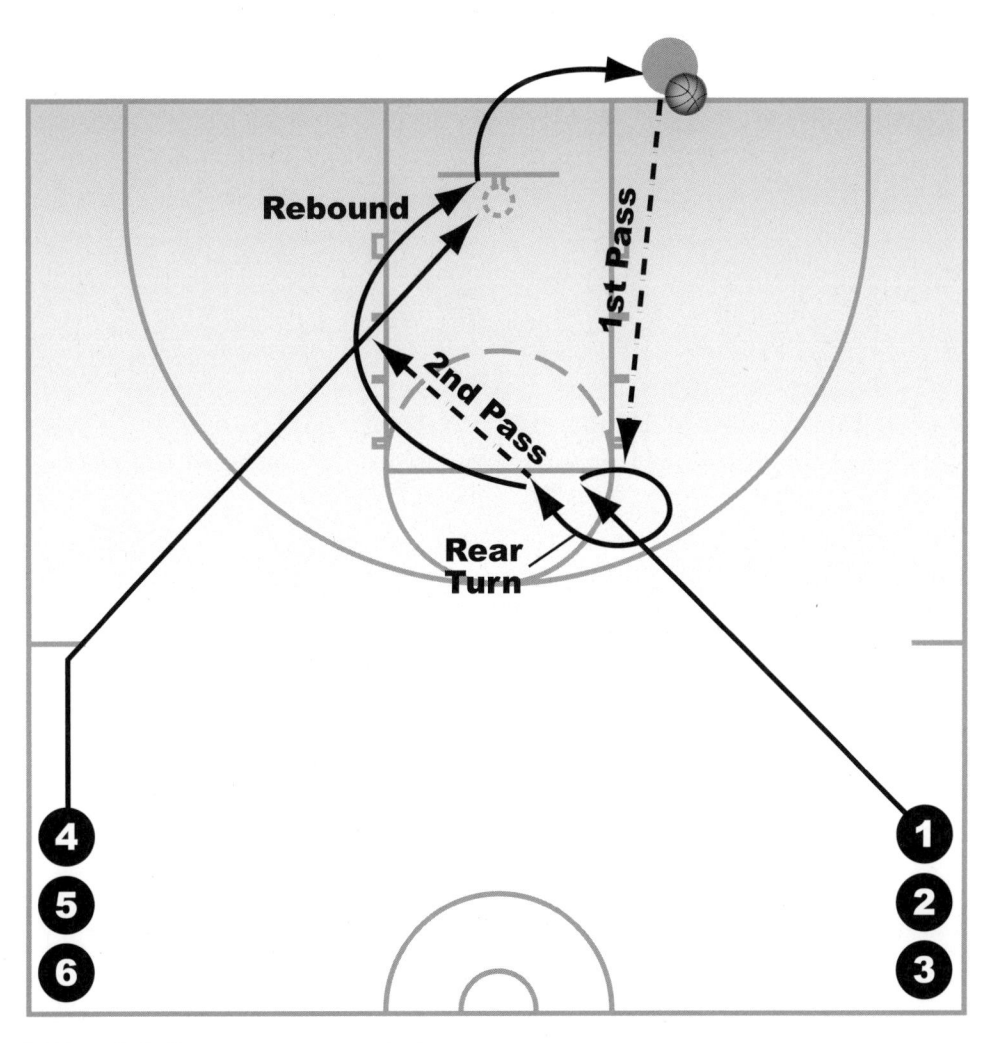

Miller 1.1 LAYUPS

LESSONS FROM THIS LEGEND...

スプリットポストドリル（**図1.2参照**）では3列にわかれ、その内2列はハーフラインとサイドラインが交わる両サイドである。ポストプレイヤーはエンドライン外側に列を作る。ポストプレイでは、パス能力、様々な角度からのシュート、ジャンプショット、パスオフ（手渡しのパス）、そしてハイフィードなどの技術が必要とされる。ガードからガードへのパスでドリルは始まる。レシーバーは逆サイドへドライブしストップ、そしてピボットした後にドリブラーの後ろを通って逆サイドへカッティングしていたもう一人のガードへパスする。2つ目のパスの間に、ポストプレイヤーはフリースローライン付近にポジションをとり、3つ目のパスを待つ。ハイポストへパスを出したプレイヤーが1人目のカッターとなる、このシザースカットは台形の外側で行われる。台形の外側から、バックボードに対して90度の角度でレイアップシュートへ行く。一般的には2人目のカッターがポストからのパスを受け取るが、どちらにパスが渡ったとしてもディフェンスがいるいないに関わらずレイアップシュートに行く。ポストプレイヤーにディフェンスを付けることで、シュートかパスかの選択肢が発生する。レイアップの変わりにジャンプショットを使用してもいいだろう。そしてポストプレイヤーはディフェンスの動きに合わせてパスかシュートを選択する。ポストプレイヤーがそのままディフェンスをかわして、レイアップかダンクに行くという選択肢もあるだろう。コーチがどの動きをドリルで使用するのか指示をするが、たいていの場合すべての選択肢が使われる。

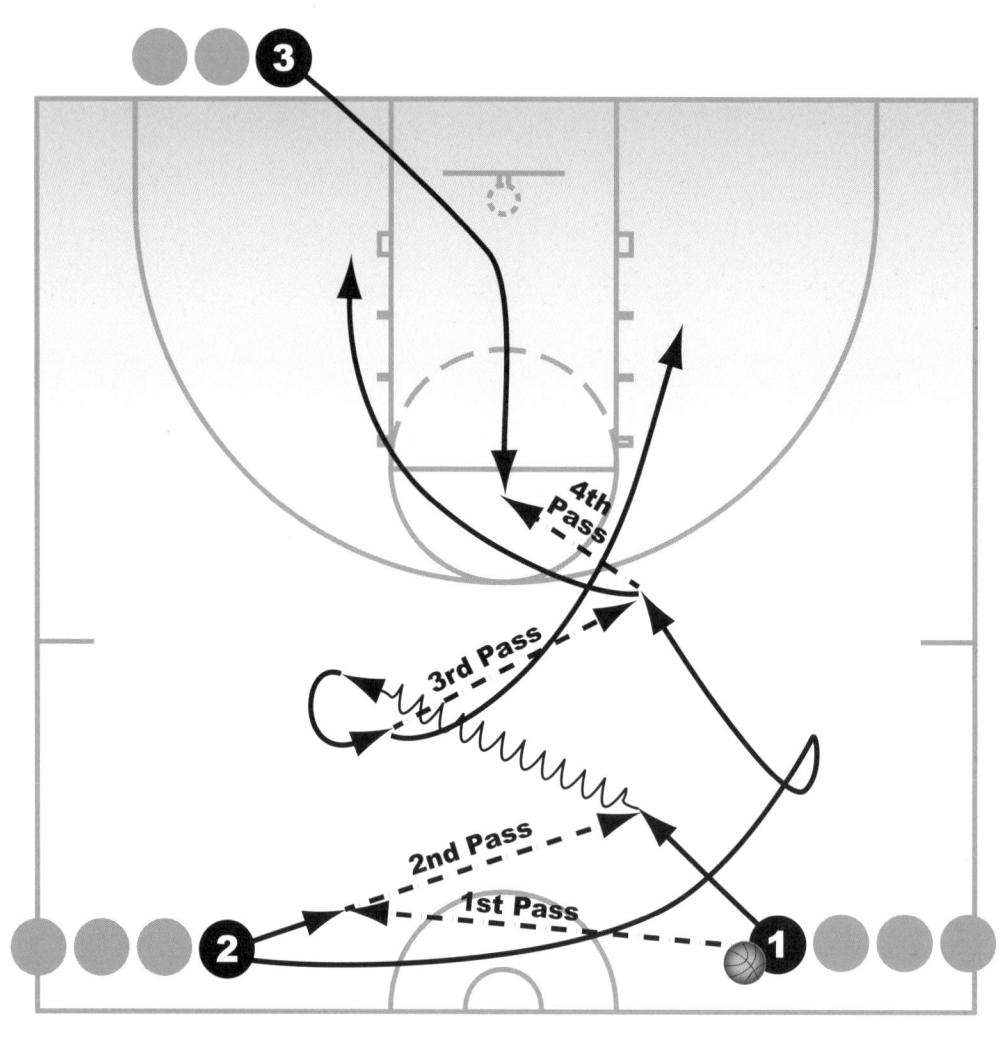

Miller 1.2 SPLIT POST

LESSONS FROM THIS LEGEND...

スピードゲームドリルには3線ラッシュとワイドフィギュア8が含まれる。共にフルコートで、ディフェンスありなし両方で行う。すべてのボールハンドリングはトップスピードで行い、ドリブルはつかない。このドリルの目的と共に、ファーストブレイク時のチームとしてのルールも強調しておく。2つのドリル共に、3つのラインはベースラインの後方でゴール下と両サイドラインから3フィート以内のところに作る。2つのボールを使用し、ゴール下から両サイドどちらかへのパスからドリルは始まる。両方のドリル共に、1人か2人のディフェンダーをスコアリングエリアに配置する。

3線ラッシュの動きは直線であり、トップスピードで行う（**図1.3 参照**）。フリースローラインの延長線上から45度の角度でゴール下へ切れ込むまで、両サイドのプレイヤーは真ん中のプレイヤーより少なくとも5フィート（1メートル50センチ）前方、サイドラインから3フィート以内のポジションを保ちながら走る。3人の間で連続的にパスを回し、ドリブルは決してしない。どちらかのウイングがレイアップシュートに行き、そのリバウンドは真ん中のプレイヤーが取る。そしてウイングのプレイヤーはそのまま逆サイドのサイドラインから3フィート以内のポジションまで走り、そこから再度同じようにコートを戻ってくる。逆サイドから帰ってくる時も、真ん中からウイングどちらかへのパスから動きを始める。もし真ん中のプレイヤーがシュートへ行ったら、パッサーがそのままリバウンドへ行き、シュートを打った真ん中のプレイヤーはパッサーがいたサイドへ移動する。逆サイドのウィングは帰りもそのまま同じポジションでプレーする。1人か2人ディフェンダーをバスケットエリア内へ配置し、難易度を上げることも出来る。ドリル中はボールを2つ使用する。

ワイドフィギュア8のドリルも3線ラッシュと同じような流れで行うが、フロアでの動きが違ってくるのとパスが長くなる。基本的なルールはこうである。パッサーは常にレシーバーの後ろに回り、逆サイドのサイドラインから3フィート以内、そしてボールよりも5フィート先の新しいポジションに到達するまでは全力疾走する。パスは常に人よりも先に出す。そして1度だけバウンズパスのようにボールを床に落としてもよい。しかしそのようなパスはめったに使われるべきではない。ウィングはフリースローラインの延長線上から45度の角度でゴールへ向かってカッティングする。シューターがシュートを打つ時には、逆サイドのウイングが必ずリバウンドに入る。そして帰りもまた真ん中からどちらかのウイングへパスを出すところから始まる。帰りも上で述べ

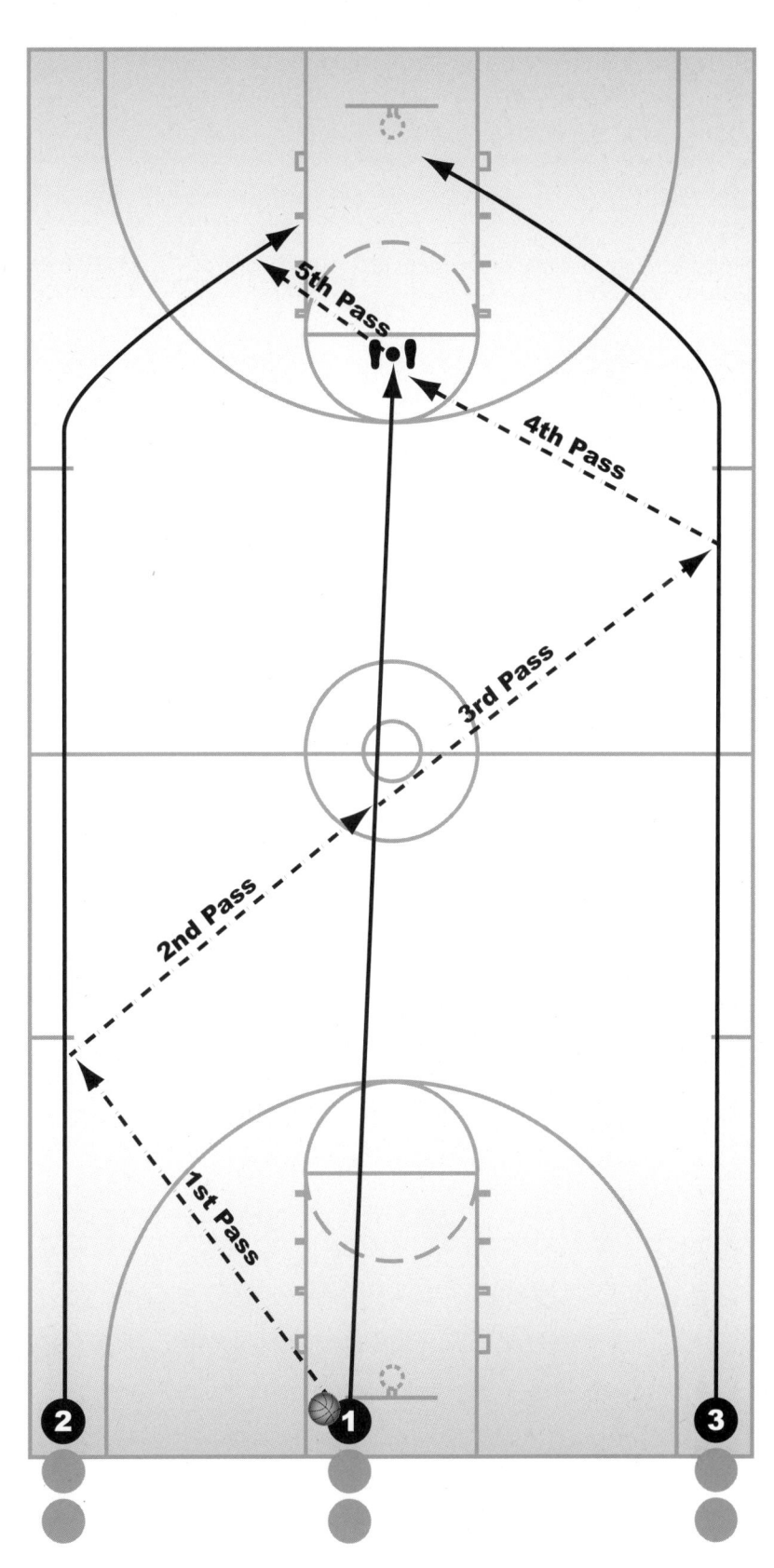

Miller 1.3 Three Lane Rush

LESSONS FROM THIS LEGEND...

た基本的なルールにそって行う、そして1人か2人のディフェンダーを両サイド、またはどちらかのサイドのフリースローエリアに配置し難易度を上げる（**図1.4参照**）。

競争的なドリルはオールコートの3対3と4対4を含む。この2つのドリルの組み合わせることで、オフェンスディフェンス両面でプレッシャーのかかる状況に対応する練習をすることが出来る。しかし十分なフルコートの5対5なしでは、この練習メニューは不完全のままである。これらのドリルを行うことで、プレッシャースタイルバスケットボールの基礎的な部分を作り上げることが出来る。これらのドリルが練習時間全体の75%を占めるべきである。

オールコートの3対3ではフリースロー以外のすべての技術を使用する。スピードドリルと似た形で、3つのラインを作る。各ラインの先頭のプレイヤーはコート上に入りオフェンスになる。ボールは真ん中のラインのコート外にいるプレイヤーが持つ。ディフェンスはオフェンス全員にプレッシャーをかける。ドリルはインバウンドパスから始める。オフェンスが得点を決めるか、ディフェンスがボールを奪うまでプレーを続ける。ゴールが決まったらプレーを止める。そしてボールをコートの外に出し、オフェンスディフェンスを交代する、しかしオフェンスが2本目以降のシュートで得点した場合は別である。この場合ディフェンスは罰として帰りもディフェンスを行い、行きのプレーでオフェンスだった3人が再びオフェンスを行う。帰りもインバウンドパスからドリルを始める。どんな方法であってもディフェンスがボールを奪い返した時、プレーを止めずに瞬時に攻守を交代し素早くゴールにアタックする。オフェンスの3人は、得点を決めた時、またはミスから攻守が変わった瞬間に自然に自分のマークマンをピックアップする。基本的に、オフェンスディフェンス6人のグループは1往復プレーした後交代するが、望むのであればそれ以上やることも可能である。

初期の頃は「ハーフラインをまたいだパスをだしてはならない」といったアイスホッケー

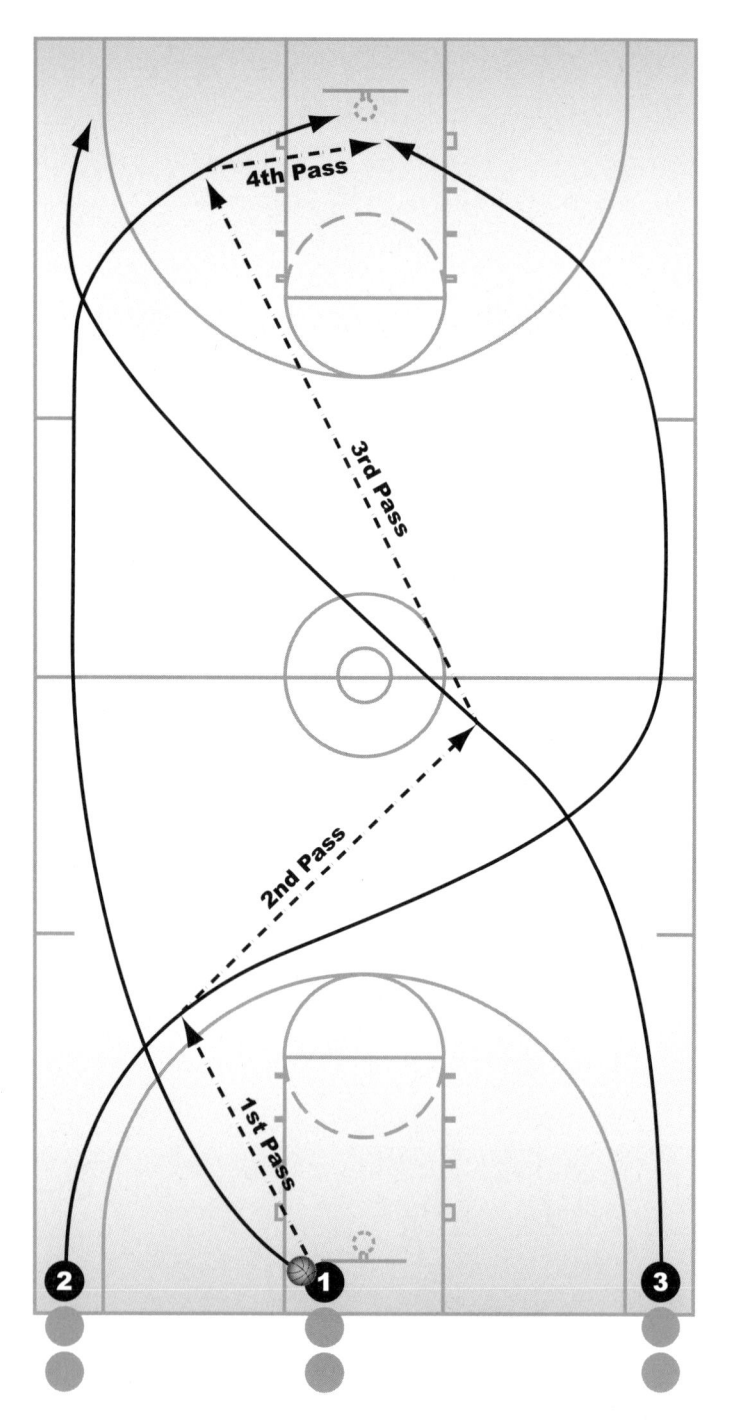

Miller 1.4 WIDE FIGURE 8

のようなルールを採用していた。この制限はオフェンスのアタックを遅くさせ、ディフェンスにスイッチを強いるようなスクリーンプレーやドリブルの使用を促進する。しかしながら、ロングパスはプレッシャーディフェンスに対するオフェンス武器であるため、一般的にこのアイスホッケールールはシーズン初期段階の練習でのみ使用する。

4対4ドリルはもともとハーフコートでの攻防を練習する目的で作られた、しかし現在、ハーフコートでの攻防から瞬時にオールコー

LESSONS FROM THIS LEGEND...

トの攻防へと展開するようなドリルになってきている。どちらの場合にしても、ドリルは同じような形から始まる。図1.5がこのドリルの基本的なスタートポジションを示している。フロアーポジションは、ハイポストまたはローポストに1人、PGが1人、そしてウイングが両サイドに2人、そしてそれぞれのオフェンスに対するディフェンスで構成される。オフェンスディフェンス両方に関するチームのルールがフリースローの際以外で採用され、ナンバープレーなどに関する制限も無い。PGがパスを出すか、自ら1対1を仕掛けるところからドリルは始まる。このドリルをハーフで行う場合、ゴールが決まるか、ディフェンスがボールを奪うまでプレーは続く。そしてオフェンスをしていたグループがディフェンスに変わり、新しいグループがオフェンスとして入る。ディフェンスをしていたグループはそのままフロアを出るが、オフェンスリバウンドから得点をされた場合は別である。この場合は罰として再度同じオフェンス相手にディフェンスを行う。

フルコートのドリルでは、オフェンスディフェンスの切り替えからオフェンスがショットを1本放つまで続ける。最初にオフェンスをしているグループが得点した場合、ディフェンスのグループはインバウンドパスからオフェンスを開始する。ゴールを決めた瞬間に、オフェンスグループはそれぞれ自分のマークマンをピックアップし、すべてのポジションでフルコートのディフェンスプレッシャーをかける。他の方法での攻守の交代でも、オフェンス側は相手のファーストブレイクに備えて自然に、そして瞬時にマークマンをピックアップする。ファーストブレイクからオフェンスがショットを放った時点でプレーは終了する。両グループはそのままそのサイドに留まり、その時点でのオフェンス、最初にディフェンスをしていたグループが同じような方法で再度ハーフコートでドリルを開始する。基本的には1往復でこのドリルは終了であるが、さらに実際のゲームに近い状況を作り出すためには、1往復以上ドリルを続けることも効果的である。

ここで紹介してきた7つのドリルは、1年の

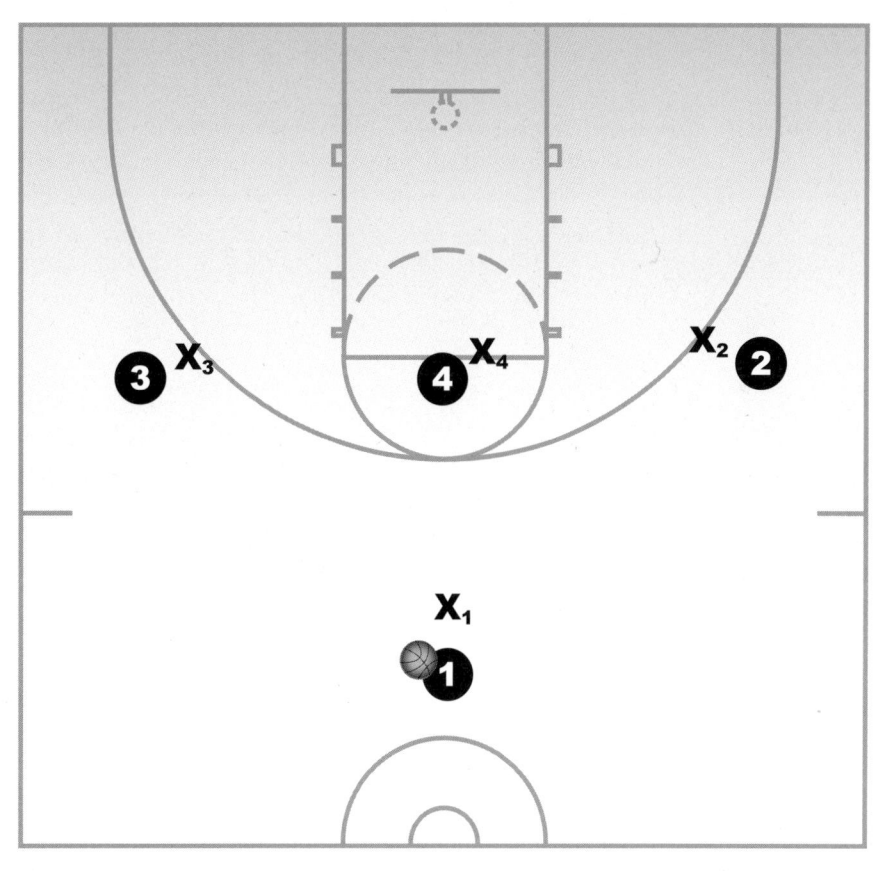

Miller 1.5

シーズンで使われるドリルのすべてである。4対4ドリルのやり方が変わった以外では、1948年にこの方法でプレッシャー戦術を教え始めて以来ドリルを新たに加えたり削ったりはしていない。驚くべきことに、1948年以前にバスケットボールの技術を教えていた際に使用していたドリルと比べても、全く違いはないのである。現在でもフルコートのドリルに幾つかことなった要素を加える以外にメニューを変えることはない。

この練習システムには個人技術をプレイヤーに指導するための、あらゆる方法が含まれている。このシステムを継続して、またオフシーズンに使用することで、特に効果を発揮する。あなたが常に覚えておかなければならないことは「練習が習慣（技術）を作る」ということだ。

SOURCE
出典

・ジェリー・クラウス（1984年）。ベター・バスケットボール・ベーシック：ビフォア・ザ・X's & O's　ニューヨーク：レイザー・プレス。

LEGACY OF
Jack Ramsay

- 20年間にわたりNBAでコーチを務め、864勝を上げた。

- 1977年にポートランドを率いてNBAチャンピオンに輝いた。

- 細部にわたる長けた注意力をつねに払い、すべてにおいて行きとどいた調整がなされ、ゲームを知りつくした人物であった。

- 彼の指導力とモチベーションを通じて、チームに偉大な力を与えた。

- 博士号を取得し、バスケットボール界のジャック博士と呼ばれた。

- バレエとバスケットボールを芸術的な観点から比較して、バスケットボールの試合を視察した。

- セント・ジョセフ（PA）大学を10シーズン率い、1961年にはNCAAトーナメントで3位入賞を果たした。

LESSONS FROM THIS LEGEND...

THE ROLE OF DEFENSE

By Jack Ramsay

RELATIONSHIP OF DEFENSE TO PHILOSOPHY
ディフェンスと哲学との関係

バスケットボールチームのプレースタイルは、そのチームが使うディフェンスシステムによって決定されなければならない。コーチはいつも使用するディフェンスシステムを十分検討せずに、先にオフェンススタイルを決めており、それら二つが不一致であるように見受けられるからである。多くのコーチたちは、ほとんどの時間をオフェンス構築に使い、バスケットボールで重要な位置を占めるディフェンスにあまり注意をはらっていないように見える。

PROMOTING "DEFENSIVE THINKING"
『ディフェンス的思考』を向上させる

セント・ジョセフ大では、ディフェンスこそがバスケットボールの土台であり最も重要なものと考えていた。私たちの哲学の中で紹介されている、張り切りやアグレッシブさを示す場こそがディフェンスなのである。私たちは、ディフェンスにおける積極性をチーム内で向上させようとしていた。コーチ陣としては、プレイヤーに理想とするディフェンスをすることがチームの勝利へとつながるのだと感じてほしかった。目標とするディフェンスを完成させる彼らの能力にプライドを持ってほしかった。これらふたつを達成するために、私たちディフェンスにおいて平均的だったり、積極的だったり、挑戦的だったり、大胆であるプレイヤー一同を向上させようと努力していた。

THE OFFENSIVE ASPECT OF DEFENSE
ディフェンスのオフェンス的な局面

私たちは、オフェンスをディフェンスから自然に発生するものとなるよう努めていた。スティールや、ターンオーバー、インターセプトしたパスを得点につなげるためには、ディフェンスからオフェンスへの移行を素早くこなさなければならない。できる限り多くのイージーショットを獲得するためだ。この成功がディフェンス技術に懸かっていることから、プレシーズン中のほとんど（65％程度）の時間を私たちのディフェンスが必要とする個人的な基礎能力や、チームのディフェンス戦略を練習することに割いた。

TYPES OF DEFENSES
ディフェンスのタイプ

ここでいうディフェンスとは、プレスマンツーマンのことである。相手に対して積極的についていくタイプのディフェンスだ。プレスマンツーマンディフェンスは、堅固なディフェンスに対する姿勢と、各プレイヤーの相当な努力を必要とする。このディフェンスは、ディフェンスの基礎であるスタンスと動きへの注意を要するからである。プレッシャーディフェンスは、ボール・ディナイやジャンプスイッチ、ダブルアップを使い、ボールポゼッションを獲得するために、時にリスクをもいとわない。

自分たちの目標を再認識するために、しばしばゾーンプレスの助けを借りることがある。バスケットボールを料理に例えるなら、ゾーンプレスは圧力鍋である。この鍋はプレイヤーや、コーチ、観客のバスケットに対する欲求を刺激するようなゲームを私たちに提供してくれるのである。

私たちの『ディフェンスレシピ』の3つ目の材料はスタンダードなゾーンディフェンスである。相手チームのオフェンス・バランスを崩したいときにこれを使用する。

これら3つの戦力が完成すると、私たちは新しいシーズンに向け準備ができたと感じるのである。

GENERAL OBJECTIVES
総合的な目的

プレスディフェンスを行ううえで、私たちには2つの目的がある。
- 相手がしたいと思うオフェンスをさせないこと
- 相手が私たちの策略にはまってやりにくくなるように、コンスタントにプレッシャーをかけ続けること

これらの目的を簡単に検証してみよう。私たちは相手にいつもと違うプレーをさせようと試みる。なぜなら、慣れ親しんでいないプレーをさせるということは、非効率なバスケットを相手にさせることだと考えるからである。つまり、相手がセット・オフェンスを仕掛けてくるならば、それを始めさせないように努めるのである。もし相手が何度も決まった形で攻めてくるのだとしたら、私たちの目的は、そのパターンを崩壊させることなのである。そうすることで、そのパターンは完結しないことになるからである。もし相手がポスト（ハイポスト、ローポスト、サイドポストどこでも）を使おうとするなら、我々の目的はそこにボールを入れないようにすることである。もし相手がゆっくり攻めてくる慎重なタイプのチームなら、我々はプレッシャーをかけて、相手の動きを制限することで、ゲームを速いテンポに持っていく。逆に相手が

LESSONS FROM THIS LEGEND...

速い展開を好むチームなら、我々はリバウンダーにプレッシャーをかけ、アウトレットパスのレシーバーを遠ざける。

2番目に挙げた目的は、最初にあげた目的達成に役立つ。ある意味では、最初の目的の手段とも言えるのだ。なぜなら、プレッシャーを相手にかけ続けることで、私たちは相手がしようと計画立てていたことと違うことをさせることになるからである。もちろんプレッシャーをかけ続けることの目的は、我々の攻撃的なプレーを刺激する喜び（スティールやインターセプト、相手のバイオレーション等）を得ることでもある。

故に、私たちのディフェンスにおける全般的な目的は、ゲームにおける守備・攻撃の両面に触れることなのである。プレッシャーはフルコートでかけられるだろう。コートの3/4上でかけられるだろう。もしくはハーフコートかもしれない。サークルのてっぺんで行われる型どおりのディフェンスポジションにおいてかけられるかもしれない。マンツーマンやゾーンプレスにおいても。

全てのタイプのプレスをコート上のどんな場所においても有効なものとするためには、相手が行こうとしている方向にいかせないことと、相手をとめた後の自チームの爆発的なオフェンス力が要求される。

10 Principles of Man-to-Man Defensive Team Play
マンツーマンディフェンスの10個のチームルール

ディフェンススタンスを崩さないこと。膝は曲げておく。頭は上げておく。足はコートと垂直に、やや前に出す。動いているときには手は相手の近くに。ボールを保持している相手に対して手は前に出し、目線は胴の中間部に。

レシーバーとなりうる可能性のある人は、できるだけ遠くに押しやる。

オフェンスとボールの両方を見るために、周辺視野を使う。その時ボールに重点をおく。

ボールに絶対に背を向けない。ボールに向かう。オフェンスがまるでボールを持たずに動いているかのようにレーン内をバッキングスルーで埋め尽くす。

臨機応変にマークマンを変えよ。オフェンスの動きを邪魔するための体を信頼すること。クロスステップをしない。

ボールを持っていないオフェンスで、ボールレシーバーとなりうる人間以外は棄てる。インターセプトを狙い、ドライブを仕掛けてくる人や、レシーバーをピックアップする、もしくはテイクチャージを狙う。その際、常にボールとの距離は一定に保つこと。

ボールが関わるバックコート内側部のすべてのオフェンスの動きにはジャンプスイッチで対応すること。ボールを持ったプレイヤーの縦の動きにはディフェンス・フェイクを使いながらヘッジで対応せよ。

スクリーナーは確実なリスクを感じたら、ボールに対しダブルアップする可能性があることを覚えておくこと。

ディフェンダーがインターセプトを狙って失敗し、自分のマークマンにディフェンスしきれなくなったとき、カバーにいってくれた仲間のマークマンがどこにいるかすばやく見つけ、すぐさまディフェンスに戻ること。

ボールの近くにいるときは、自分のマークマンに集中すること。ボールポゼッション獲得のチャンスを逃さないこと。

Pressure Man-to-Man Coaching Tips
マンツーマンプレッシャーを教えるにあたり

チームのためになること、個人個人のプレッシャーディフェンスの責任をプレイヤーに説き聞かせよ。

『ボールから目を離さないこと』を強調して教えよ。
『ボールに向かっていくこと』を奨励せよ。

ウィークサイドのプレイヤーは棄ててもいいことを強調して教えよ。

テイクチャージを引き出した選手を賞賛せよ。

スティールを狙いにいったことをほめてやること。しかし、それが失敗した後のリカバリングを徹底させること。

オフェンスは遠くに押しやることを教える。
しかしリバウンドを取るためのボックスアウトの重要性を教えること。

ボールポゼッションを獲得したら、直ちにディフェンスからオフェンスへ切り替えることを強調せよ。

Zone Press Coaching Tips
ゾーンプレスを教えるにあたり

プレスがシフトする時、慎重に追従することを強調せよ。

いくつかのポジションを兼任するプレイヤーには、その全てのポジションを練習させること。

プレスの効果を向上させるために、コートの全てのエリアにおけるダブルチームを練習させる。

インターセプトを狙ったり、パスを自分のほうに投げさせないようにする等アグレッシブなミスはほめてやる。

過度な動きや相手を面食らわせるためのディフェンダーのシャウトが重要であることを強調して教える。

LESSONS FROM THIS LEGEND...

STRATEGIC USE OF PRESSURE DEFENSE
プレッシャーディフェンスの戦略的使用法

練習中やスクリメージの時に自チームのプレスがどんな場面で有効なのかを見つけ、それを参考に本番のゲームでプレスを使う。

いくつかのゾーンプレスを前半の間に使ってみる。敵の戦略に対するアイディアを与えてくれるかもしれない。

相手のディフェンスをペネトレイトできないとき、ゾーンを使ってみる。

前半終了時もしくは試合終了時にシュートを打って終わりたいなら、ゾーンプレスを使う。
もし相手が堅実に外を決めてくるとしたら、プレスにいつでもアジャストできるようにしておく。

自チームのプレスで相手のプレスの計画を破れ。

絶対に負けを想定しない。チームの勝利のために、全てのディフェンス戦術を使ってみる。

ボールを前に運ぶのに、1～2人のハンドリングの良い選手に頼っているチームにはプレスをかける。それ以外の選手にボールを持たせることで、たくさんのファンブルを誘うことができ、プレス戦略がチームに有効なものとなるだろう。

準備不足なチームや、ベンチ層が薄いチームにはオールコートプレスをかけよ。プレスをある一定時間以上かけ続ければ、必ず恩恵が得られる。

経験の少ないチームにはゾーンプレスをかけよ。

オフェンスのぐずつきを解消したいときにゾーンプレスは有効である。

後半で盛り返してきたチームにはプレスをかけよ。

残り数秒で1、2点しかリードしていない場面では、適度なノーファール・ディフェンスをかけろ。

圧倒的に高さのあるチームに対してはゾーンプレスをかけよ。

SOURCE
出典

・ジャック・ラムジー（1963年）。プレッシャー・バスケットボール。エングルウッド・クリフ、ニュージャージー；プレンティス・ホール。

LEGACY OF
Adolph Rupp

- "青いグラスの男爵" というネックネームで知られた。

- リタイアする時には、歴代の大学コーチの中で最も勝ち星を挙げたコーチであった。

- 「勝つために戦う」という信念を持った議論好きのコーチであった。

- 基盤のしっかりある、速攻チームを作り上げた。

- ケンタッキー大学のキャンパスにある、ラップアリーナの名前の由来になっている。

- 1948年、1949年、1951年、1958年とケンタッキー大学を率いて4度のNCAAチャンピオンに輝いている。

- ケンタッキー大学時代に、876勝190敗という記録を残している。

- 彼は地元の選手を成長させた。選手の80パーセントは地元ケンタッキーの丘陵から集めた選手で、地元選手をチャンピオンプレイヤーへと成長させてきた。

LESSONS FROM THIS LEGEND...

THE SEVEN CARDINAL RULES OF DEFENSE

By Adolph Rupp

たくさんの（或いはほとんどと言ってもいいかもしれない）バスケットボールのエキスパートは、ディフェンスがありえないほどにおざなりにされていると強く主張する。彼らはその点においては非常に一致している。「ディフェンスは全くもって無視されている。もう昔のように、コーチがオフェンスと同じくらい時間を割いてディフェンスの練習をする時代は終焉した」と、彼らは言う。

私はこれを信じない。それどころか、私たちは今まで以上にディフェンスに特化して練習しているとさえ思う。やらなければならないからだ。現代のオフェンスプレイヤーは、2、30年前の選手に比べると、ものすごく発達している。だからコーチはそういう選手のオフェンスどうやって止めるかを考えなければならない。

ディフェンスバスケットが無視されていると信じる全ての人に私は以下の質問をぶつけたい。

どうやって素早い、動きのある、ワンハンドのシュートを止めるのか？
どうやってフックシュートを抑える方法を教えるのだ？
ステップ・イン・アウト・フックシュートしてくるプレイヤーをディフェンスする方法をどうやって教えるのだ？
ランニングジャンプショットをとめる方法をどうやって教えるのだ？
ドリブルストップジャンプシュートをとめる方法は？

少しの時間これを考えた後、あなたは私が見つけたのと同じ結論に達するだろう。オフェンステクニックはディフェンステクニックを簡単に上回る。

今日においても、ロースコアゲームだからと言って、良いディフェンスがなされたとはいえない。私が知りたいと思うのは、

どれだけのシュートを決められたか
ワンプレーにどれだけの時間がかかったか
ボールコントロールできていたか
ボールを長い時間持っていたオフェンスは成功したか

これらの質問に対する答えこそが、ロースコアゲームの鍵となる。

多くの観客やコーチはディフェンスをあまり評価しない。地味な仕事とディフェンスはしばしば軽視される。しかし、飛びぬけて強いチームを何年も観察していると、ディフェンスは彼らの勝利に大きく貢献していることがわかる。

彼らのコーチはディフェンスははかないものではないことを知っている。オフェンスがたまたまうまく機能しないとき、堅実で安定したディフェンスがそのゲームを救う。ディフェンスができないチームは、シュートが入らなくなったときに頼るものがなくなってしまうのだ。

ケンタッキー大では、オフェンスが機能しないときにはディフェンスが助けとなることを理解していた。チームはディフェンスの重要さに気づくよう教えられていた。個人のディフェンス技術と、チームのディフェンス技術両方である。練習時間の3分の1はこの練習に割いていた。

私はディフェンスには7つの重要なルールがあると思う。

1. REDUCE THE NUMBER OF YOUR OPPONENT'S SHOTS.

1. シュート数を減少させる

「下手な鉄砲も数打ちゃあたる」と聞いたことがあるだろう。これは真実たりうる。それゆえに我々が最初にしなければならないことは、相手チームのシュート数を減少させることである。

チームの過去5年間のシュートチャートを見てみると、非常に信憑性のある傾向を失点数の中に見つけることができる。それは、相手にできるだけシュートを打たせないことだ。得点をするにはシュートを打たなければならない。もし激しいディフェンスをすることでその数を減らすことができるなら、ハイスコアをとられる可能性を消すことになる。

2. FORCE YOUR OPPONENT INTO LOW-PERCENTAGE SHOTS.

2. シュートの成功率を低下させる

プレイヤーに、常に攻撃的であれと教える。これは非常に難しく、タフな仕事であるが、多くのプレイヤーはそのようにプレーすることが好きである。自分のチームの選手が自ら相手チームのエース級の選手をマークさせてくれるよう頼んできた時は気分がいい。

数年前そんなプレイヤーがいた。彼は自分の得点になんて興味がかったが、相手チームで、1試合平均20得点くらいの選手を7、8点に抑え

LESSONS FROM THIS LEGEND...

るのが好きだった。更衣室を出る前に、彼は「土曜の試合は僕がスミスをマークしていいですか？」と私に向かって聞いてきた。そのスミスとは、相手チームのスター選手であった。

焦った、アンバランスで、不正確なシュートを、相手チームに打たせるように仕向けられれば、相手チームのシュート成功率を格段に下げることができるだろう。そしてそれが攻撃的なディフェンスと相手に簡単なシュートを許すディフェンスの違いである。コーチがゲーム終了後に「今日はうまくいかなかったな」というならば、そこに原因があるはずだ。

3. CONTROL EVERYTHING INSIDE 18 FEET OF THE BASKET.
3. スリーポイントライン内で行われるすべての動きをコントロールする

これを挙げた理由は、崩壊的で流動的なディフェンス哲学と非常に合致するからである。これは彼らの性にあっている。ゴールを中心に18フィートの円を描いて、その領域内における全ての動きを止めることができ、リバウンドを全部獲得することができるならば、絶対に破られないディフェンスを完成させたことになる。私はこれが不可能であることを知っているが、この事実はなおも真実である。ゴールの近くでシュートを打たれるな！ もしこのイメージをプレイヤーに持たせることができれば、ディフェンスは成功する。

4. ELIMINATE SECOND SHOTS.
4. リバウンドショットをされない

良いディフェンスをするチームは、相手に2度3度とシュートを打たれないものだ。リバウンドを獲得するのは難しいが、シュートを打たれてまずしなければならないことは、自分のマークマンがリバウンドに飛び込まないようにすることである。

自分のマークマンを必ずボックスアウトしなければならない。彼を追いやったあとに、自分がリバウンド獲得に向かう。もしあなたが相手に2度3度リバウンドショットを打たれるようならば、そのうち1本くらいは成功してしまうものだ。タフなリバウンド争いができるチームは、このような付加的なシュートを許さない。

5. ALLOW NO EASY BASKETS.
5. 簡単な得点を減らす

簡単なインターセプトから出たファーストブレイクで崩壊したゲームを何度見たことがある？ フロントコートのフリースローレーンでのジャンプボールで、自分の仲間の頭の上でボールをタップされ、そのままシュートに持っていかれたことは？ エンドからのパス出しをカットされ、いとも簡単にゴールを決められたことは？ リバウンドが取れなくて、相手にイージーショットを何度決められた？ 外したフリースローをそのままチップインされたことは何度ある？ これらはイージーショットの例である。一部は不注意から生まれ、一部は判断ミスから生まれる。しかし、同等の力を持ったチーム同士の対決においては、このようなイージーショットが勝因となりうるのである。

6. "POINT" THE BALL ON ALL LONG SHOTS.
6. 全てのロングシュートには手を上げた状態で対応する

ボールが外側で回されているときには、ボールマンをマークするディフェンスは、常にタイトについていなければならない。2つの重要な原則は、シュートを打たれる回数を減らすことと、良い形で打たれるシュートを減らすことである。もしあなたがシューターを妨害しないなら、それはチームを滅ぼす。

だから、ボールマンには常に手を上げて近づいたディフェンス姿勢をとらなければいけない。たとえディフェンスのやりかたがどのようなものであっても、これは適用されるべきである。

7. PREVENT THE BALL FROM GOING TO THE PIVOT.
7. ポストマンへのパスを防ぐ

どんなチームでも、我々と同じようなことを感じているだろう。ポストマンにパスをつないではいけない。もし相手にこれを許せば、ファンブルの心配なしに相手はスクリーンをかけて気持ちよくプレーすることができる。サイドにボールがいくのは構わないが、ポストマンにボールを持たせることはなんとしてでも防がなければならない。ポストマンがボールを持ったその瞬間から、センターの脅威と戦わなければならない。フックシュート、ジャンプシュート、ジャンプフリップシュートを打たれるし、フェイクから抜かれることもある。スクリーンでフリーになってカットインしてくるプレイヤーにパスされてショットを決められるかもしれない。ポストエリアにボールが渡ったら、とてつもなく危険なのだ。このポジションからのショットが一番成功率が高いのだから。

私がここまで述べてきた原則は、長年に渡りチームに利益をもたらしてきた。長いシーズン中に必ずやってくるチームの不調時には、これら7つの基本原則が守られているかを調べてみるべきである。そうすれば不調の原因がどこにあるか発見できるであろう。

LESSONS FROM THIS LEGEND...

チームがうまくいっているときにおいても、この原則を顧みるべきだ。チームのオフェンスがうまく、スターと呼ばれている選手は、もしかしたらスターでもなんでもないかもしれない。その選手のディフェンスにおける欠点が、チームの敗因となっているかもしれないのだから。

以下のことを常に覚えていよ。

私は年に何回もプレイヤーにこのことを繰り返す。「オフェンスが機能しないとき、お前のディフェンスがチームを救うんだ」

SOURCE
出典
・アダルフ・ラップ（1955年11月）。マイ・セブン・カーディナル・ディフェンス　プリンチパルズ。スカラスティック・　コーチ。

LEGACY OF
Dean Smith

- 36年間のコーチングキャリアで879勝を記録。歴代の大学コーチの中で最も勝ち星を挙げたコーチとして知られている。

- 3冠を獲得した、たった3人のコーチのうちの1人である。

- NCAAトーナメントの出場記録を今なお保持しており、連続出場記録、そして、最多勝利記録も持っている。

- 彼のチームは協調性のあるチームとして知られ、チームワークに大変優れていた。また、粘り強いマンツーマン・ディフェンスに長けていた。

- 4ツ角に人を配置するオフェンスとラン・アンド・ジャンプディフェンスを流行させた。

- 人種差別のない、謙遜と尊敬に基づいたバスケットボールの基礎を築き上げた。

LESSONS FROM THIS LEGEND...

THE RUN-AND-JUMP DEFENSE

By Dean Smith

ラン・アンド・ジャンプ・ディフェンスはローテーションのあるマンツーマンディフェンスである。ゾーンプレスよりは動きが少ないといえども、インターセプトの可能性を十二分に持つ。ほぼマンツーマンと同じ要領のディフェンスなのだ。

しかしながら、最初のラン・アンド・ジャンプが終わった後は、決められたマークマンというのはいなくなる。ディフェンスは最初とは違うオフェンスを守ることになるだろう。

HISTORY OF THE RUN-AND-JUMP DEFENSE
ラン・アンド・ジャンプ・ディフェンスの歴史

私が覚えている限りでは、全てはカンザス大の1952-53年シーズンから始まった。私たちはヘッドコーチであるドクター"Phog"アレンと、彼のアシスタントであるディック・ハープによって形作られた、完璧なプレッシャーディフェンスをしていた。私たちが1952年にNCAAチャンピオンシップを制したのは、素晴らしいセンターのクライド・ラブレットの存在と、プレッシャーディフェンスのお陰だ。このプレッシャーディフェンスでは、当時当たり前とされていた、オフェンスとゴールの間に自分を置くのではなく、オフェンスとボールの間に自分を置くという手法を採用していた。

この期間プレーしていたなかに、アル・ケリーという大変負けず嫌いの選手がいた。1952年、彼が大学2年生のときには、定期的にプレーしていなかったが、私はチームの誰一人として、練習中アルにディフェンスされたがらなかったことをとてもよく覚えている。アルはとても攻撃的だったのだ。それどころか、1953年彼が大学3年生のとき、ア

メリカ中をファールの嵐に巻き込んでいったのだ。

それは練習中だったことを覚えている。アルはボールから少し離れたオフェンスをディフェンスしていた。ボールを持ったガードがドリブルをアルの方向に向かって始めた。アルはそのオフェンスのヘルプに行くのではなく、自分のマークマンを完全にほったらかして、10フィートほど離れた位置にいたドリブルしているオフェンスから完全にボールを奪いにいこうとしたのである。もちろんドリブルをしているオフェンスを守っていた選手は、アルがやるべきことをやっていなかったため、多分とても困惑していたのにも拘わらず、反射的にアルの守っていたオフェンスを守りにいこうとした。しかし、アシスタントコーチのディック・ハープは、オフェンダーを止める際ファールをしたアルを誉めた。

そのときから、アルはドリブルする選手からチャージングをもらうか、その選手が慌ててボールを投げてしまい、アウト・オブ・バンズをしてしまうかを引き起こすようになった。何人かの選手がドリブルをつく選手を驚かせるのが面白いと思い、アルのようなプレーに挑戦したのにも拘わらず、アルにしかこのようなプレーをすることができなかった。これが私たちの基本的なマンツーマンプレッシャーの全てである。そしてこれは個々のディフェンスとしては使われなかった。僕が思い出せる限りでは、これがどうやってラン・アンド・ジャンプ・ディフェンスが始まったかのいきさつである。

もし私たちがこれについて思い返すことがなければ、このディフェンスにラン・アンド・サプライズと名づけていたことだろう。このディフェンスの目的とする効果の説明とすれ

ば、この名前の方がよりふさわしかったかもしれない。

私たちは、ラン・アンド・ジャンプ・ディフェンスをカンザス大において慎重に使用していた。しかし、1953年、ほとんどのチームが卒業生を惜しみ、私たちのチームにビッグマンがいなくなった頃、コーチはこのディフェンスが本物となることを予感した。私たちはディフェンスをチームの強みとすることで、相手のオフェンスを、フットボールチームがそうするように、いわゆる成長阻害の状態にしようと試みた。これは、ほとんど全てのチームが、ゾーン・プレスか普通のマンツーマン・プレスしかやっていなかった1950年代前半の話だということを心に留めてもらいたい。6.2フィートと6.1フィートのフォワードしかおらず、相対的に小さいと言える私たちのチームは（カンファレンスでそんなに良い成績を収めないだろうと予想されたあと）、ビッグ・エイト・カンファレンスを制した。そして、NCAAファイナルにおいて、インディアナ大に1点差で敗れたのだ。

コーチボブ・スピアーは1953年のファイナルを観戦し、カンザス大のプレッシャー・ディフェンスに感銘を受けた。私が空軍士官学校に彼のアシスタントとして加わった頃、このディフェンスを詳しく知りたいと思った。空軍士官学校チームはとてつもなく身長が低いチームで、オフェンスに支配されるのをただ指をくわえて眺めるのではなく、ディフェンスを強みとするバスケットをしなければならなかった。ラン・アンド・ジャンプ・ディフェンスの要素を取り入れたマンツーマンディフェンスは、その後数年間、空軍チームの主要なディフェンスのひとつとなった。私たちがラン・アンド・ジャンプを折に触れフルコートディフェンスとして使い始めたのはこ

LESSONS FROM THIS LEGEND...

の頃だった。カンザス大でこれが使われる前に、私たちの基本的なディフェンスは、厳格にハーフコートで使われていたのだ。

私がノース・カロライナ大のヘッドコーチになろうかと最初に検討していたとき、私たちのチームはまたもや小さかった。しかし私たちは、ラリー・ブラウン、ドニー・ウォルシュ、ヨギ・ポティートという3人の機敏なガードを抱えていた。この3人はラン・アンド・ジャンプを素早く飲み込み、うまく実行した。彼らがうまくやってくれたので、フォワードの選手もドリブルしてくるオフェンスへの対応がしやすかった。

実際、ノースカロライナ大の選手たちは始め、このディフェンスを楽しんでいた。しかし、後にこのディフェンスは問題を生じさせたのだった。その時点まで、ラン・アンド・ジャンプ・ディフェンスは分割したディフェンスではなく、私たちの基本的なプレッシャー・ディフェンスの中の一部であった。プレイヤーは、自分ができると感じた時いつでもドリブラーに飛び込んでいき驚かすことを許されていた。しかしながら、ラン・アンド・ジャンプにとってドリブラーを驚かせることが重要なポイントであるために、何度もこのディフェンスを使っていくうちに、その効果が減少する傾向となってきたのである。プレイヤーが調子を上げすぎたために、私たちは最終的にこのディフェンスを使う頻度を下げなければならなくなった。1965年に、私たちはこのディフェンスを各パートで合図を送りあうディフェンスに形を変えることで、これに成功した。

ワシントンDCにあるデマサ高校で大変な成功を収めたモーガン・ウーテンコーチは私たちのラン・アンド・ジャンプ・ディフェンスを気に入ってくださり、デマサでもそれを使用してくださった。氏はこれを"電撃戦"と呼んだ。この呼び方のほうが或いはこのディフェンスに合っていたのかもしれない。

ラン・アンド・ジャンプ・ディフェンスの成功は、高校のコーチであるジャック・グレイノールズがプレッシャーディフェンスを教えていたオハイオのバーバートンでも見つけることができるだろう。グレイノールズコーチは僕に、うちの選手には、相手がドリブルしてきたら、サプライズを待つことなくラン・アンド・ジャンプで飛び込めと教えていると教えてくれた。彼は私たちの練習に何度も足を運んでおり、このアイディアを自身で思いついたというのだ。もちろん、グレイノールズコーチは、モーガン・ウーテンがそうであったように、私たちのディフェンスを教えることに成功した。デマハは飛びぬけた成績を残し、バーバートンは、小さいがとても機敏な選手たちと共に、1976年オハイオを制した。ほとんどがグレイノールズコーチの功績のお陰と言っても良いだろう。

RUN-AND-JUMP IN THE FULL-COURT
フルコートにおけるラン・アンド・ジャンプ・ディフェンス

ラン・アンド・ジャンプを図で説明するにあたり、私たちはオフェンスをコートの3/4で捕まえるのだということを前提とさせてもらいたい。クオーターバックがラン・アンド・ジャンプの指示を出す。私たちはディフェンス33をしている。コートの3/4でラン・アンド・ジャンプをする。しかし覚えておかなければならないのは、ラン・アンド・ジャンプはどの地点でも使ってよいし、私たちがゴールした直後以外ならどんなときでも使ってよいということだ。

もし私たちが33のディフェンスをするとコールしたら、オフェンスがある特定のポゼッションの間中ずっとラン・アンド・ジャンプを使い続ける。もし相手がシュートしてリバウンドを取ったとしても、私たちは30番台のディフェンスを使い続ける。同じことは32番のディフェンスでも起こりうる。これは、オフェンスをコートの2/3で捕まえることを意味する。

図1.0はイン・バウンドパスが❶にされたあとの動きを示している。X1以外は、❶の

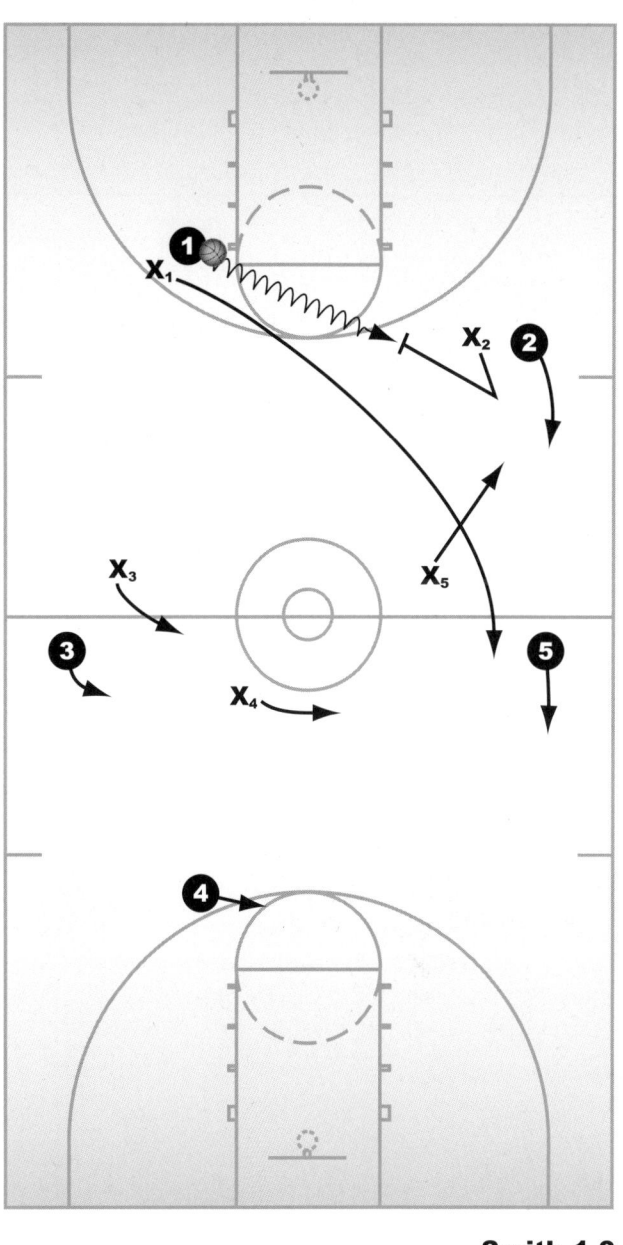

Smith 1.0

LESSONS FROM THIS LEGEND...

ロングパスのカバーに行くことで彼らのディフェンス能力を無駄にすることなく、ダウンコートにいるオフェンスからできるだけ離れてもらいたい。各ディフェンスは自分のマークマンを 20 番でマークする（20 番とは、普通のマンツー・マン・ディフェンスのことだ）。

X_1 は ❶ をタイトにマークする。ここで強いプレッシャーをかけることはとても重要である。そうすることにより ❶ は空いている仲間を探すことができなくなるからだ。私たちはボール保持者にボールを回してほしくない。X_1 はだから ❶ に 45 度の方向に動かすことが役目となる。❶ がどの方向に行くかは重要ではない。それよりも、簡単にディフェンスを割られることを防ぐほうを重要視する。図 1.0 で示されているように、❶ が左利きで、前方に向かい走り始めた ❷ の方向にドリブルをついてきたとする。X_2 は ❷ を少しだけ追いかけるが、❶ を驚かせるチャンスがあることにすぐさま気づく。故に X_2 は ❶ の外側の肩にラン・アンド・ジャンプする。

THE ROTATION
ローテーション

X_2 が戻ってサプライズを仕掛けたために、❷ がフリーになるため、すぐさま誰かがカバーにいかなければならない。ローテーションの流れの間、誰がどのオフェンスにつくかを決めた厳しいルールはない。この問題に対しては、全員がローテーションに参加することは要求されていないし、ほとんどの場合において好ましくもない。オフェンスとの近さや判断力がローテーションを決定付ける。しかしながら、ローテーションの方向は、どの方向にオフェンスがドリブルするかにより決定される。もし図 1.0 で示されるように X_1 が彼の左に向かってドリブルするのなら、ペリメーターあたりにいるディフェンスは時計回りにローテーションする。最初にドリブラーについていたディフェンス（図 1.0 における X_1 のこと）は、時計回りの方向にいるフリーのオフェンダーめがけてダッシュで戻る。ドリブラーが右に来たときは、反時計回りの方向にダッシュする。

ディフェンス全体の動きを予想し、X_2 のラン・アンド・ジャンプを観察している X_5 は、❷ をマークするために自分のマークマンを置き去りにす

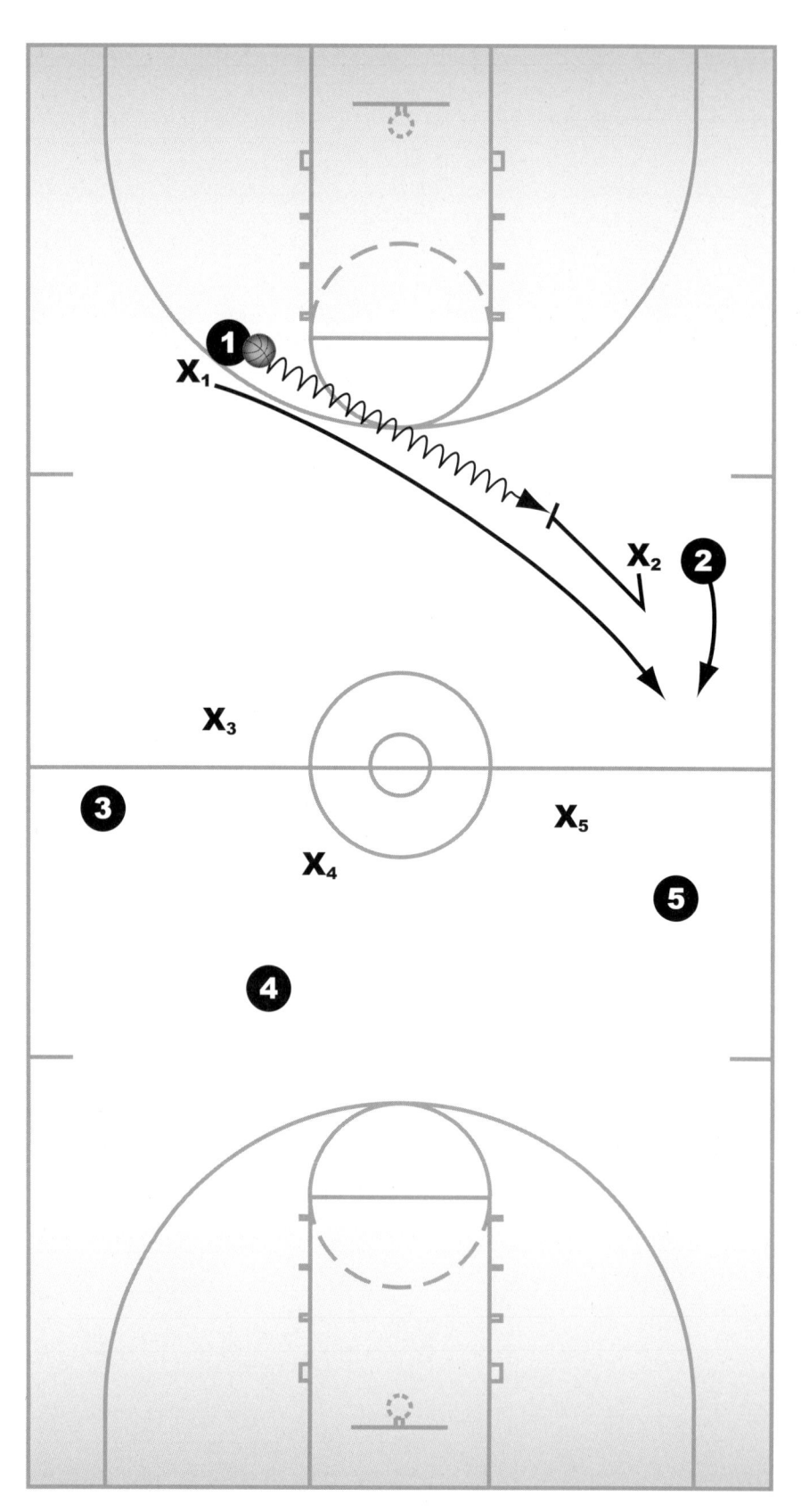

Smith 1.1

LESSONS FROM THIS LEGEND...

る。**X4** は **5** をマークする。しかしながら、この場合には、**X4** は引き続き **4** を守り、**X3** も **3** をマークする。**X1** は足取りを乱さない。チームメイトに背を向けてプレーするので、彼はいつヘルプが来てくれるかわからないからだ。故に、彼は周辺視野に **X2** がマークマンを置き去り、自分のマークマンをサプライズしてくれるのが入るまで、**1** にタイトにつく。**X1** はそのあと、時計回りの方向のダウンコートのペリメーターに向かってオープンのオフェンスを守りに行く。この場合では、**5** を守るということになる。しかしながら、もし **X5** が引き続き **5** を守っているようなら、**X1** のマークマンは **5** ではなく **2** になる場合もある。同様に、もし **X5** が **2** を守ったために **X4** が **5** についていたとしたら、**X1** がマークすべきは **4** となるのだ。

私たちは大体 3 回ほどスイッチしてディフェンスを終える。4 人が最初のマークマンとは別のマークマンにつくことはほとんどない。典型的なのは、**X1** が **5** について、**X2** が **1** について、**X5** が **2** につく場合だ。その他の場合で最も起こる頻度が高い動きは、**X1** と **X2** の間に起こるシンプルなスイッチだ（図 1.1 参照）。

Individual Responsibilities
個々人の責任

各プレイヤーがやらなければならないことを図 1.0 を例として用いながら復習しよう。

Player Guarding Initial Ball-handler (X1)
最初にボールをコントロールしているオフェンスを守るプレイヤー（X1）

タイトにつくこと。空いている仲間を見つけさせないために、激しくプレッシャーをかけること。ボールをフロアーにおいてこさせるようにする。ボールマンにコートの真ん中に向かってスライスさせない。ボールマンを守っている人は、プレッシャーをかけて、ボールマンに 45 度の方向に向かってドリブルさせなければならない。

周辺視野でラン・アンド・ジャンプが自分のマークマンにあたりに来てくれることを確認するまでは、マークマンを離さない。そのあとローテーションに加わり、空いているオフェンスを捜す。

Players Guarding Men One Pass Away (X2 and X3)
1 からすぐにボールを受け取れる位置にいるオフェンスを守るプレイヤー（X2 と X3）

最初にやらなければならないのは、ボールマンから自分のマークマンへのパスを防ぐこと。ボールマンが自分のいる場所とは違う方向に向かってドリブルしてきたら、ドリブルする方向のスペースを空ける。そのときはまだマンツーマンでついているが、パスがきたときにはそれが通らないように防ぐ準備はしておく。

ボールマンが自分の方向に向かってドリブルしてきたら、最初のラン・アンド・ジャンプをするためにふさわしい場所を考え始める。サプライズをする正しい地点は複数ある。それはドリブラーとの距離とも関係してくるし、ドリブラーのスピードにもよる。例えば、もし **1** がスピードをつけてドリブルしてくるならば、**X2** は 10 〜 15 フィート前くらいでサプライズするのがよいだろう。そしてもしゆっくりとこっちに向かってくるのならば、**X2** はおよそ 6 フィート地点に相手が来るまでサプライズにはいかない。

Players Guarding Men Two or More Passes Away (X4 and X5)
ボールマンから 2 パスかそれ以上離れているオフェンスを守るプレイヤー（X4 と X5）

1. 最初にやるべきは、ボールマンから自分のマークマンへのパスを出させないということ。

2. ボールマンが自分のいる場所とは違う方向に向かってドリブルしてきたら、ドリブルする方向のスペースを空ける。そのときはまだマンツーマンでついているが、パスがきたときにはそれが通らないように防ぐ準備はしておく。

3. ボールマンが自分の方向に向かってドリブルしてきたら、ローテーションの準備を始める。例えば、図 1.0 の **X5** は、**X2** がラン・アンド・ジャンプした後、**2** に向かって投げられるパスを

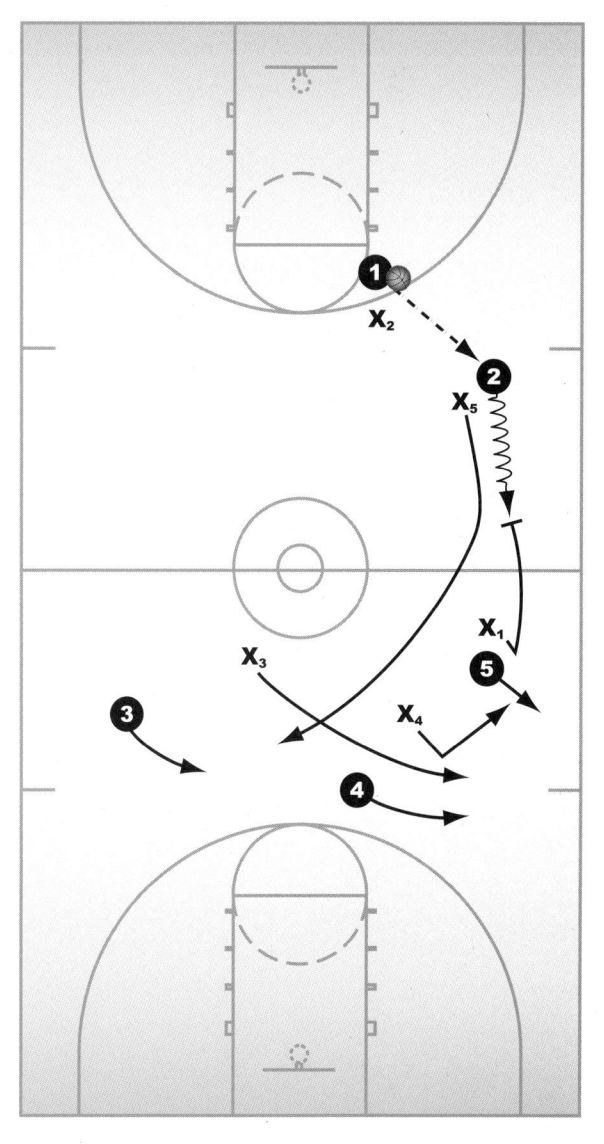

Smith 1.2

LESSONS FROM THIS LEGEND...

とめに行くかどうかを決断しなければならない。その他のオプションとしては、図1.1にあるように、今までついていたオフェンスを引き続きマークすること、そして X1 に ❷ を任せることだ。この決断は彼がボールを取れると感じるかどうか、そして ❷ に追いつけると感じるかどうかにかかっている。もし ❷ がブレイクを出そうとしていたら、X5 は ❷ をとめに行くべきだ。

4. もし X5 が 6′ 10″ フットあって、あまり動けないのなら、❷ が一人でゴールに近づいてくるまで彼はローテーションに加わらないほうが良い。X5 は ❷ が例えば 6′ 0″ のガードなら、ディフェンスしないほうが良い。

図1.2 はプレーの続きで、ラン・アンド・ジャンプ・ディフェンスは1回のラン・アンド・ジャンプだけで終わらなくて良いことを示している。ラン・アンド・ジャンプはどんな位置においても効果を発揮するからだ。

X2 からサプライズを受けた ❶ は、❷ にパスしようとする。X5 はそのパスをインターセプトしようとするが失敗する。X5 はサイドラインに沿って ❺ の方向にドリブルする ❷ に引き続きタイトにあたる。❺ は X1 にカバーされている。この時明らかに私たちは X1 が ❺ につくというミスマッチを抱えている。しかしながら、一時的なミスマッチは大げさに捉えるべきでないと感じてきた。このようなミスマッチはボードの下では厳しいかもしれないが、ミスマッチは大抵その地点まで続かない。ミスマッチはオフェンスの視点から大げさに捉えられており、オフェンスはそこに漬け込もうとして全ての動きを止めるために、しばしば攻撃に失敗する。

図1.2 で、X1 は新しいボールマンである ❷ に対しラン・アンド・ジャンプを仕掛ける。ここでまたローテーションが始まる。今回はラン・アンド・ジャンプが起こったために X4 が、最初にオープンになった ❺ をマークする。X3 は ❹ をマークし、X5 は ❸ をマークするためにペリメーターあたりに移動する。コーチとして、あなたにはラン・アンド・ジャンプを分割的にするか、合図で動くディフェンスか、サプライズをする以外は通常通りのマンツーマンプレッシャーだと教えるか決める権利がある。これらの間にはほんのちょっとしか違いがない。しかしながら、私は分割的なディフェンスにすることでラン・アンド・ジャンプ・ディフェンス 30 をするときに支配するという発想が好きだ。

その他の利点は、より良いローテーションのポジションを前もって知ることができることだ。

SOURCE
出典

・ディーン・スミス（1981年）。バスケットボール：マルチなオフェンスとディフェンス。エングルウッド・クリフ、ニュージャージー：プリンティス・ホール。

LESSONS FROM THIS LEGEND...

THE NORTH CAROLINA FOUR-ON-FOUR COMBINATION DRILL

By Dean Smih

このドリルは、私がオフェンス的にもディフェンス的にも他のどれよりも気に入っているドリルである。私たちは、教えたいと思っている全てのディフェンステクニックを網羅するドリルを何年もかかって試した。このドリルはその全てを網羅する。

このドリルでは8人の選手が同時にプレーでき、その他の選手は反対側のコートでシューティングをしていることができる点も気に入っている。私たちは全てのテクニックをこのドリルで教える。選手がこのドリルの動きを学んだら、ディフェンスに要求するテクニックをより簡単に理解することができる。

SWING DRILL
スウィングドリル

まずポジションを確認するために、シェルから始める（図2.0参照）。この場合、オフェンスにはダミーでボールを投げさせるだけにする。このドリルで重点を置くべきは、ボールが動くたびに、それに合わせ動かなければならないという発想を植えつけるということである。ここで教えるルールは、ボールの方向に動くということだ。❶が❸にパスする。この時全てのプレイヤーはボールに順応しなければならない。X3は瞬間的なプレッシャーをボールにかける。X1はボールの軌道に沿って後ろに下がる。X2とX4はレーンの方向に戻り、オフサイドを守る。

私たちのディフェンスの考え方は全ての状況を網羅するとプレイヤーに伝える。テクニックを変えたくはないので、何が一番良くできるのかを強調する。プレイヤーが私たちのディフェンスシステムに信頼をおくことは大変重要である。スウィングドリルはどうやってボールにアジャストするか、そしてどうやれば私たちのディフェンスシステムを崩壊しかねない場所にパスを出されるのを防ぐかをプレイヤーに教えてくれる。オフェンスには立っていることしか許さない。実際のオフェンスにはこうしてほしくないが、オフェンスプレイヤーには、これはパッシングのドリルで、ボール捌きの能力を向上させるためのドリルなのだと教える。

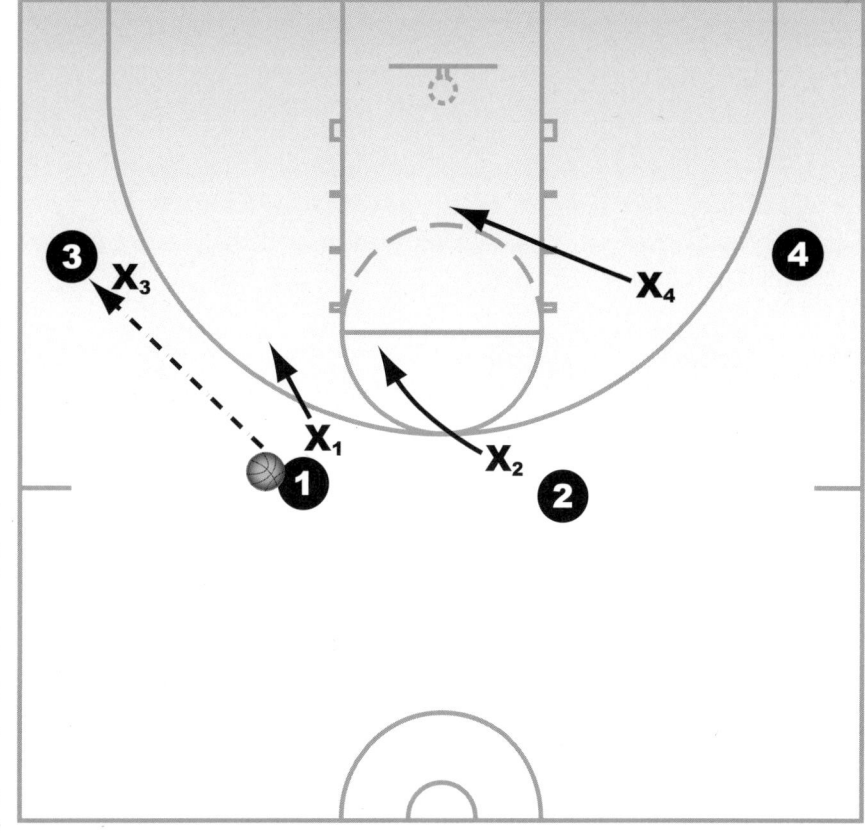

Smith 2.0

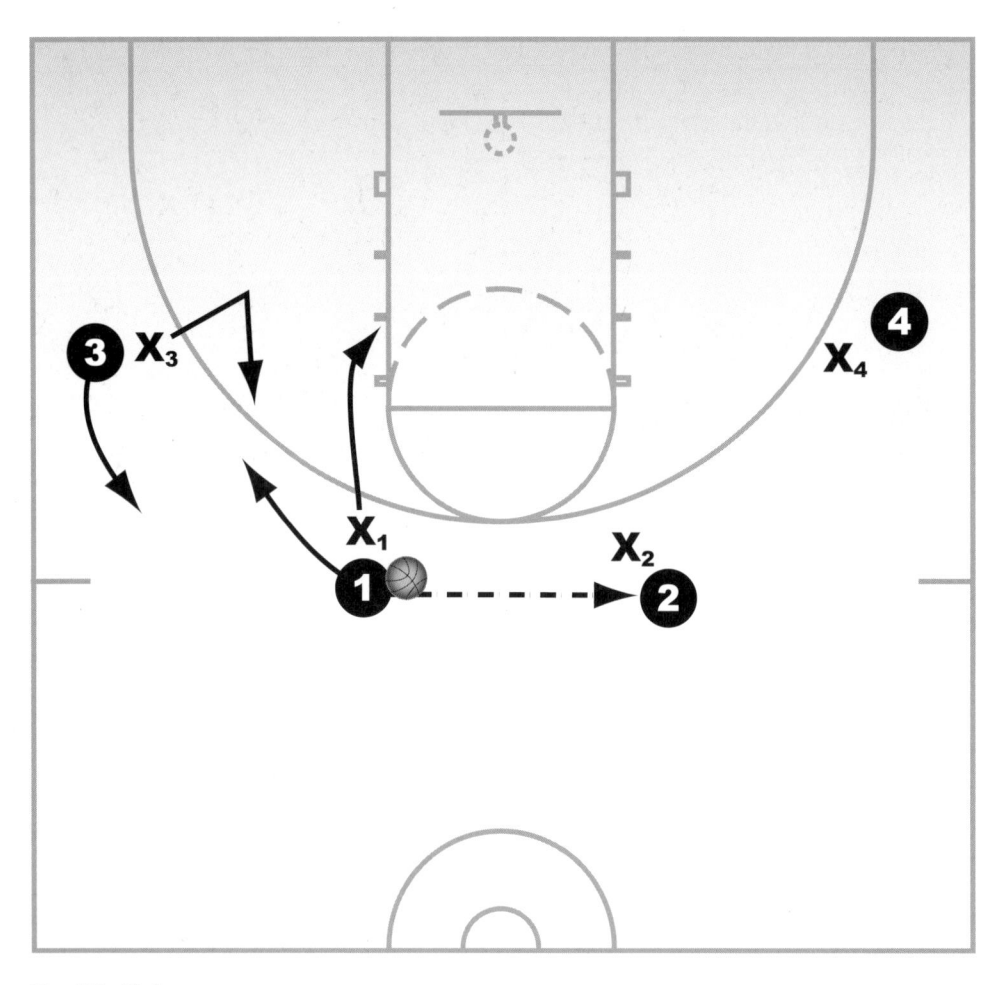

LESSONS FROM THIS LEGEND...

Smith 2.1

TRANSITION DRILL
トランジッションドリル

スウィングドリルのあと、私たちはトランジッションドリルを行う（**図2.1参照**）。このドリルの目的は、トランジッションを教えることだ。これはアジャストの仕方と動きを教えるので、トランジッションドリルと呼ばれている。このドリルで、❶は❷にパスし、❸と位置を交換する。このドリルには特別なルールがある。

ボールの方向に後退する。
X1はどっかりと構え、レーンにオープンでなければならない。
X3はボールの方向へ交代しなければならず、そして自分のマークマンのパスカットを狙いに行く。もし❸が前方に向かっていて、プレッシャーをかけているX3に対しリバースするな

ら、X1が深い位置で❸を捕まえることができる。
X2はボールマンにプレッシャーをかける。
X4は❹を重要視する。もし❹がバックドアを仕掛けてくるならば、X1はベースライン上でバックドアのカッティングを止めなければならない。

❶からX3にスクリーンがかけられた時、ディフェンスはボールの方へ向かわなければならず、そしてプレイヤーより先にボールに向かわなければならない。X3は交代して、レーンに対しオープンになっているので、X3には自分のマークマンを捕まえるために突き抜けるための隙間ができている。時折、彼はトップに上がることもある。その他のときには、彼はスライドしなければならない。

LESSONS FROM THIS LEGEND...

SUPPORT DRILL
サポートドリル

私たちの教える3つ目のシチュエーションは、サポートドリルである（図2.2参照）。このドリルでは、❶にドリブルでペネトレイトするよう教える。X2は後ろに下がることで❶を大きく動かさなければならない。オフェンス役には、ペネトレイトからパスを出すことをやらせる。これは良いオフェンステクニックである。ゆえに、このドリルにおいてもオフェンスの動きを学んでいることとなる。

もし❶がペネトレイトして、❹にパスを出すとする。そして、❹がベースラインの方向にドライブするなら、X3はペイントを横切り、通常通りのマンツーマンプレッシャーでボールを止めなければならない（図2.3参照）。ここで、X3とX4は一時的にダブルチームをする。X1はペイントエリアに下がる。こうすることで、シュートを打たれた場合、リバウンドポジションを確保していることになるし、ゴール下のウィークサイドパスを

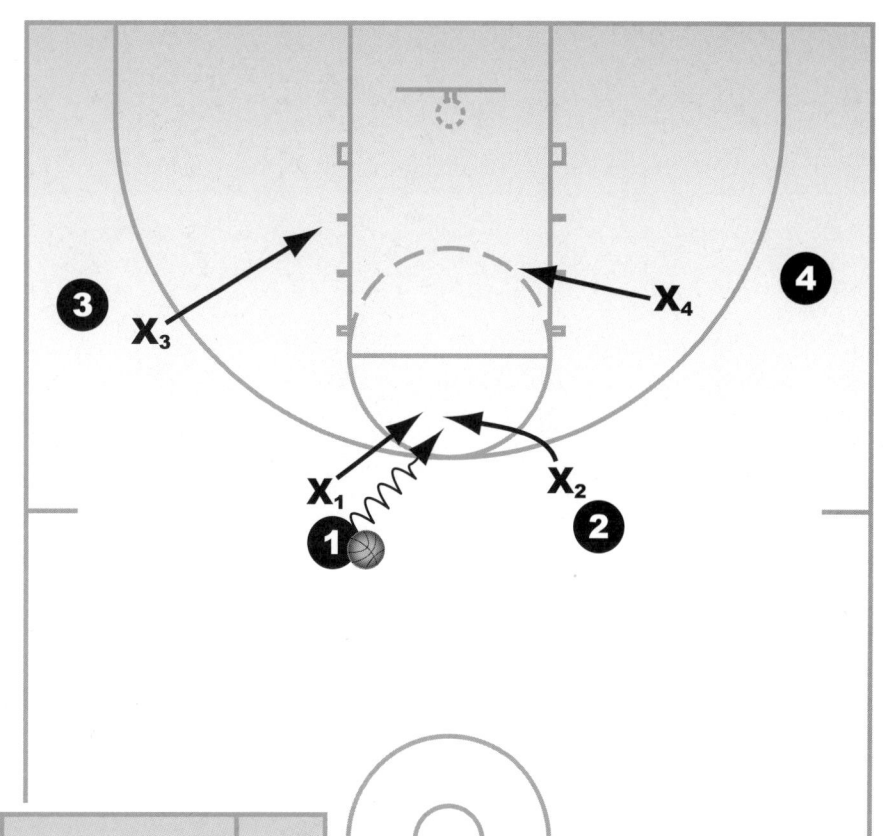

Smith 2.2

カットすることもできるからだ。ドリルのシチュエーションでは、❹は❶をファールレーンの角で見つけるが、ゲームではそうはならない。このドリルはプレイヤーのローテーション、オフサイドのカバーリング、そしてボールを止めに行く時のヘルプと、ノーマークのプレイヤーをピックアップすることを教えてくれる。

GUARD-FORWARD ACTION
ガード・フォワードアクション

このドリルにはもっと動きがある。❶から❸へのパスがこのシチュエーションを形作る（図2.4参照）。このドリルは、X1にボールの方向に向かって下がることと、パッサーがカットインしてもう一度ボールをもらうのを防ぐことを教える。X1がクリアーアウトすると（ie パスが投げられた後ペイント内に下がると）、X1はペイント内でオープンになり、自分のエリアで何が起こるか注意する。もし❶がこちらに向かってくるなら、

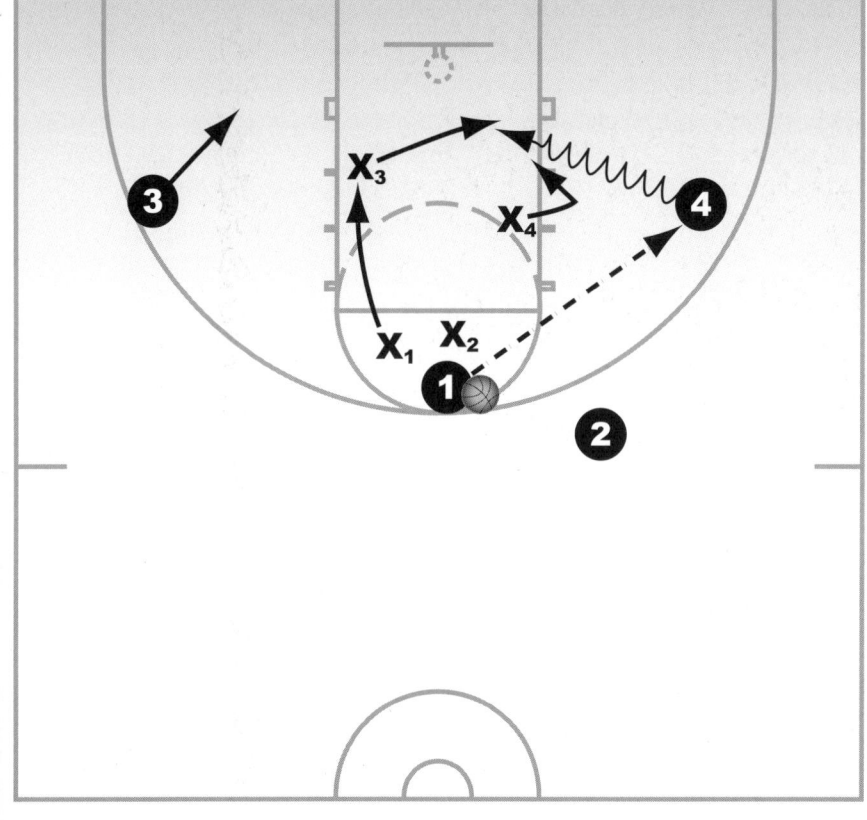

Smith 2.3

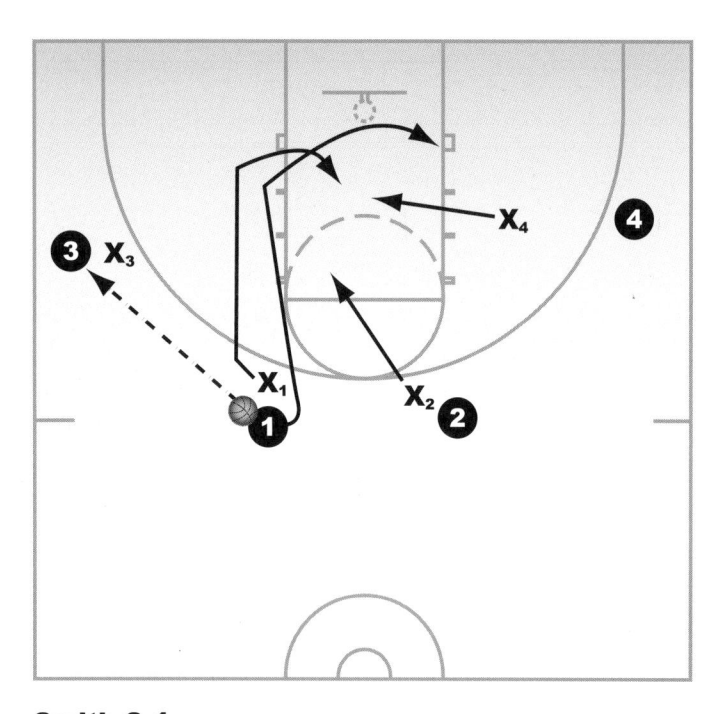

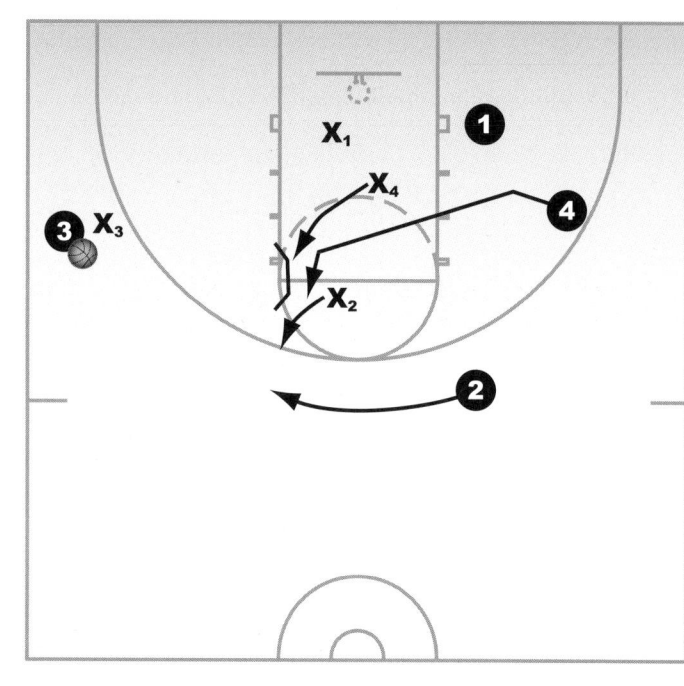

LESSONS FROM THIS LEGEND...

Smith 2.4

Smith 2.5

X1は少し高めに上がって❶をマークする。もし自分たちがディフェンスしているプレイヤーがクリアーアウトして、もしボールから遠ざかったり、ボールと逆サイドにカットしていったのなら、そのオフェンスのことはもう忘れてよいと教える。このシチュエーションは、X1にカットインしてくるオフェンスにボールをもらわせないことと、ペイント内に入ったらいつでもヘルプに行けるように準備しておかなければならないことを理解させるためのものだ。

X3は❸がパスを受け取ったらすぐにプレッシャーをかけなければならない。X2はボールの方向にペイントエリアまで下がって、ボールを高い位置でとめる。X4はペイント内に下がる。X4はオフサイドのプレイヤーであるため、とても重要である。

殆どの場合、オフェンスはボールを受け取るためにファールラインに向かってオフサイドにフラッシュしてくる。このドリルにおける2つ目の動きは、X4に❹がフラッシュしてきた時にどうやって止めるかを教えるためのものである（**図2.5参照**）。この動きにおいて、X4はボールに対しスペースを空けなければならない。X4はカットしてくるオフェンスをある地点に向かわせることでその人をチェックしなければならない。背を向けて、❹にぶつかりにいくのだ。X4は無理矢理にでも❹をボールから遠ざけるか、高い位置に追いやるかしなければならない。私たちは以前クローズ・スタンスをやって相手をチェックしに行っていた。もしかしたらそのやり方に戻るかもしれない。個人的にはどちらを使ってもよいと思う。

Closing Comments
終わりの一言

この4対4のドリルは私たちにとって素晴らしいものであった。教え始めて最初のほうは、すべてのシチュエーションは取り決められていた。しかしディフェンスがルールを理解した後は、このうちのどれでも好きなようにやらせた。競争的なドリルでは、私たちはプレイヤーをほめた。もちろん、私たちは、インサイドプレイヤーがいることを知っているし、ポストマンにどうやってプレーさせたいか選手に教えていた。選手には、ポストの前に立つよう言った。ほとんどのコーチはそうすることを好まない。なぜなら、シュートを打たれた時に、リバウンド獲得に不利な立場にいることになるからだ。全てのシチュエーションにおける私たちの考え方は、とてつもないプレッシャーをボールにかけて、オフェンスがもらいたい位置でボールをもらわせないようにすることだ。時折、ディフェンスの基礎を全て教えられないこともあるが、自分が何を一番重要だと思うかを決断し、そしてそれをプレイヤーにあなたが望む通りにプレーするよう教えなければならない。

SOURCE
出典

- ディーン・スミス（1974年6月）。ザ・ノース・カロライナ4 on 4 コンビネーション・ドリル。ザ・バスケットボール・バレティン。

LEGACY OF
Pat Head Summitt

- 2005年の3月22日に、ディヴィジョンIで最も勝ち星を挙げているコーチとなった。

- ネイスミス殿堂で世紀の名コーチに選出された。

- 女子の指導者として勝ち星を800という大台に乗せた初のコーチである。

- テネシー大学を率いて、6度の全米チャンピオンを獲得した。

- 女子アメリカチームを指導して、1984年のオリンピックで初の金メダル獲得を果たした。

- ディフェンスこそがチームを勝利に導き、リバウンドこそがチームを優勝に導くというルールに基づいたチーム作りをした。

- バスケットボールの試合を通じて、人生を生き抜く力を教えた。

LESSONS FROM THIS LEGEND...

TENNESSEE LADY VOLS MAN DEFENSE PHILOSOPHY

By Pat Summitt

著者注釈
以下はパット・サミットが未発表の自著「ザ・レディー・ボルズ・バスケットボール・ノートブック」で記した、マンツーマン・ディフェンスの鍵となるポイントである。

□ **DEFENSIVE PHILOSOPHY:**
ディフェンスの基本理念：

簡単にパスさせない。簡単に打たせない。セカンドチャンスを与えない。

・ピックアップ（マッチアップする相手を探す）時のポイント
 1．ドリブラーは早めにピックアップ。
 2．苦手なほうの腕でドリブルさせる。
 3．コート中央でボールを持たせない（ボールサイドを作る）

・ボールに対するディフェンス
 いいスタンスが大前提
 1．やや足を前後させて構える。
 2．腕の長さ分の間合いを取る。
 3．頭の位置は肩よりも低く。
常にボールにプレッシャーをかける（すべてのパスに指を触れるつもりで）。
ドリブラーをコートの端に追い込む（ペイントゾーンに真っ直ぐドライブされるのは厳禁）。
 1．一歩目はプルステップ、2歩目はカットオフステップ。
 2．1～2秒間なら前腕部を使って押すことも可能。
すべてのシュートに邪魔を入れる。すべてのシュートはディフェンダーの指の上から打たせる。
 1．シュートが打たれたら「ショット！」とコールする。
 2．5人すべてがボックスアウトし、こぼれ球を追う。
ボールを止める（ボールのあらゆる移動を阻止する）。

・ウイングディフェンス（コート左右におけるディフェンス）
ワンパス区域（1本のパスでつながるエリア）
 1．ワンパス区域に対するパスはディナイ。
 2．プレーしやすいエリアから追い出す。
 3．様々なカットを防ぐ
  a．バックドア
  可能な限りディナイで頑張り、前に出て背後に密着するか、もしくは向きを変えて下がる。
ツーパス区域（到達するにはパス2本が必要なエリア）
 1．パスの動きに合わせて早めにヘルプラインまで駆け寄る。
 2．動きやすいスタンスで構え、ディフェンスの照準を合わせておく。
 3．ボールマンに対するディフェンス（必要以上のことは狙わない）。
 4．各種のカット防ぐ（目の前をカットされないように）。
  a．ギブ・アンド・ゴー
  ボールサイドに飛び出し、カッターを後ろに走らせる。必要ならば前腕で押す。
  b．ボールへのカット
  ヘルプサイドからのカッターに対しては前腕で押し出し、ゴールから遠い位置に追いやるか、ディフェンスの後ろを走らせる。

・ポストのディフェンス
ワンパス区域
 1．ワンパス区域に対するパスはディナイ。
 2．プレーしやすいエリアから追い出す。
 3．様々なカットを防ぐ。
  a．ハイポストカット
  ヘルプサイドからのカッターに対しては前腕で押し出し、ゴールから遠い位置に追いやるか、ディフェンスの後ろを走らせる。
ローブロック
 1．ハイショルダー・ディナイ。
 ボールがフリースローラインより遠い時は、パスコースに対して腕とかかとを上げて対処する。
 2．前方でのディフェンス。
 パスがフリースローラインを越えた時はフェイスガード。
 3．背後からのディフェンス。
 前腕を使ったディフェンス。ボールを受け取る時にペイントゾーンから押し出す。
 4．ポストに対するダブルチーム。

・ヘルプディフェンス
 1．パスの動きに合わせて早めにヘルプラインまで駆け寄る。
 2．動きやすいスタンスで構え、ディフェンスの照準を合わせておく
 3．ボールマンに対するディフェンス（必要以上のことは狙わない）
パスコースではアクティブに動き、定位置へのリカバーも活発に
どこかで抜かれたら、すぐにヘルプとローテーションを行う。ヘルプに対するヘルプは常に行う。

□ **SITUATIONS WE MUST PREPARE TO DEFEND:**

LESSONS FROM THIS LEGEND...

想定しておくべき守備シチュエーション
- ギブ・アンド・ゴー　目の前を横切らせない。ボールに向かってジャンプする。
- ボールに対するスクリーン
- ボールのない場所でのスクリーン　バックスクリーン、ダウンスクリーン、クロススクリーン、フレアスクリーン
- 手を使わないディフェンス　ヘルプとリカバー、スイッチとスライド
- 手を使わないディフェンス（ボールスクリーンに対して）
- フラッシュ（ゴールを背にして飛び出す動き）
- スプリット・ポスト・アンド・シャッフル　ハイポストからのカット
- 1-4 ロー
- コート左右でのアイソレーション
- ロブパス　リバウンドだと思って追う

☐ **TRANSITION DEFENSE:**
速攻に対するディフェンス（トランジション・ディフェンス）
- フルバックかハーフバックかを決める
- ボールマンをピックアップした選手は「ボール」と声を出す
- 常にボールにプレッシャーをかける
- 全員が早めのヘルプを心がける　ヘルプは全力で動き、ヘルプに対するヘルプも行う
- レイアップやオープンショットを極力減らす　すべてのシュートに邪魔を入れる
  2対1の状況
  　壁になるだけで、どちらかと完全にマッチアップする必要はない。ジャンプシュートはあきらめていいが、レイアップは阻止しよう。相手に余計なパスをさせるように仕向けよう。
  3対2の状況
  　縦に並んでディフェンスする。ファーストパスが後衛の守備範囲に飛んだら、前衛は後ろに下がる。
- セカンドチャンスを与えず、ボックスアウトし、ボールを追う

☐ **HALF COURT MAN DEFENSES—MAKE THEM PLAY IN A BOX:**
ハーフコートのマンツーマン・ディフェンス　～ボックスの中でプレイさせる～
- 「0」＝ワンパス区域をディナイする、ウイングにイージーパスを許さない
- 「1」＝しっかりとディナイするし、ボールをウイングに移動させて攻撃を片方に寄せる
- 「1アウト」＝ボールをウイングに出させてカットを狙う

☐ **NINE "MUSTS" FOR THE DEFENSIVE PLAYER:**
ディフェンダーの必須条件9カ条
- 基本姿勢を崩さない
  　腕は高く、腰は低く、足は速く
- 「0ディフェンス」の時はワンパス区域へのパスをディナイする
- 中央へのパス、ドライブをやりにくくする（パスは伸ばした指の上を通させるように）、相手をペイントゾーンの外でプレイさせる
- ボールに飛び突く、ヘルプに早めに動く、ボールの位置を把握しつつマークマンの正面に立つ（2つの視野を持つ）
- ヘルプは全力で移動する、ヘルプが動いた穴をヘルプする、ヘルプとローテーションを繰り返す
- チームメイトと意思疎通する
- すべてのシュートに邪魔を入れる（コンテストショット）
- ボックスアウトする
- ミスショットが生まれたらボールを追う

☐ **BE A SMART DEFENDER:**
頭脳派ディフェンダーになるために
- ボールをオーバーランしない
  　チームメイトを5対4の状況に追い込んではいけない
- スクリーンに引っ掛からない
- なるべくファウルしない
  　ヘルプディフェンスでファウルをしない
  　ファウルアウトは厳禁
- いい位置取りをする
  　ボールの有無に関わらず重要
  　ボールとマークマンの両方を見て2つの照準を合わせておく
- チームメイトとよく喋って連携を取る
- 次に何が起こるかを予測する
- 絶対に守るという気持ちを持つ
- 相手の攻撃を終わらせる
  　ボックスアウトとボールを追うこと

☐ **DEFENSIVE STATISTICS:**
ディフェンスで狙う6つの戦術
- スティール
- ディフレクション（パスやドリブルを弾く）
- コンテストショット（シュートを狂わせる）
- ボックスアウト
- リバウンド
- チャージング獲得

SOURCE
出典
- 2005年パット・サミット著「ザ・レディー・ボルズ・バスケットボール・ノートブック」（未発表）「ディフェンスの基本理念」の章

LEGACY OF
John Wooden

- UCLAを率いて、7連続タイトルを含む、計10回もの全米チャンピオンに輝いた。

- "成功のピラミッド"を唱え、哲学者的なコーチとして知られた。

- 独自のキャラクターを強調し、また、人生を強く生き抜く力を指導した。

- プレイヤーとしても、コーチとしてもネイスミスバスケットボール殿堂に入っている人物である。

- 1964年、1967年、1969年、1970年、1972年、そして1973年と、6回にわたって、NCAA大学リーグのコーチオブザイヤーに選出された。

- 40年間のコーチングキャリアで、885勝203敗（勝率8割1分3厘）という戦績を打ち立てた。

- UCLAを率いて88連勝を遂げたことがある。

- かつて試合で存在したことのないほど素晴らしい指導者の一人とされた。

LESSONS FROM THIS LEGEND...

THE 2-2-1 ZONE PRESS
By John Wooden

著者注釈

ウッデンの代名詞とも言える2－2－1ゾーンディフェンスは、もっと前から研究されていたが、彼がUCLAで教え始めた頃にその名を広めた。なぜなら、UCLAが1964年に最初に全米チャンピオンシップを獲得したときのキーポイントとなったからである。

ゾーンプレスを使った近年のシーズンにおける私たちが想像もしていなかったような成功は、このタイプのディフェンスに合った人材がいたからなしえたものである。私たちのチームには、本当にこのディフェンスに合った人材が揃っていた。私たちが採用したプレスは、個人の能力を最大限に発揮させるものだった。このゾーンプレスの裏にある理論は、なによりも重要なものである。

私たちは、新人は絶対にゾーンプレスをさせなかった。彼らにはマンツーマンプレスをやらせた。そうすることで、彼らはマンツーマンの考え方に熟練するからだ。私たちのゾーンプレスにおいては、実際マンツーマンディフェンスをゾーンのエリアで行っていた。だから、その2つは抱き合わせの関係で、ひとつが欠けると全てが壊れてしまうのだった。ボールに対しては、プレッシャーをかけなければならない。私たちは高めにプレーして、外側へのパスがいかないようにしていた。これがゾーンの原則である。

ディフェンスとはおかしなものである。～ against them. しかし、それでも彼らは良いディフェンスをする可能性がある。私はボールコントロールの良いチームがディフェンスができないと指摘しているのではない。私はアグレッシブなオフェンスとアグレッシブなディフェンスの両方を求めているが、ゾーンディフェンスはアグレッシブでないだけなのだ。

私が個々のディフェンスファンダメンタルについて話すとき、私は以下のメンタル面についても言及する。

欲求と決意－もしプレイヤーがよいディフェンダーになりたいという欲求を持たず、ゴールに到達する決心がないのであれば、その人が良いディフェンダーになることはない。

油断しないこと－次起こるかもしれないことに対し常に準備を怠らないこと。そしてそれに対し素早く反応すること。ボールマンが次に何をしてくるか予測すること。

冷静さ－慌てふためいたり、平静さを失ったりしないこと。

自発性とアグレッシブさ－この2つがひとつになって、プレイヤーにとって最も重要な精神的特性となる。

プライド－コート上でディフェンスを完遂することは、誇るべきことである。

集中力－バスケットボールをしているときは、それに全集中力を傾けよ。

自信－敵を支配せよ。

判断力－自分の能力と、それをどう使うか、いつ使うかを知れ。

ここで、身体的必要条件を挙げる。

機敏さ－機敏さこそがアスリートが持ちうる最も重要な要素である。プレイヤーはものすごく足が速い必要はない。機敏さがそれをカバーする。

ボディーバランス－フットワークとボディーバランスはとても重要である。

あたりの強さ、体の大きさ、そしてスピード－これら3つの特性も、重要な身体的必要条件である。

LESSONS FROM THIS LEGEND...

ボールを持つ前のオフェンスについているあなたのディフェンスは、ボールを持っていないときのオフェンスと同じくらい重要である。プレイヤーは、敵がボールを持つ前にアグレッシブに、緊迫してプレーすれば、負担が軽くなることを理解しなければならない。多くのプレイヤーが簡単に相手にボールを持たせてしまう。それからディフェンスを始めるのだ。相手とどのくらいの距離をとるべきかという観点から考えてみてほしい。あなたは、常にボールマンの動きを予想しなくてはいけない。

以下のことは、私たちがプレイヤー、特に後ろを守る人間と、ウィークサイドのディフェンダーに常々教えようとしていることである。これらは少しだけディフェンスにおいて休む方法を教えてくれる。もし彼らがステップで優位に立てば、結果は違ってくるかもしれない。彼らはある個人から何を期待すべきかを予測し、知っていなければならない。相手にサイドライン上でロングパスを出させるようなディフェンスをすればよい。

私たちがゾーンの位置につくとき、パスを争うか、争わないかのどちらかをやってみる。もし争うならば、インバウンダーを封じ込めるようにする。1人をインバウンダーにして、その後ろに2－2や3－1や2－1－1のゾーンをしく。これに対応するようにする。図1.0 が私たちがやりたいことを示している。私たちはこのように並ぶことで、相手が特定の場所にしかパスできないようにする。高さはバスケットにとって重要であるが、最も重要な要素ではない。しかし腕のリーチと能力でボールを獲得するのだ。機敏さとジャンプ力も大切になってくる。私は6.3フィートの選手が6.8フィートの選手よりボール獲得能力があるから、6.3フィートの選手を起用する。ほとんどのコーチが海外にビッグマンを獲得しに行くと言うときの十分な反論になりうると思う。しかし、私はビル・ウォルトンはこれから除外する。彼は本当に素晴らしいプレイヤーだからだ。しかしながら、ウォルトンのような選手をそうそう獲得できるものではない。もしウォルトンがいなかったら、チームは全くの別物となっていただろう。

ゾーンプレスをやるにあたり心に留めておきたい付加的なこと

このディフェンスはギャンブルの要素を持つ―継続的な努力が必要であり、無限の忍耐が成功のためには要求される。
その価値は士気をなくすような敵と、彼らを慌てふためかせることから生まれる。
ゲームを加速することができる―彼らに通常のゲームをやらせない。
相手に不調和と不統一を生じさせることができる。
ボール獲得に躍起になるな―ポジションをきっちり守って、相手が"焦った"時に起こるエラーを引き出せ。ファールを少なくすれば、正しい考え方を打ち立てることができる。私はプレイヤーに足より先に手を出してほしくない。私はチーム的、身体的、精神的、感情的なバランス、そしてフロアーバランスを大切にしたい。
山なりパスか、バウンドパスでしか前にパスを出されてはいけない。後ろに向かうパスなら問題はないが、切れのいい前に向かうパスは大きな問題となる。
守るべきところにパスが飛んでしまったら、急いで戻ってゴールを守ること。最も得点に近いプレイヤーをピックアップすること。ストロングサイドのプレイヤーは戻りながら2倍の動作をしなければならない。ウィークサイドのプレイヤーはインターセプトを狙っていること。
全てのプレイヤーはファンダメンタルに長けていなければならない。私は新人にはマンツーマンプレスしかやらせないが、ゾーンの考え方を使用する。
自分の守っているところに敵がいなければ、今やられているところにヘルプにいくこと。
もしあなたが守っているところにボールマンがいるのであれば、マンツーマンの要領でディフェンスすること。もしくはフローティングマンツーの要領でも良い。そのどちらを使うかは、ボールマン以外の敵がボールとどの程度の距離があるかによる。
結果は一瞬で噴出するから、瞬間的なプレッシャーをエラーを通じて出たボール獲得のあとにかけよ。そうすると、もっとエラーを犯してくれる。1964年のチームでは、10点から20点差をつけて勝っていた30ゲームのうち、最低でも1回"スパート"を2分間ほどかけた。スパートは後半の中盤にならないと出ないこともある。しかし、大体それはゲームが終わるまでに必ず1回はやってくるものだ。
プレイヤーは、自己犠牲の価値と、必要性に気づかなければならない。そして、最高のコンディションになるために、そしてそれを保つために、自己犠牲をしたいと思わなければならない。プレイヤーは点を取るだけの自己中心的なプレーをしてはいけない。私はパスがうまかったり、パスを回すことができる選手が好きだ。ウォルト・ハザードはそういうプレイヤーだった。その他の選手は彼にパスを出したがった。なぜなら、彼らはウォルトがリターンを返してくれると知っていたからだ。
5番ポジションの優れた選手は必要不可欠な要素である。その人は機敏で、用心深く、勇敢で、非自己中心的で、ボールマンが次に何をするか読み取れて、アウトナンバーのディフェンスに長けていて、リバウンドがうまく、素早くパスアウトができて、アグレッシブで、素早い判断ができ、いつも挑戦を好む選手でなければならない。

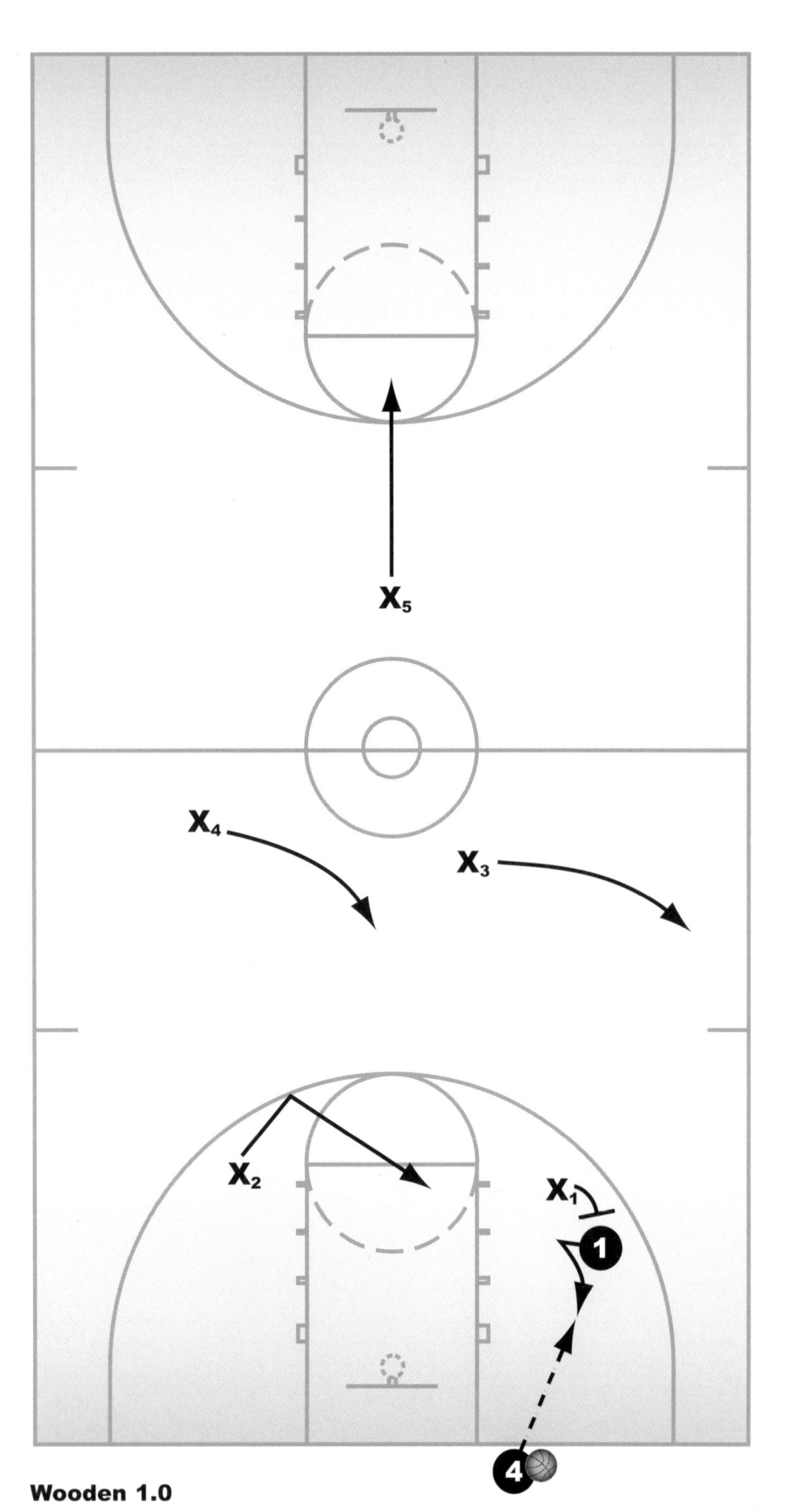

LESSONS FROM THIS LEGEND...

ASSIGNMENTS FOR PRESS
プレスの課題

X1 は示されたエリアにパスが出るように相手に仕向けなければならない。彼はレシーバーに迫り、サイドラインに向かってドライブさせないようにしなければならない。もし❶がドリブルを始めたら、彼を止めるよう努め、X2 がダブルチームを仕掛けられるような方向に行かせるよう努めなければならない。もし❶がドリブルしてこないようなら、X1 は❶が山なりパスかバウンドパスを仲間が位置に着く前に投げてしまうようにプレッシャーをかけなければならない。X2 は自分のほうにパスが来るのを防ぎ、リターンパスを受けるためにインバウンダーがコートの真ん中に来るのを防ぐ必要がある。X2 は相手がドリブルを始めたときのために、X1 とのダブルチームにすぐにいけるように準備していなければならない。

X3 はセンターラインからファールラインにかけてを守る。敵がこの方向にドライブしてきたら、X1 を助けなければならない。最初のパッサーと、短いパスを受け取った両方の敵のディフェンスにいけるようにする必要がある。このエリアに向かう山なりのパス全部のインターセプトを狙っていなければならない。

X4 はフロアの中心部の彼の左手側全てのエリアを守る。センターラインからファールラインまでを守る。X2 が動いたら、もっと奥まで守らなくてはいけない。ボールが X1 のエリアに渡ったらすぐに、この役目は重要度を増す。

X5 は直ちにセンターサークルに戻り、そこから味方に指示を出さなければならない。バックコートに戻った全てのオフェンスを守る役目を持ち、ファールラインより先に投げられた全てのパスのインターセプトを常に狙っていなければいけない。自分より向こう側に投げられるパスを常に狙うのだ。

重要な点：
エンドラインの真ん中に位置するゴールは、スローインが逆サイドに展開されることを抑

Wooden 1.0

LESSONS FROM THIS LEGEND...

止する。それでも逆サイドにスローインされたならば、ディフェンスは左右の役割を交代する。

オフェンスからディフェンスに素早く切り替わる能力は、しばしば敵のエラーを生じさせる。私たちは敵を間違った方向に仕向けたり、敵の指揮を下げることができる。

プレイヤーは相手をひっつかまないように教えられるが、いいパスが出されるのを防ぎ、敵に山なりパスやバウンドを出させるだけのプレッシャーをかけるように教えられる。私たちは敵にドリブルをつかせないようにする。もし敵がドリブルしてきたら、ダブルチームの状況に敵を追いやらなければならない。

ボールがゴールに向かって投げられたら、すぐに走って戻らなければいけない。そしてゴールを守れる基準にまでチームを持っていくことが重要だ。

プレイヤーは敵を後ろから追いかけて、もっと先にいるチームメイトに向かって、ボールをはたくことを練習しなければならない。ノーコンタクトを重視し、自分がボールを取るのではないということを理解しなければならない。

もし相手が機敏さやクレバーなパスでプレスに対応してくるなら、我々はゾーンプレスをやめて、マンツーマンプレスに切り替えなければならない。もしくは、1-3-1、2-1-2、もしくは2-1-1 ゾーンをして、同じ考え方に沿って動かなければならない。

パスを後ろに飛ばされても恐れてはいけない。私たちはそれを狙っている。前に向かう短くキレのいいパスをだされないようにすること。山なりのロングパスを出させるようにせよ。そしてそれを追えばいい。

最初に戻る人間が一番ゴールに近い人間を守らなければならない。プレスの最後のほうにいる、アウトサイドシューターを恐れてはいけない。しかし、イージーショットを打たせてはいけない。すぐ戻ってゴールを守り、そして敵に挑め。

SOURCE
出典

・ジョン・ウッデン（1975年）。ザ・2－2－1 ゾーン・プレス。メダリスト・フラッシュバック・ノートブック。

LEGACY OF
Phil Woolpert

- 人とのつながりを重んじ、人権を問うリーダー的存在であった。

- 人助けを重んじる、人情に厚く、気づかいのあるコーチであった。

- 彼の同僚からは"ソクラテス"と呼ばれるほど、非常に高い知識をもったコーチであった。なぜならば彼は、倫理感と奉仕の心に基づいた深い哲学的な信念を広めたからである。

- 職業としてのコーチの待遇を保護する仕事に専念した。

- NCAA Ⅰのチャンピオンシップを、最も若い40歳で勝ちとったことのあるたった6人しかいないコーチの中の1人である。

- 後にホールの由来となったビル・ラッセルというシュートブロックが抜群に上手な選手とともに、プレッシャー・ディフェンスを支持した。

- 若いコーチを指導することを強く心がけていた。

LESSONS FROM THIS LEGEND...

SAN FRANCISCO'S THREE-QUARTER COURT PRESS

By Phil Woolpert

ここ数年、サンフランシスコ大（USF）によって非常に上手く使用されているスリークォーター・コート・プレス（4分の3のコートでのプレスディフェンス）は特に新しいディフェンスというわけではない。多くのコーチたちが同じディフェンス、もしくは多少アレンジを加えたものを何年も使用してきている。フォグ・アレン博士はこのディフェンスやその他のプレッシャー・ディフェンスの創始者の1人であるだろう。そしてここ数年、カリフォルニア大のピート・ニューウェルやウィチタ大のラルフ・ミラー、そしてその他のコーチたちがスリークォーター・プレスを活用し、かなりの成果をあげている。

USFでは、2人もしくはそれ以上の素早く、俊敏で、注意深く、頭脳的なガードに恵まれた年ならばいつでも、このディフェンスをより頻繁に使用する。過去2年間、K.C.ジョーンズとハル・ペリー、そして2年生のジーン・ブラウンがこの条件を非常によく満たしていた。これらの選手たちは皆、私が今まで見てきた誰よりも早くミスを取り戻すことができた。

4人目のガードであるウォーレン・バクスターは上の3人のうち誰とでも交代し、素晴らしい仕事をした。この層の厚さが重要である、なぜならばプレス・ディフェンスは体力を消耗するので、スタミナに非常に優れている必要があるからだ。

一般的に**図 1.0**で示すエリアで私たちはスリークォーター・プレスを開始する。ガード **X₁** と **X₂** はセンターラインから10～15フィート（3～4.6 m）の位置に立ち、ここからプレッシャーをかける。

スリークォーター・コート・プレスには2つの方法がある。1つ目の方法では、ディフェンスはミドルライン直前でダブルチームをしかけられるように、オフェンスをミドルライン方向へ追い込む。2つ目の方法は逆にドリブラーをコートの外側へと追い込むようにする。

私たちは両方のシステムを使用するが、試合中いつでもドリブラーをミドル又はアウトサイドへ追い込めるわけではないので、そういった場合選択肢は限られてくる。能力のあるドリブラーを特定の方向へ追い込むことは難しい。ディフェンダーがアウトサイドへ追い込もうとした瞬間、あざ笑うかのように内側、ミドルライン方向へ行かれてしまうこと

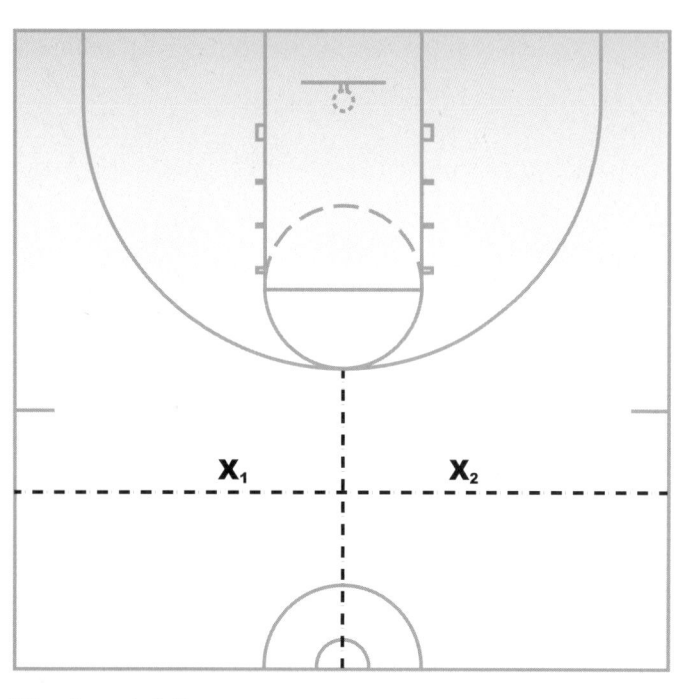

Woolpert 1.0

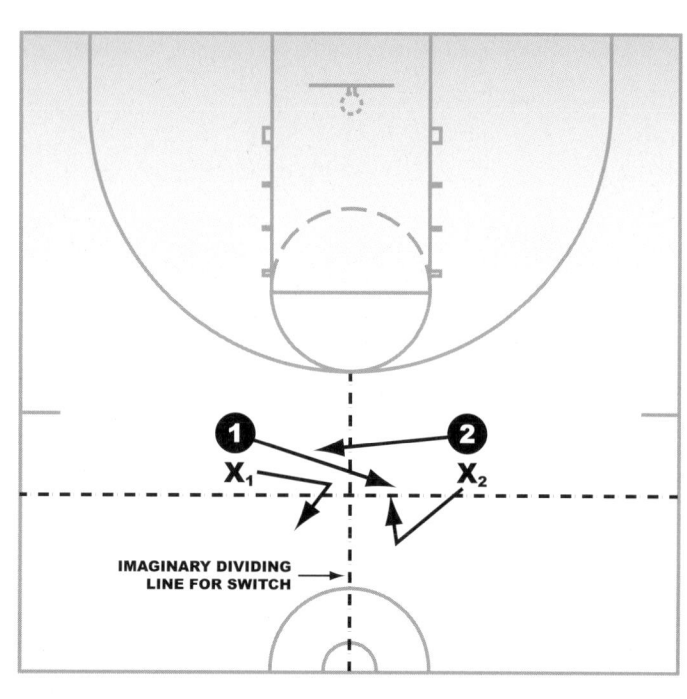

Woolpert 1.1

IMAGINARY DIVIDING LINE FOR SWITCH

LESSONS FROM THIS LEGEND...

もある。ディフェンスの狙いはドリブラーをどちらか一方の方向へ行かせることであり、そのどちらを狙っているのかを常に意識することが重要である。

フルコートプレスをする際、私たちのディフェンスシステムではボールの横の動きに対しては常に自動的にスイッチディフェンスをする。フロントラインに位置するディフェンダーはコートの半分を守り、オフェンスが仮想のミドルラインを超えるたびにスイッチを行う（図1.1参照）。

もしガードがドリブラーをミドルライン側へ追い込んだなら、ドリブラーがミドルラインを超える直前又は直後にダブルチームを仕掛ける。図1.2では、ドリブラーがどのようにミドルライン直前でダブルチームされるかを示している。

X_1 が❶をミドルラインン方向へ追い込み、X_2 はそこへダブルチームに行く。この時❷に対するディフェンスの責任は、ボールマンから離れたウィークサイドの位置にいるフォワード X_5 へ移る。

その他のディフェンダー、フォワード X_3 とセンター X_4 は通常マークマンに対しタイトにマンツーマンディフェンスをする。しかし X_5 が❷のディフェンスへスイッチした場合、X_3 と X_4 は図で示されているようにバックコートでゾーンディフェンスの形を取る。

ドリブラーに対しダブルチームを仕掛ける目的は、ドリブラーがオープンになっているチームメイト（❷、❸、❹、あるいは❺も含む）、を視覚にとらえパスを通すことを難しくすることである。私たちはドリブラーにパスの選択肢を与える前に、困難な状況に追い込むようにディフェンスをする。

ドリブラーをダブルチームする際の一番の目標はボールを奪うことである。もしボールを奪うことが出来なかった場合、ドリブルを止めさせることが次の目標になる。これが成功したなら、そのあとはドリブラーがパスをすることが出来ない状況へ、又はパスを出した

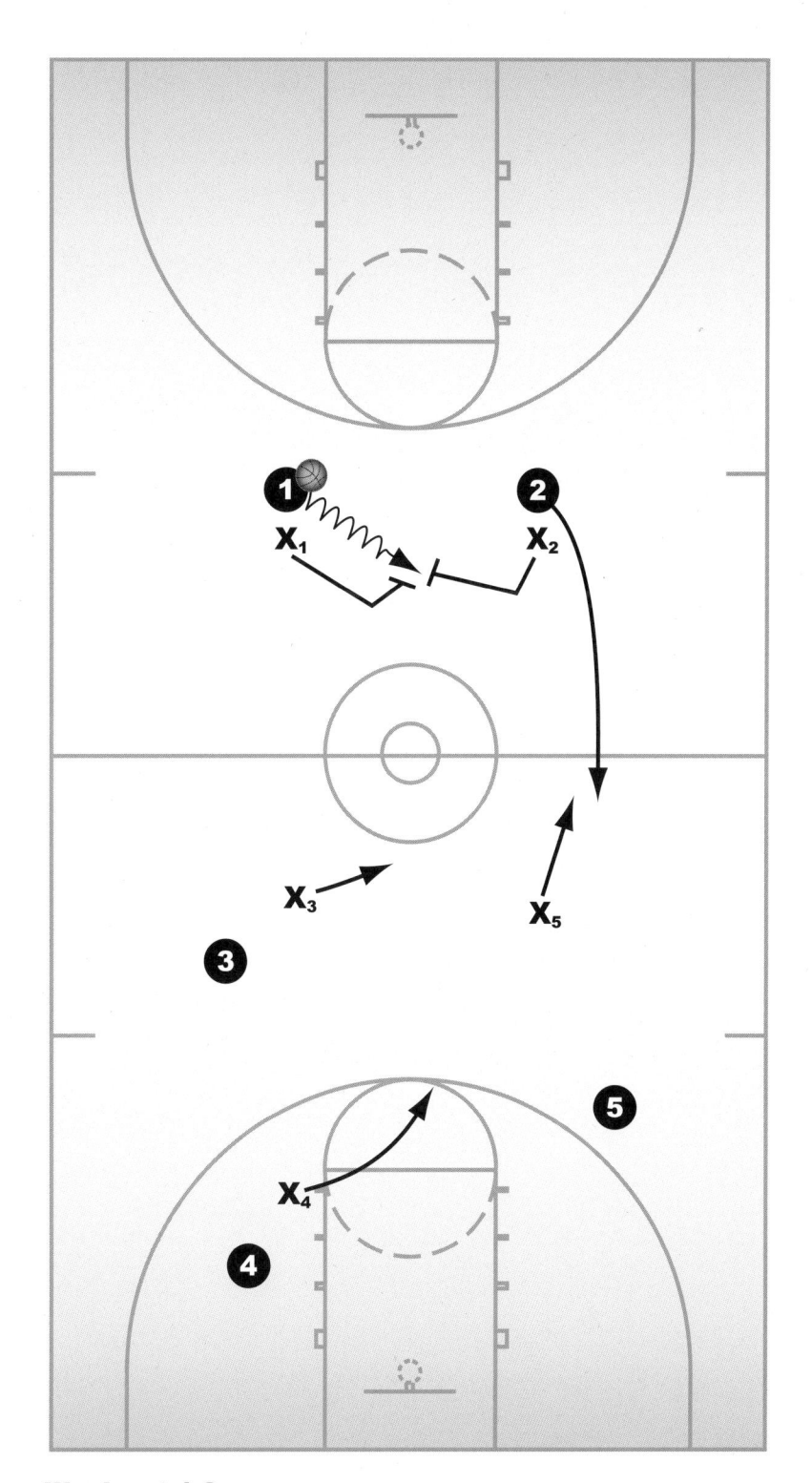

Woolpert 1.2

としてもそれがミスへ繋がるようにディフェンスする。

ディフェンダーはそれぞれ、6割の確率で成功するのであればどんなボールに対してもインターセプトを狙うように指示されている。

151

LESSONS FROM THIS LEGEND...

このディフェンスシステムでの最初のインターセプトチャンスは❷へのパスである。ドリブラーはもっとも近い位置にいる❷へのパスを最初に考えることから、そのパスを防ぐことを第一の目標としてディフェンスする。もし私たちのディフェンスがこの❷への最初のパスを防ぐことが出来れば、重圧がかかった状況でドリブラーはその他のオフェンスへパスしなければならず、それがパスミスに繋がる可能性は高くなる。

このディフェンスシステムの一番の弱点は、プレイヤーのファールが多くなることである。彼等は時に熱くなりすぎ、相手を掴み、抱え、引っ掻く。そしてレフリーは容赦なくファールをコールし、このディフェンスの有効性は失われてしまう。ダブルチームがドリブラーを後ろ向きにターンさせることが出来れば、このディフェンスはいい状態である。

次はガードがドリブラーをミドルライン方向ではなく、アウトサイド方向へ追い込んだ場合について考えてみよう（図1.3参照）。X_1がドリブラーのドリブルを止めた瞬間に、それまで❷のディフェンスをしていたX_2はドリブラーに対してダブルチームへ行く、この時出来るならばドリブラーがセンターラインを越えた直後にダブルチームを仕掛けられると良い。状況によっては、❷は❶に対してコートの離れた場所にいることがある。この場合X_2がドリブラーに対してX_1と共にダブルチームを仕掛けるには遠すぎるので、X_2はそのまま留まり❷をディフェンスする。

図1.3 で示されているようにX_2がダブルチームへ行った場合、ウィークサイドにいるフォワードX_4は❷のディフェンスへスイッチしドリブラーの最初の選択肢である❷へのパスを防ぐ。

もちろん、ここで把握しなければならない事実として、ドリブラーに対するガードのディフェンスがタイトになりすぎ、又は先へ先へと追い込もうとした場合、ドリブラーがミドルライン方向へ素早くターンし内側を抜かれてしまう可能性が高い。しかしガードが状況をしっかり把握し、ドリブラーに内側へター

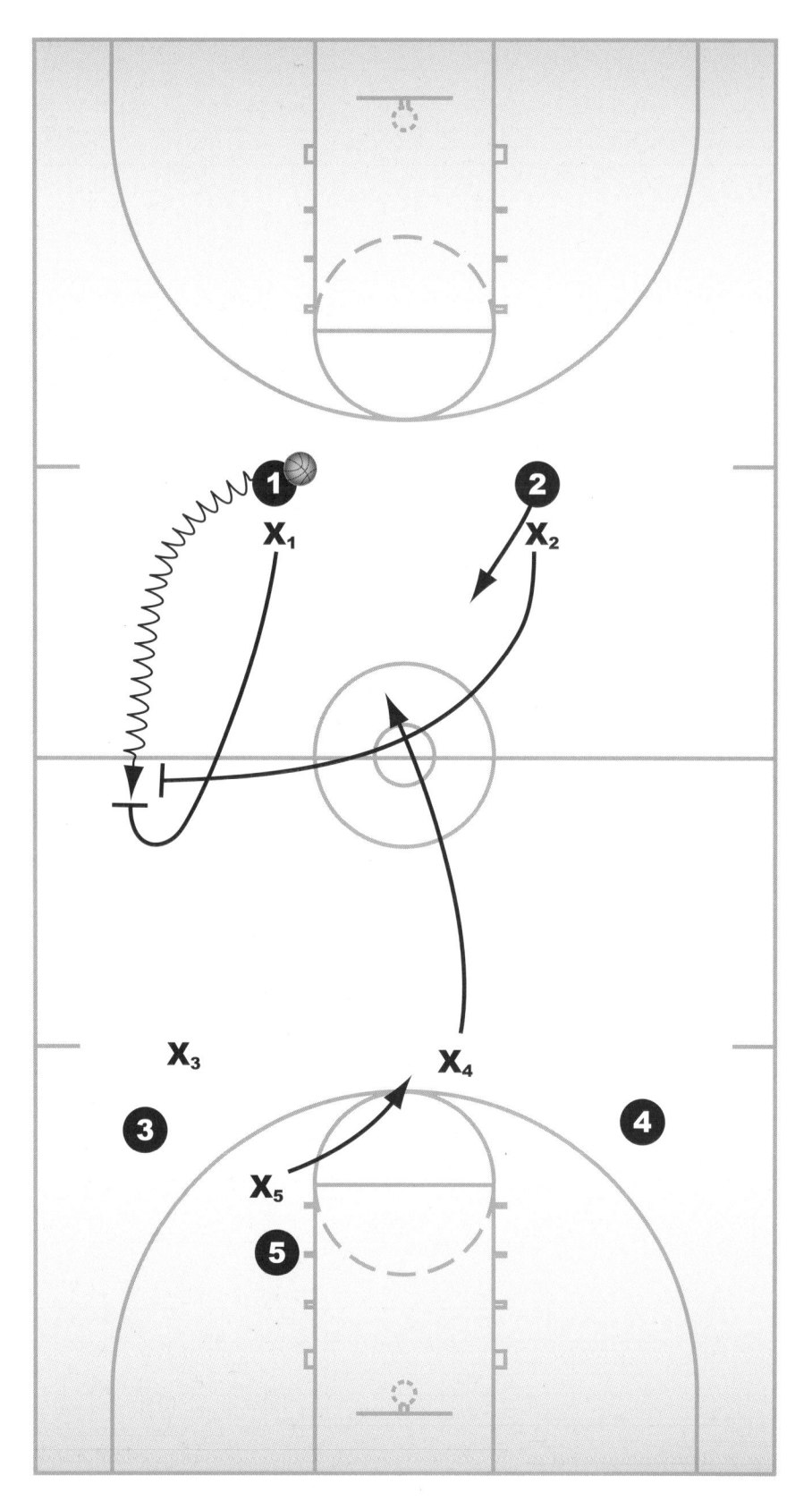

Woolpert 1.3

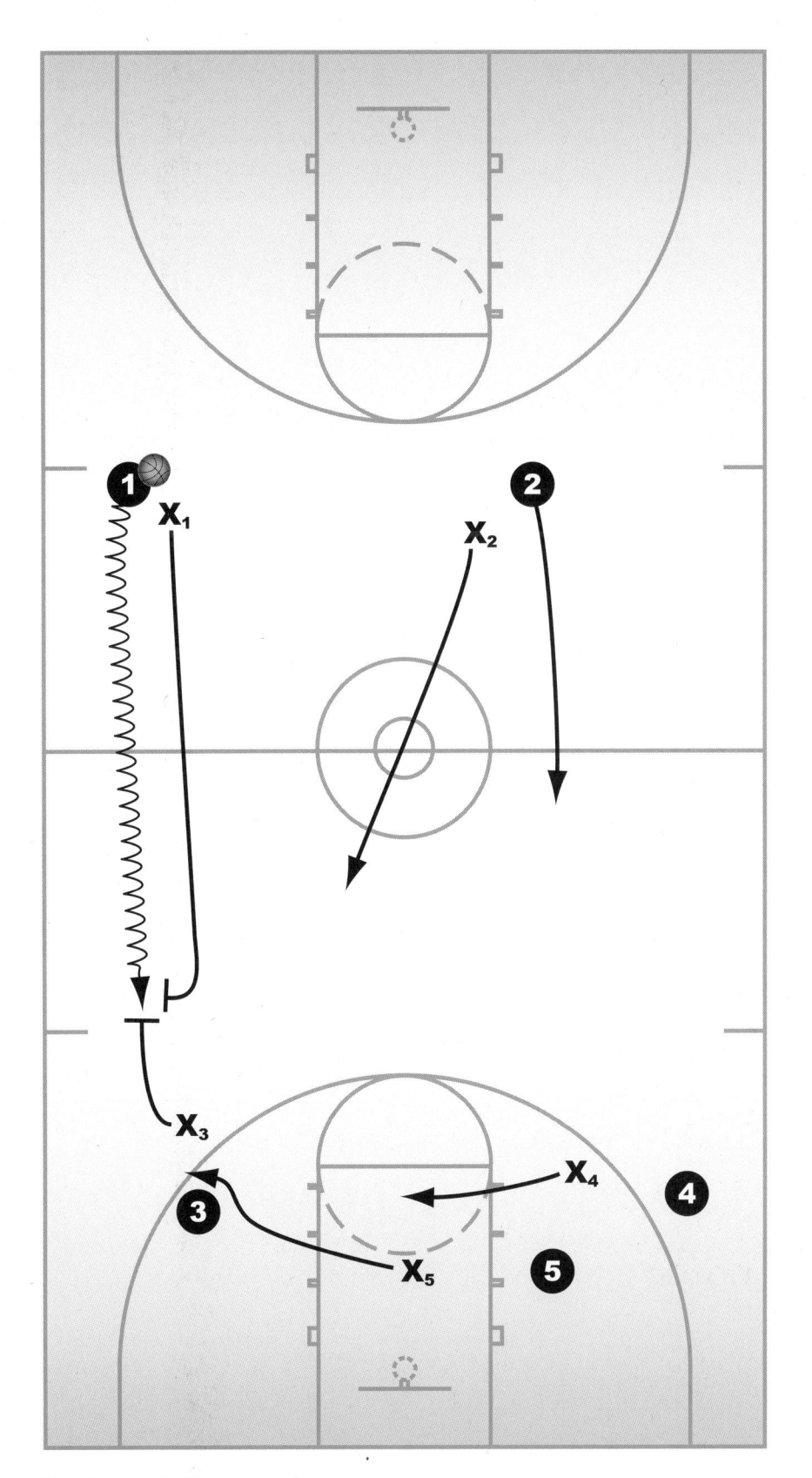

LESSONS FROM THIS LEGEND...

ンされないように半歩先を行くポジションを保つことが出来るなら、彼がドリブラーのドリブルを止める可能性は非常に高い。

ストロングサイドに位置するフォワード **X3** は、**X2** がダブルチームへ行けなかった場合に備え、常にドリブラーに対してダブルチームへ行く準備をしていなければならない。この **X3** がダブルチームへ行く方法は **図 1.4** で紹介している。

SOURCE
出典

・フィル・ウールパート（1956年11月）。サンフランシスコの3クオーター・プレス。スカラスティック・コーチ。

Woolpert 1.4

LEGACY OF
Morgan Wootten

- 高校のコーチの中で1274勝192敗という歴代最高記録を樹立し、8割6分8厘という最も高い勝率をマークした。

- 20連勝以上を44年もの間、連続したという記録を持っている。

- DeMatha高校を率いて、神話となっている5回の高校チャンピオンに輝いた。

- 3つのD ――、ディフェンス、ディザイア（情熱）、それがDeMatha高校だ、と訴えた。

- 教育の重要性を強調し、30年という間のなかで、どの選手らもフルのスカラーシップを取得した。

- プレイヤーたちに、神、家族、学校、そしてバスケットボールという優先順位を熱心に要求した。

- 個性を強調すると同時に、協調性を求めた。

- ネイスミス殿堂で20世紀でトップの高校コーチとして選出された。

LESSONS FROM THIS LEGEND...

BLITZ DEFENSE

By Morgan Wootten and Hank Galotta

デマサ高校の過去数年の成功の1つの原因はディフェンスであると私たちは感じている。ディフェンスは、私たちを今までの大きな勝利に導く要素となってきた。その中でも大きな勝利の1つが1965年、ルー・アルシンダー擁するパワーメモリアルチームからの勝利である。ルー率いるチームはその時点で71連勝していたが、デマサ高校のディフェンスによってそれまで高い得点をあげてきたチームの得点を43点に、そして史上最高の選手であるかもしれないアルシンダーの得点もたった16点に抑え、その連勝は止めたのだ。1968年、現在はノースカロライナ大で活躍するスター選手、ビル・チェンバレン擁する強豪校ルター高校は4クォーター開始時点でデマサ高校から23点のリードを奪っていた。しかし、私たちはブリッツ・ディフェンスを仕掛け、試合が終わるころにはリードを奪っていた。ここでは、試合の流れを劇的に変えることが出来るこのブリッツ・ディフェンスを紹介していきたい。

DEFENSIVE PSYCHOLOGY
ディフェンス心理

チームとしてディフェンスシステムを構築する前に、コーチはまずチームに対してディフェンスの価値を浸透させなければならない。オフェンス能力に優れたスター選手は賞賛を受けるが、優れたディフェンスプレイヤーは評価の対象になりにくい。ここからコーチの責任が始まる。私たちは選手たちがよいディフェンスを実行するためには心理的な要素が大きく関連してくると感じている。コーチとしての本質は、試合の一部としてディフェンスを教えることに焦点を絞るだけでなく、チームとして成功するためにいかにディフェンスが重要であるかをチーム全員に気づかせることである。多くの場合重要な試合で勝つめに必要なのはディフェンスであると、コーチは常に強調しなければならない。練習中、最高のディフェンスプレーは常に賞賛を受けるべきだろう。過去数年間、私たちはディフェンスを非常に重視してきた。そのため私たちのチームは試合中、素晴しい得点をあげたプレーよりも素晴しいオフェンスチャージングに対して熱狂的に反応する。コーチは試合後のミーティングで必ず優れたディフェンスプレーを誉めるべきである。このチーム成績の重要な一部分が見落とされることがよくある。またニュースメディアに試合の結果報告をする際にも、試合で目立ったディフェンスをした選手の名前を使う。彼の名前は毎回新聞に載るわけではないが、しかしそれが載った時、次の練習でディフェンスに対するチームの勢いは増すだろう。これこそが、効果的なディフェンスを構築する上でコーチがチームに浸透させなければならない姿勢である。

コーチが選手に与えることができる最も効果的な発奮材料は、チーム内で最高のディフェンスプレイヤーは必ずスターティングメンバーの一人に選ぶというチームの方針を選手たちへ伝えることである。私たちはこの方針をシーズン最初の週の練習で発表し、シーズン中にも頻繁に繰り返す。これは無効な約束では決してない。チームで最高のディフェンスプレイヤーは常にスターターとして試合に出場し、さらに私たちのチームはこれほどディフェンスに重きを置いているので、多くの場合チームで2番目、3番目のディフェンスプレイヤーもスタメンとして名を連ねることになる。

PHILOSOPHY
哲学

ディフェンスの基礎的な土台となるのはディフェンス哲学でなければならない。つまりそのディフェンスを行うことで何を達成したいのかということだ。この哲学無しに、コーチは自チームのディフェンスの成功や失敗を評価することは出来ない。私たちは、チームにとってどんなディフェンスが一番適しているかを決めるはるか前に、何を目的にディフェンスをするのかをチームとして決定する。私たちが決めた哲学は"ボールを奪う"である。これは単純に聞こえるかもしれないが、多くの要素を含んでいる。私たちはどんな手を使ってでもボールを奪いたいと思っている。スティール、チャージング、トラベリング、パスミス、etc。唯一私たちがボールを奪いたくない方法は、相手が得点をあげることである。これらのミスはただなんとなく起こるわけではなく、私たちのトランジションディフェンスによって引き起こされると感じている。また私たちはこのブリッツ・ディフェンスこそが私たちのディフェンス哲学を達成するもっとも効果的な方法だと感じている。なぜならばこれ以上に相手のターンオーバーを頻繁に引き起こすディフェンスが見当たらないからである。

TERMINOLOGY
用語

チームとしてどんなディフェンスをするのか、しているのかを、チーム全体に伝える明確で簡単な方法を見つけることは非常に重要である。私たちは、数字を使用することが私たちのシステムには最も合うことを見つけた。私たちは、例えば#3など一桁の数字を特定のハーフコートディフェンスを表すのに使っている。そして、ディフェンスをフルコートに広げるときは#33のように数字を二つ並べる。それに加え、私たちは特定のディフェンスを表すために言葉を付け加える、例

LESSONS FROM THIS LEGEND...

えば＃33ブルー、＃22ラン、またはジャンプなどのように。

私たちは基本的なディフェンスを＃2と呼ぶ。これはハーフコートマンツーマンのフルオーバーディフェンスである。フルオーバーディフェンスではマークマンに対してディナイポジションを取り、パスを受けることを不可能にする。そうすることでオフェンスプレイヤーがパスを受けるために激しく動かなければならない状況を作ることになり、これがこのディフェンスの目的である。ディフェンスが下手な選手はこれができず、自分のマークマンに楽にボールを持たれてしまう。このディフェンスのもう1つの目的として、ロングパスをさせるということがある。マークマンに対してディナイをしてパスコースに入ることで、オフェンスにとってはふわりと浮かせたロブパスが出しやすい状況にあるように見える。しかしこのロブパスこそバスケットボールの中でもっとも危険なプレーの1つであり、私たちのチームは正しいテクニックを使用することによって高い確率でパスカットできる。もしこのオーバープレイディフェンスをフルコートに広げたい場合、私たちは＃22タフとコールする。基本的なディフェンスの原理は2の場合と同じであるが、1つ違う点はフルコートでオーバープレイを行うことである。＃22と＃22タフの違いは、＃22ではレシーバーに1つ目のパスをあえて受けさせる。そしてその後適切なプレッシャーをボールマンに対してかける。しかし＃22タフでは、1つのパスも通さないようなディフェンスを行う。

＃1はハーフコートマンツーマンディフェンスで、＃2のようにボールマンとレシーバーの間にディナイポジションをとるのではなく、レシーバーとゴールの間にポジションをとる。この＃1ディフェンスでは、オフェンスは好きなタイミングでボールを受けることが出来る。このディフェンスをフルコートで展開する場合、＃11となる。

＃1と＃2との間で、私たちは分数を使いパスに対するプレッシャーのかけ方の違いを表す。例えば＃2ハーフは完全なオーバープレイディフェンスではないが、ある程度のプレッシャーはかける。＃1スリークォーターではさらにもうすこし強くプレッシャーをかけるが、＃2で見られるような強さではない。もし＃1ハーフをフルコートに広げたい場合は、単純に＃11ハーフとコールする。

しかしここで強調しておきたいのは、デマサ高校では＃2のマンツーマンディフェンス以下のシステム、つまりプレッシャーの弱いディフェンスはほとんど使わない。しかしスカウティングをする時や、相手チームのディフェンスを仮想して練習する際に、これらの数字は非常に有効である。

＃3はゾーンプレスのシリーズで、普段は数字の後に色を足すことで異なった陣形やシステムを表している。ここまで何度も述べてきたように、フルコートでゾーンプレスを展開する場合は数字を2桁にし、＃33とコールする。

＃4はストレイトゾーンディフェンスで、＃3の時と同じように色を使い種類わけする。ここまでの4つのシリーズに加えて、私たちはこれらを混ぜ合わせることでシステムを変えることもある。例えば＃43は、ストレイトゾーンとゾーンプレスの原理を混ぜたものであり、ハーフコートのトラッピングゾーンディフェンスとなる。

DEFENSIVE STANCE
ディフェンスの姿勢

学生たちに対して、教科書に載っている内容すべてを一度に教えるのはとても不可能である。教科書全体をチャプター分けして、それを1つ1つ教えていくことが必要になってくる。これと全く同じように、ディフェンスに関するすべての情報を選手たちに一度に伝えるのは、とても不可能である。デマサ高校では、ブリッツ・ディフェンスに関するテクニックをいくつかのパートに分けて教えようと試みている。ブリッツ・ディフェンスを指導する上で、私たちはまず初めに個々のディフェンステクニックに重点を置いている。個人のディフェンス能力によってチーム全体のディフェンス能力も決まってくるのは明らかである。私たちはこの原則を完全に信じているため、練習では個々のディフェンスファンダメンタルを鍛えるメニューを頻繁に行う。

まず初めにディフェンスの正しいスタンスの指導から始める。私たちが指導するディフェンススタンスでは、まずどちらでもよいので片方の足を前に出す、さらに両足の間隔は少なくとも肩幅以上には広げる。以下に述べるような方法を、私たちは選手たち全員に正しいディフェンススタンスを習得させるために使用している。

- ハーフコートを使用する。各自腕一本分離れた位置を保ち、サイドラインに対して正面を向いた状態で5つの列を作る。
- 両足は肩幅に広げ、つま先はサイドライン方向へまっすぐに向ける。この時点では両足は平行に保つ。
- まっすぐに立ち、両手をひざの上に置く、右手は右ひざ、左手は左ひざの上に、ひじは曲げない。
- 顔を上げ真っ直ぐ前を見る、上体が左右均等に分かれるように、頭は両肩の真ん中に保つ。
- その状態でおしりを少しずつ下げていく。背中が曲がらないように真っ直ぐにし、床から45度の角度を保つ。
- 両手をひざの上に置いたまま、左足の踵と右足のつま先に重心を置き、左に向けて90度ピボットを踏む。

今、選手たちは一番近くのゴールに対し正面を向き、左足を一歩踏み出し、両足は肩幅に保った状態でスタンスを取っているはずである。この状態から、選手たちに自分の動きやすい状態になるよう微調整を加えさせる、そして両足から手を離し、空手家のように胸の前で両手を握った状態にする。そして何度も繰り返すように、おしりは低く下げ、重心を安定させるため頭は真っ直ぐ両肩の間に保つ。

以下の点は重視されるべきである

- **頭**──両肩の中心で真っ直ぐ上げる。頭から鼻を通り床へと線を引いたとき、体は左右対称に均等に分かれなければならない。

LESSONS FROM THIS LEGEND...

目──真っ直ぐ正面を見る。
肩──床と平行に保つ。
背中──真っ直ぐ、床から45度の角度を保つ。
手首──曲げない。
おしり──スクワットポジションで低く下げる。
腿──床から45度の角度でしっかりと踏ん張る。
膝──曲げる、体は腰ではなく膝から曲げる。ディフェンスは膝を曲げおしりを落とすことで上体を下げる。
足──肩幅よりやや広げる。両足の母指球に均等に重心をかけ、片足（左足）を一歩前にだし、つま先は真っ直ぐ正面に向ける。後ろ足（右足）のつま先も同様に正面を向け、前足と平行を保つ。前足のかかとが後ろ足のつま先のやや前に位置するようにする。

Retreat Step
リトリートステップ

次に重要なディフェンスのポイントはフットワーク、足さばきである。その中で私たちが最初に教えるフットワークのテクニックは"リトリートステップ"である。この時点で選手はすでに片足を一歩前にだしたバランスのよいディフェンススタンスを身に付けている。この状態で、ゴールに向かって進んでくるオフェンスに対してディフェンスを行う場合、ディフェンダーの最初の動きは後ろ足を後退させることである。以下は"retreat step"の分析である。ここでは左足が前足であると仮定している。

Points To Stress
重点を置くポイント

ディフェンスは重心を下げ、バランスのよいスタンスをとる。
両手のひらで両足の間の床を触ることで、重心を下げることを強調させる。
前足のつま先に重心をずらす。
前足で強く床を押すと同時に、後ろ足を1歩後退させる。
絶対に両足を肩幅より狭い位置に持ってきてはならない。
前足は床から離さず、スライドさせる。
肩の高さを一定に、床と平行の位置に保つ。

Swing Step
スウィングステップ

ディフェンスフットワークを順番に指導する際、次にくるのは"スウィングステップ"である。スウィングステップとは、クロスステップやリバースドリブルなどを使って方向転換をしようとするオフェンスに対応するための、ディフェンスの技術の一つである。さらに、ほとんどのオフェンスはディフェンスが前に出している足のサイドを攻めるように指導されている。スウィングステップはこの状況からディフェンダーを守る技術である。

Points to Stress
重点を置くポイント

ディフェンスは重心を下げ、バランスのよいスタンスをとる。
最初のステップは前足を押して後ろ足を滑らすように後退する － リトリートステップ。
前足と同じ側の肩をオフェンスが攻める方向へ固定する。
固定した肩側の肘は胸の前へ、胸に対して45度の角度にする。
前腕は床と平行になるようにする。
肘を自分の向かう方向へ横に投げだすように振る。その勢いを利用して体全体をオフェンスの進行方向へ押しだす。
この状態で再度オフェンスに対して優位なポジションを取り、オフェンスとゴールの間の位置を保ちながら激しくディフェンスをする。

Advance Step
アドバンスステップ

次に私たちが指導するディフェンスフットワークは"アドバンスステップ"である。アドバンスステップは私たちのディフェンスの目的である"オフェンスを支配するディフェンス"をするためには、必要不可欠な技術である。私たちのディフェンスの考えは、ディフェンスが先に仕掛け、オフェンスはそれに対応する状況を作ることが望まれる、なぜなら先に仕掛けた側が必ず勝つからだ。従って、アドバンスステップはディフェンスが先手を取るための大事なテクニックとなる。

Points To Stress
重点を置くポイント

よいディフェンススタンスをとる。
頭を上げ、胸をおこす。
後ろ足で前方に体を押す。
前足をオフェンスに向かってスライドさせる。
膝を深く曲げ、体を低く保つ。
おしりを下げ、さらに重心を低くする。
前足側の手（左手）を、ボールを狙いながらオフェンスの顔の位置まで上げる。
"ヘイ"と大きく声を出す。
もう片方の手は低く下げ、手のひらを上にしてバウンズパスやドリブルに対応できる形をとる。
次のリトリートステップにそなえて両足を準備しておく。

Slide Drill
スライドドリル

練習目的：
フットワークとコンディショニング

練習方法：
選手たちはコートいっぱいに均等に広がり、コーチは選手たちと向かい合うようにゴール真下に立つ。コーチが"ステップスライド"と口頭で指示を出し、選手たちはそれに対しリトリートステップで反応する。練習に慣れてきたら言葉ではなく笛での指示に切り替える。私たちがスライドという言葉を使うのは、リトリートステップには2つの基本的な動きが含まれているからだ。最初に前足を踏み込み、後ろ足を後退させる。そして次に前足を後ろ足の方向へスライドさせ元の位置に戻る。この練習では全員が同じ足を前に出した状態で行う。

LESSONS FROM THIS LEGEND...

POINTS TO EMPHASIZE
強調するポイント

正しいディフェンススタンスを保つ。
前足に重心を置く。
前足を踏み込み、後ろ足を後退させる。
前足を後ろ足の方向へスライドさせ、元のポジションに戻る。
両足を近づけすぎない。
両足は常に少なくとも肩幅以上に保つ。
頭を真っ直ぐにし、バランスを保つ。
重心を常に低く、練習が進むにつれて上がらないようにする。
両肩を床に対して平行に保つ。
頭や肩を上下させない。

"HEY DRILL"
"ヘイ／ドリル"

練習目的：
ディフェンスとコンディショニング

次のドリル"ヘイ／ドリル"は私たちのお気に入りの1つであり、選手たちも非常に楽しんでやる。これはデマハ高校独特の練習である。基本的に、このヘイ／ドリルはオフェンスのクロスステップ、ドリブル、ストップ＆ジャンプショットに対応するための練習である。練習は以下の要素を含む、アドバンスステップ、リトリートステップ、スウィングステップ、そしてディフェンシブシャッフル。

練習方法：
コーチはゴール下に立ち、選手たちはコーチに対して正面を向きコート上に3つの列を作る。ディフェンススタンスをとり、全員同じ側の足を前に出す。コーチの笛に対し、選手たちは瞬時にアドバンスステップで反応すると同時に"ヘイ"と声を出す。直後、リトリートステップで後退、スウィングステップで足の向きを変え、2歩前方へシャッフルステップ（急激なすり足動作）を踏む。この時点で選手たちは最初と反対の足を前にし、よいディフェンススタンスをとっている。このドリルはコートの端から端まで続く。

以下は"ヘイ／ドリル"の分析である。左足を前足とする。

POINTS TO STRESS:
LOW AND IN GOOD STANCE
低く、良いスタンス

アドバンスステップ：
後ろ足を蹴り、前足を前方へスライドさせる。
前足を踏ん張る。
"ヘイ"と声をだす。
重心を下げる。

リトリートステップ
前足で後方へ体を押し出す。
後ろ足を後退させる。
前足を後方へスライドする。
両足を近づけすぎない。
1歩だけ後方へ進む。
重心を低く。
頭を真っ直ぐにしバランスを保つ

スウィングステップ
肩を固定し、肘を振る勢いを利用して進行方向へピボットを踏む。
ボールに対して後ろに下がらない。
ボールから目線をはずさない。
体の向きを変える時にも重心をしっかり下げる。

シャッフル
手を動かしながら、前方に2歩シャッフルステップを踏む。
膝を曲げる。
両肩の中心に頭を置き、バランスを保つ。
両足を近づけない。
シャッフルステップを踏んだ後、次のステップに移るためにしっかりとしたディフェンスポジションを保つ。この時点で前足は最初と逆足になっている。

言うまでもなく私たちはこのドリルを好んでいる。なぜならこのドリルには基本的なディフェンスフットワークのテクニックがすべて含まれているからだ。普段私たちはこのドリルをコート2往復行う。4年生の1人が毎回どちらの足を前足にするか決める。このドリルのおかげで選手たちはかなり素早いフットワークを身に付けられる。

LESSONS FROM THIS LEGEND...

ONE-ON-ONE
1対1

たぶん私たちが個人のディフェンススキルを磨くために使用するもっとも効果的な練習ドリルは、フルコートの1対1ドリルである。このドリルでは、ボールの動きに対する正確なスタンスと、ドリブラーを圧倒する技術を身に付けられる。私たちのディフェンスの目的は、ドリブラーを苦しめ抑えることである。可能ならば常にスティールを狙うが、たやすくボールをフロントコートへ運ばせないことも重要だ。ディフェンスはドリブラーがボールを運ぶ間になるべく多くのターンをするように仕向ける。ボール運びをなるべく長く苦しいものにし、次に相手がボールを奪った際にそのディフェンスを忘れないような激しいディフェンスをすることが求められる。

練習方法：

選手たちはベースラインの後ろへ並ぶ。ペアを作り、それぞれボールを1つ持つ。なるべくすべての選手がチーム内のスピードのある選手に対してディフェンスできるように毎回相手を変える。一人の選手がベースラインの後ろへボールを持って立ち、ディフェンスに対してドリブルを始める。次のペアは、前のペアが反対コートのファイルラインを超えるまでスタートしない。全員が反対サイドのベースラインまで行ったら、オフェンスディフェンスを交代して、また同じように反対サイドのベースラインまで1対1を始める。

POINTS TO EMPHASIZE
強調するポイント

ディフェンスはオフェンスの胸を腕で触れることの出来る距離、腕1本分の距離を保つ。
ディフェンスはボールから常に目を離さない。
常に足を動かしながら、手はボールに対しプレッシャーをかける。手のひらを上に向け、ボールに対してジャブをするように指を突く。
オフェンスの進行方向に対して近い手（例えばオフェンスが左に、ディフェンスから見て右に、ドリブルをしている場合は外側の手である右手）でボールに対しプレッシャーをかける。
Shuffle step でオフェンスのコースに入りターンさせる。
足を交差したり、近づけすぎたりしない。
ボールに対し背を向けない。
ドリブラーをターンさせ方向転換させることは、トラッピングディフェンスをする上での原則である。
もし抜かれてしまった場合は素早く最短距離で戻り、なるべく早くドリブラーを捕まえる。

本来フルコートのディフェンスを指導する際、このフルコート1対1ドリルを使って私たちのディフェンスを作り上げていく、なぜならば私たちのブリッツ・ディフェンスを効果的に試合で使用するためには、すべての選手が自分のマークマンをフルコートで押さえ込む能力が必要だからだ。

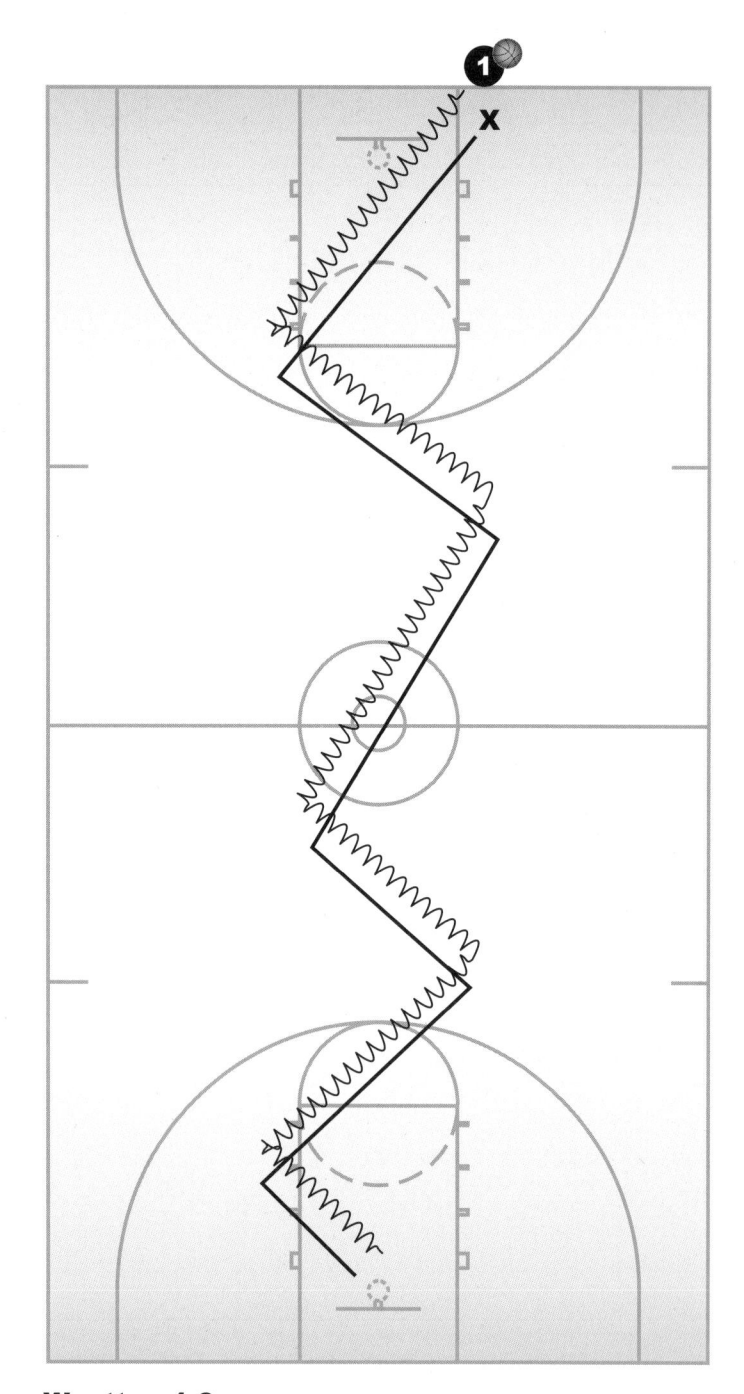

Wootten 1.0

個々のディフェンスファンダメンタルを指導した後、私たちはチームディフェンスの構築に取り掛かる。チームディフェンスを指導する際、色々な状況に応じた特別な練習ドリルをそれぞれ使用する。前述したように、1度にすべてのことを指導することは不可能なので、私たちのディフェンス哲学を貫く上で重要なテクニックを中心に、順番に指導することが必要である。

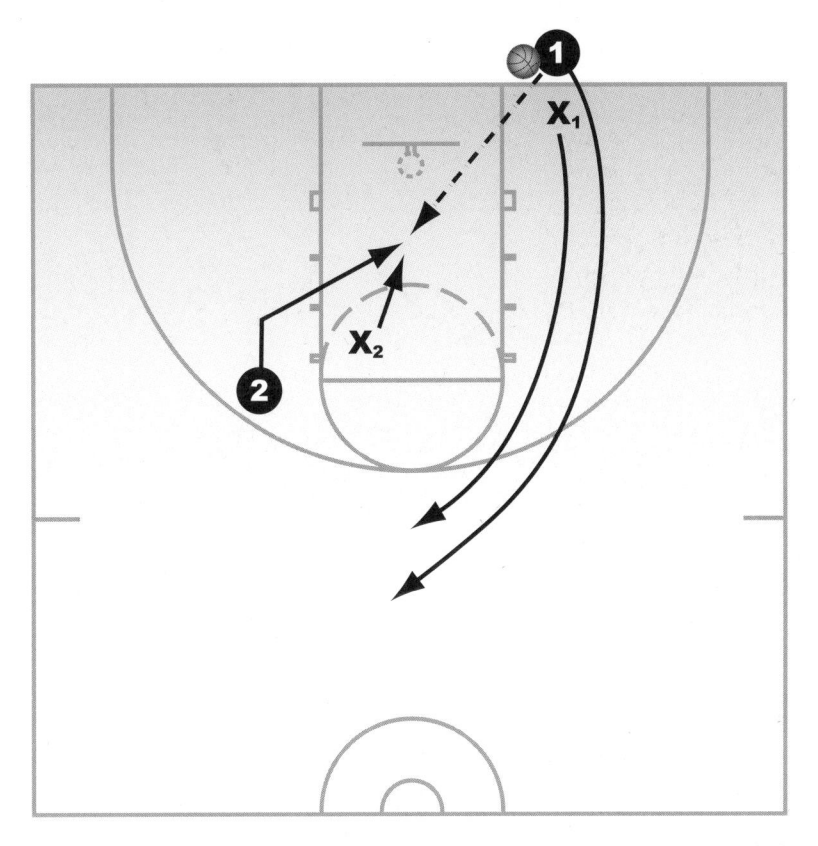

LESSONS FROM THIS LEGEND...

Wootten 1.1

FULL COURT TWO-ON-TWO
フルコート　2対2
フルコートディフェンスを作り上げるための次なる練習ドリルは、フルコートの2対2である。このドリルはフルコートプレッシャーディフェンスの戦術に加え、インバウンドパスに対するディフェンスの要素も含んでいる。(図1.1 参照)

練習方法：
それぞれ4人ずつ3組のグループに分け、2人がオフェンスで残りの2人はディフェンスをする。練習全体でボールは1つだけ使用する。最初の2人がオフェンスを終了した後(オフェンスが得点を決めるか、ディフェンスがディフェンスリバウンドを取った時点で終了)、ディフェンスの2人は即座にオフェンスに変わり、オフェンスをしていた2人はディフェンスに回る。他のグループは、前のグループがドリルを終了したらすぐに始められるように準備しておく。

❶はベースライン後ろ左側に並び、❷は❶とは逆サイドのファウルライン延長線上辺りからスタートする。この位置からスタートすることによってオフェンスはインバウンドパスをする上で十分なスペースと取ることが出来る。そしてインバウンドパスを防ごうとするディフェンダーに対しても大きなプレッシャーを与えられる。X₁ はベースラインのすぐ前方に位置し、声を上げる、ジャンプする、手を大きく振る、etcなどして出来る限り❶のインバウンドパスを難しくすることが求められる。X₂ は自分のマークマンよりもボール寄りにポジションを取る。X₂ は❶から❷へのパスコースに対して常に手を入れておく。このようにポジションを取ることによって、ボールと自分のマークマン両方を同時に見ることが出来、これは私たちのディフェンスシステムにおいて必ず必要なことである。❶がボールを叩いた後❷はボールを受ける動きを始める。しかしここではファールライン後方へ行くことは出来ない。X₂ は❷に対してディナイをしてパスを防ぐ。もし❷がパスを受けた場合、❶は図1.1にあるようにスペースを空ける動きをする X₂ はその後❷に対して逆サイドのゴールまで1対1で攻める。オフェンスが得点するか、ディフェンスがディフェンスリバウンドを獲得するまで、このドリルは続く。

POINTS TO EMPHASIZE
強調するポイント
私たちはインバウンドパスに対しては強いプレッシャーをかけたい。そしてボールがインバウンドされた後は、1対1ドリルの場合と同じ原則で守る。常にボールに対してプレッシャーを与え、ドリブラーを出来るだけ沢山ターンさせて方向転換させる。そして究極的にはドリブラーのドリブルを止め、そこからパスも出せないようにボールマンに対してもレシーバーに対してもプレッシャーをかける。

LESSONS FROM THIS LEGEND...

Full Court Three-On-Three
フルコート　3対3

多くのチームがフルコートディフェンスに対して2人のレシーバーを使って攻めることから、次のフルコート3対3ドリルもチームのフルコートディフェンスを作り上げるために重要な練習である（図1.2 参照）。

練習方法
2対2の場合と同じようにグループに分けるが、今回は1グリープ6人、オフェンス3人ディフェンス3人に分ける。ボール1つを使い、片側のベースラインからスタートする。オフェンスが逆サイドのゴールへ得点するかディフェンスがディフェンスリバウンドを取ったら攻守を交替し、向きを変えて反対サイドから再度始める。

❶がインバウンドパスを行う。❷、❸はファールラインの中央付近で縦に並ぶ。X2とX3はそれぞれ自分のマークマンよりもボールよりにポジションをとる。❸が最初に動き、可能ならば❷をスクリナーとして使う。もし❸がパスを受けることが出来なければ、❸が動いた方向とは逆へ❷はパスを受けに動く。X1は2対2ドリルの場合と同じ役割をする。X2とX3は出来る限り自分のマークマンがインバウンドパスを受けられないようなディフェンスをする。もしインバウンドパスが成功した場合、ボールを持っていない2人のオフェンスはスペースを受ける動きをする。その時ディフェンダーはそれぞれのマークマンとボールの間にポジションを取るように動く。ドリブラーに対するディフェンスは積極的にプレッシャーをかけ、何度もターンさせるようディフェンスする。ボールがミドルラインを超えてしまったら、ハーフコートで3対3をそのまま行う。このドリルの中ではスイッチディフェンスはどんな場合でも行わない。もしオフェンスがスクリーンを使用した場合、ディフェンスはファイトオーバーして自分のマークマンについて行く。これは私たちのディフェンの原則でもある。このドリルをより効果的にするため、出来るだけ多くのオフェンスの組み合わせで練習する。

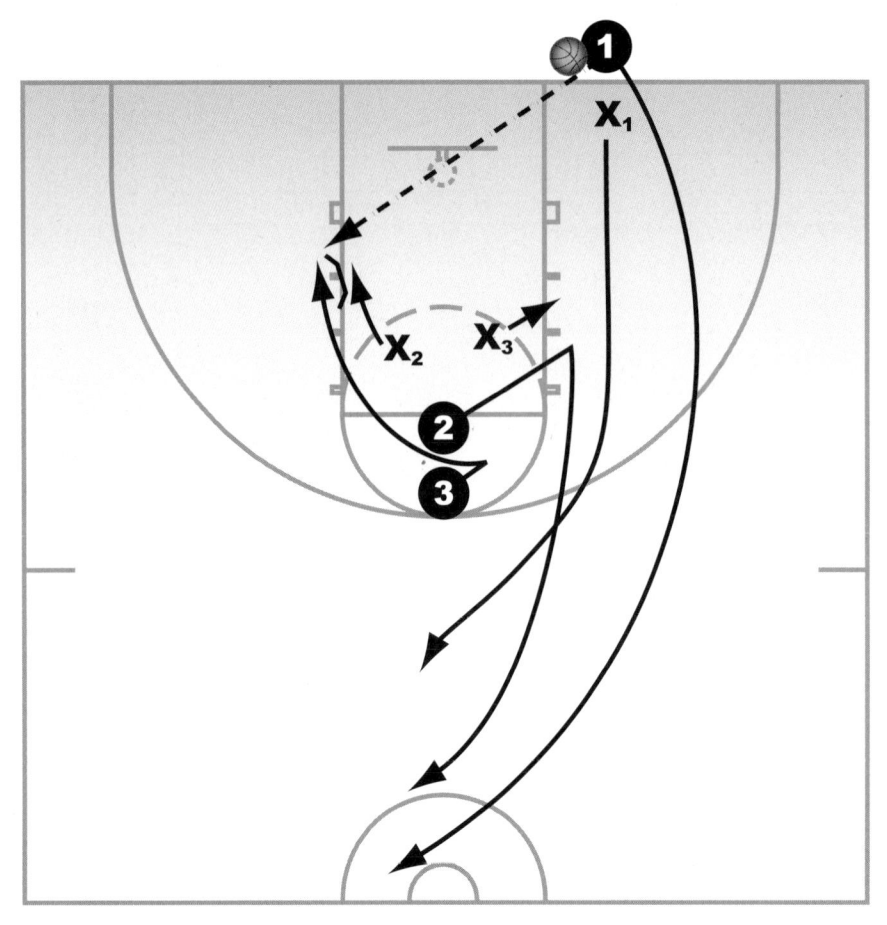

Wootten 1.2

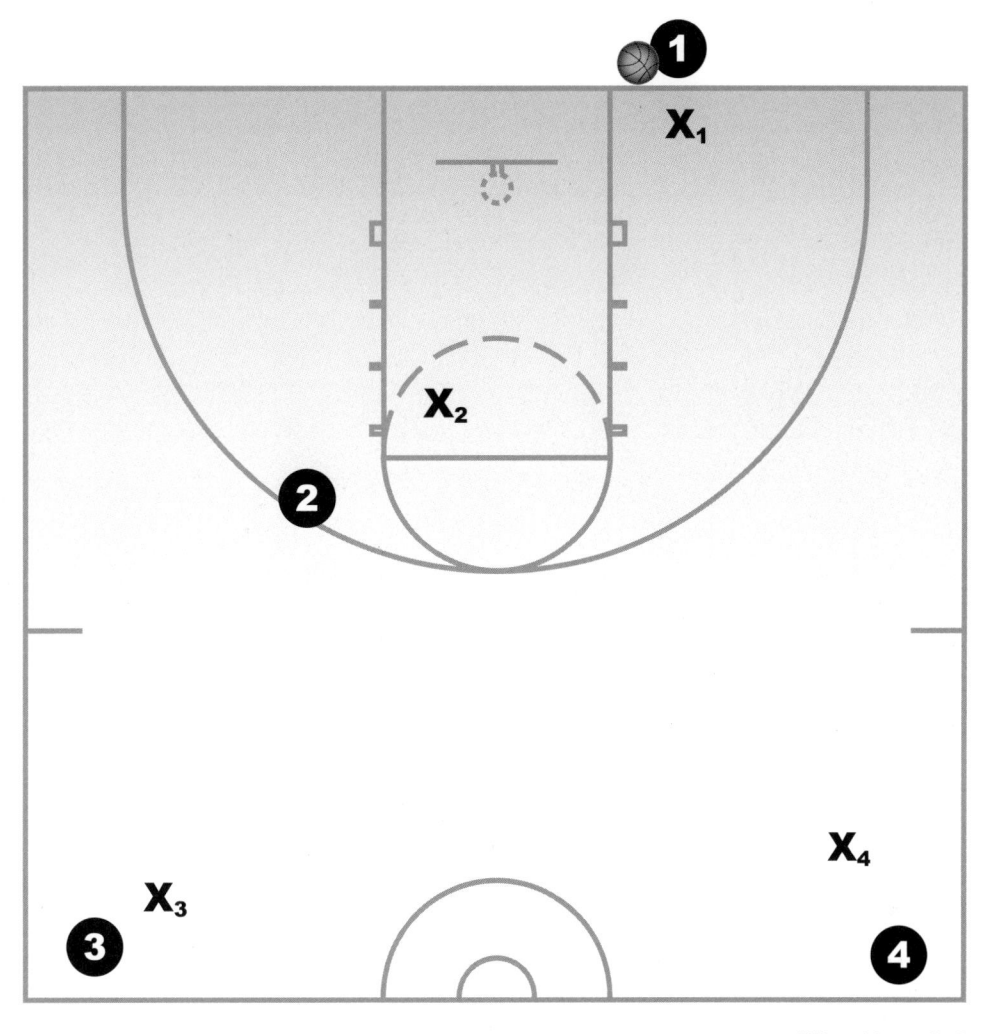

LESSONS FROM THIS LEGEND...

Wootten 1.3

FULL COURT FOUR-ON-FOUR
フルコート　4対4
練習方法：
4人のオフェンスと4人のディフェンスで行う。3つにグループを分け、頻繁にメンバーチェンジを行う（図1.3 参照）。

❶と❷はフルコート2対2ドリルと同じポジションをとる。❸と❹はミドルコートレシーバーとしてミドルライン前方にポジションをとり、ボール運びに参加する準備をしておく。このドリルでは❷がインバウンドパスの最初の選択肢であり、X₂はこのパスをディナイして防ぐようディフェンスする。❸と❹は❷がボールを受けられなかった場合に、次のレシーバーとして動く。このドリルでは❶は❸、❹に対してロングパスをすることが出来、X₃、X₄はそれにも対応しなければならない。5対5を行う場合と比べ、ロングパスをしやすい状況を作るポストマンがいないこのドリルでは、❸、❹に対しては強いプレッシャーがかかる。もし❷に対して短いインバウンドパスが入った場合、他のドリルと同様❶はスペースをあける。X₂は❷がボールを運ぶ間中常にプレッシャーをかけ続ける。ボールがミドルラインを超えた後は、ハーフコート4対4を行う。このドリルではX₃、X₄に強いプレッシャーがかかるため、私たちは好んでこのドリルを行う。彼等はコートを上下に動き、ボールと自分のマークマンから遠ざける動きが出来なければならない。# 22ブリッツ・ディフェンスの練習をする上で、このドリルは非常に役に立つ。オフェンスのポストマンを排除することで実際に行うディフェンスと比べて何か変化するということはない、なぜなら通常ポストマンを守るディフェンダーはディフェンスのローテーションに絡んだ動きをすることがないからである。

LESSONS FROM THIS LEGEND...

FULL COURT FIVE-ON-FIVE
フルコート 5対5

フルコート5対5ドリルは、私たちの#22タフディフェンス本質である。試合を行う相手チームがどのようにフルコートマンツーマンディフェンスに対して攻めてくるかに対応して、私たちは練習でのオフェンスの隊形を変えるが、基本的に最もよく使用する隊形は"one-man front"である（**図1.4参照**）。

ポストマンを加える以外は、4対4ドリルの場合とポジションをとる。❺とX5はバックコートに位置する。X1、X2、X3、X4の役割はフルコート4対4ドリルの時と同じである。X5は❺がフロントコート方向へ移動し自由にパスを受けることが出来ないように、上手くディフェンスをしなければならないが、ロングパスが来る場合にも備えてある程度近い距離も保つ必要もある。

POINTS TO EMPHASIZE
強調するポイント

ディフェンス全員が自分のマークマンに対し責任を持ち、パスを受けさせないようディフェンスする。

X1はインバウンドパスをする❶に対し積極的にプレッシャーをかける。

X2はディナイを徹底し、ロブパスを出させるようなディフェンスをする。

X3とX4は自分のマークマンにインバウンドパスを受けさせないように、なおかつX2のディフェンスによってロブパスが行われた場合それをインターセプトできるポジションをとる。

X5は❺がフロントコート方向へ移動し自由にパスを受けることが出来ないように、そしてX2、X3、X4のディフェンスの頑張りによって❺に向かってロブパスが来た場合それをインターセプトできるポジションをとる。

すべてのディフェンダーは自分のマークマンに対してディナイを徹底しオーバープレイしなければならないなぜなら私たちはオフェンスに出来るだけボールを持ってない状態で動かせ、最終的にはロブパスをさせるようなディフェンスを行いたいからだ。

Wootten 1.4

#2と#22タフディフェンスの基本的なルールは以下の通りである：

オフェンスにパスを受けさせてはならない、しかしながら、もしボールを持たれてしまったら積極的にかつ頭脳的にボールに対してプレッシャーをかける。ドリブラーのドリブルを止め、クローズアップしてパスも出させないようなディフェンスを行う。最初のボールレシーバーに対しては必ずディナイを徹底しオーバープレイする。マークマンよりもボール方向にポジションを取り、常にパスコースに手を入れておく。

オフェンスが最初のレシーバーでない場合（2パスアウェイの位置にいる場合）、よりボール方向にポジションをとり、ヘルプが必要な状況に備える。

目的：

ボールを奪う。

オフェンスがボールを持たない状態で動くようにする。

マークマンにボールを持たれてしまったら、ドリブルをさせる。

ドリブラーのドリブルを止める。

LESSONS FROM THIS LEGEND...

VARIATIONS OF THE #22
#22 のバリエーション

私たちは、相手のスタイルに合わせた3つの#22ディフェンス（ブリッツ）を使用する。最初に紹介するのは"ショートストップ"である。

SHORTSTOP
ショートストップ（図1.5参照）

このショートストップでは、X1 はインバウンドパスを出す❶に対してプレッシャーをかけるのではなく、レシーバーである❷との間にポジションをとる。X2 は❷の後方に回り、X1 とのいわゆるダブルチームのような形を作る。❷にインバウンドパスは通った場合、X1 は素早く❶のディフェンスに戻り、その後は#22と同じようなディフェンスを行う。このディフェンスは、ガード陣の内一人だけがボールハンドリングの良いチームや、逆に一人が極端にハンドリングの悪いようなチームに対して特に効果的である。この単純なディフェンスの戦術は、攻撃パターンが少なく決まった動きに頼るようなチームにも有効である。最初のレシーバーを止めることで、このタイプのチームは自分たちの決まったパターンを作れず、より無計画なスタイルで攻める傾向がある。そうなると、彼等のオフェンスの強みは無効かされてしまう。

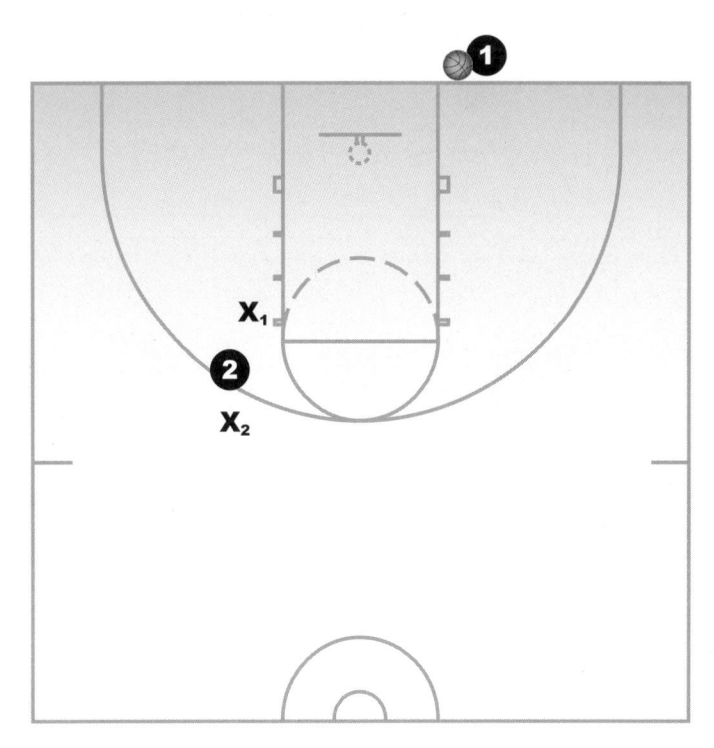

Wootten 1.5

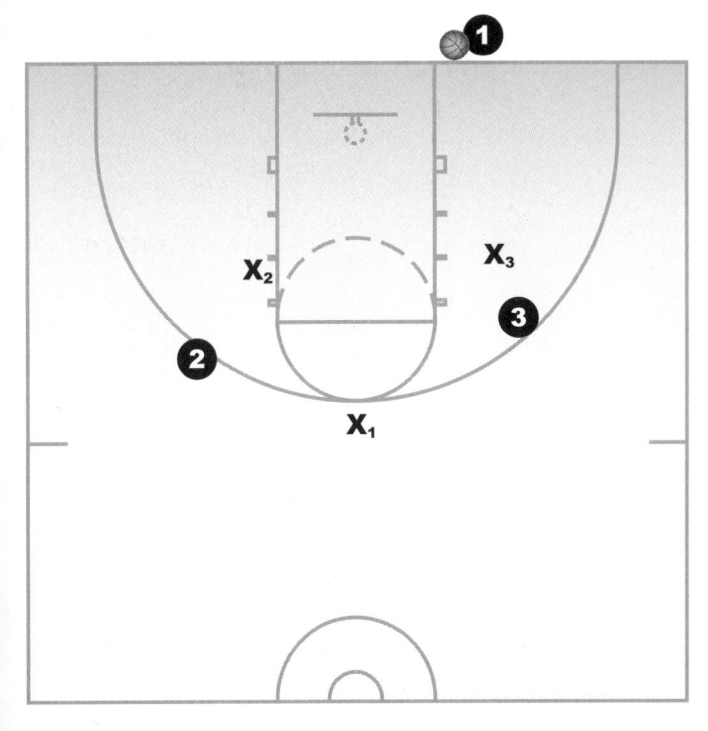

CENTER FIELD
センターフィールド（図1.6参照）

センターフィールドは、ボールマンのディフェンダーがフリースローサークルのトップの位置にポジションをとるディフェンス戦術である。このディフェンスは、フルコートプレッシャーディフェンスに対してバックコートスクリーンを使用するチームに対して特に有効である。この場合、X1 はスクリーンが行われている方向へあらかじめ移動し、オープンになったレシーバーに対してディフェンスする。このシステムは、私たちの#22ディフェンスにゾーンのような一面を加えてくれる。それは相手チームに不必要で危険な対応を強いることがある。そして X2、X3 は X1 によりロブパスがケアされていることでより強くディナイをしてオフェンスに対しオーバープレイすることが出来る。

Wootten 1.6

LESSONS FROM THIS LEGEND...

LEFT FIELD
レフトフィールド（図 1.7 参照）
このディフェンス隊形の目的は明確である。ボールマンのディフェンダーである X_1 は逆サイドのファウルライン付近まで下がり、オフェンスのフルコートパスに対応する。これは他の4人のディフェンダーに与えるプレッシャーを大きくする、なぜなら自分のマークマンがインバウンドパスをレシーブした時点でフリーになる❶にパスを戻されプレスディフェンスが崩れてしまうからだ。しかし一方で、X_1 によってロブパスはケアされているので、彼等はマークマンに対して目一杯オーバープレイすることが出来る。

ここまで紹介したいくつかのディフェンスバリエーションはどれもシンプルであるが、ディフェンスの隊形を大きく変えることなく、基本的なディフェンスに効果的なオプションを与えてくれる。またディフェンスに新たな形を加えることは相手チームを困惑させるのに大いに役立つ。

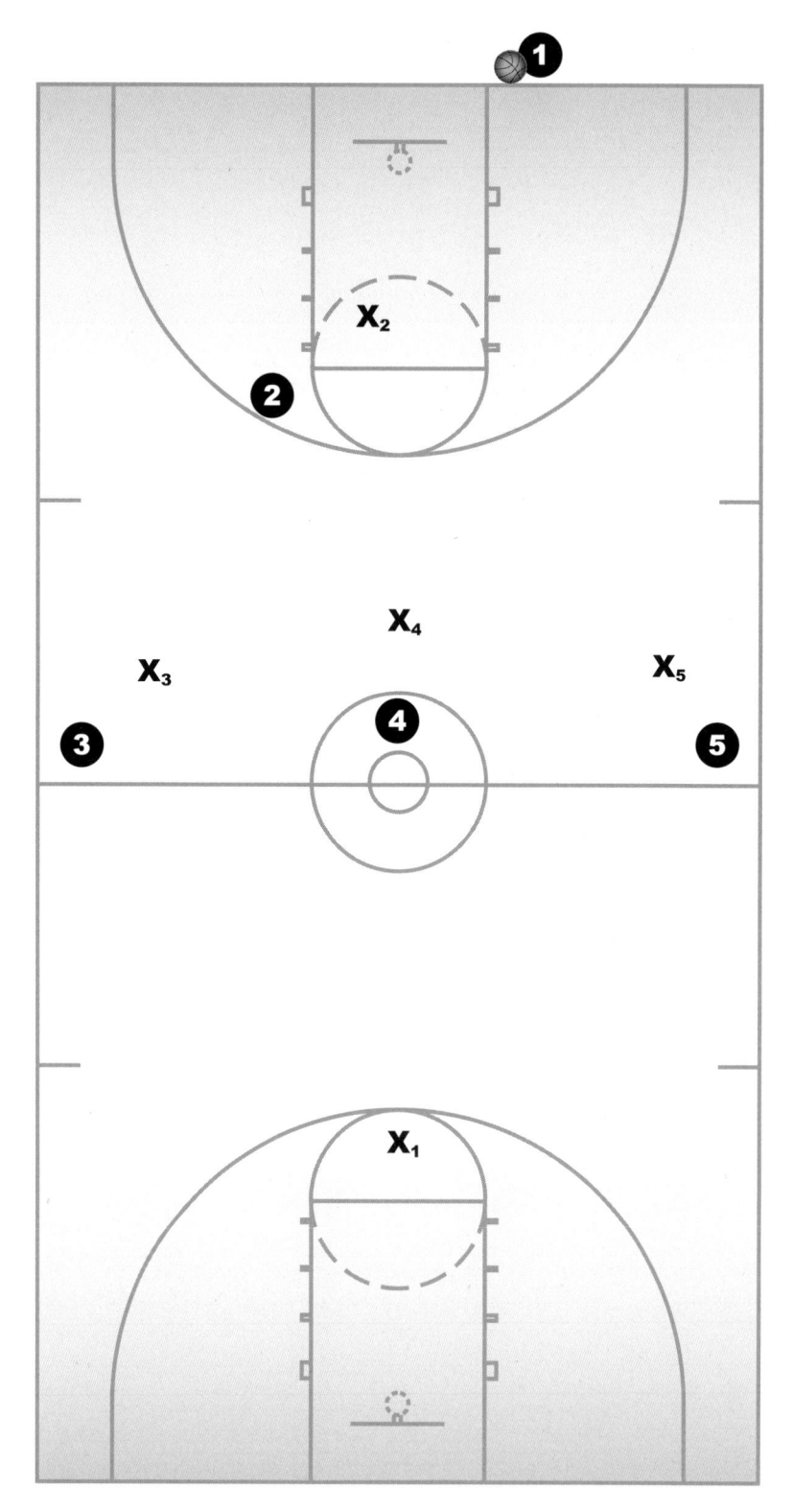

Wootten 1.7

LESSONS FROM THIS LEGEND...

#2 Defense
＃2 ディフェンス

＃2は私たちの基本的なハーフコートディフェンスである。このディフェンスは、ヘルプディフェンスからのローテーションを使った、完全なオーバープレイディフェンスである。

基本的なポジショニングのルールは以下の通りである：

ボールマンに対しては、適格なプレッシャーを与えドリブルを止めるようなディフェンスをする。可能ならばスティールを狙いにいく。

ワンパスアウェイ（2線ポジション）ポジションに位置するオフェンスに対しては、ボール寄りにディナイをする。パスコースには常に手を入れる。図1.8を例にとると、❶をディフェンスしているX1は左足をゴール方向に向け、右手をパスコースに入れている。逆に❸をディフェンスしているX3は右足が後方にし、左手でパスコースをディナイしている。これはディフェンダーにとって伸ばした腕か、もしくは単純にピボットを踏むだけでパスを止めることができる良いポジションである。またバックドアプレイに対しても対応出来るポジションでもある。この状態でウィングプレイヤーがゴールに向かって2、3歩踏み出しても、ディフェンダーはその場を動くことなくパスに対応できるはずである。もちろん私たちはウィングに対するディフェンスを動きの少ないものにはしたくない。しかしこのことはディナイを行うディフェンダーにとって安心感を与える要素になりうる。

図1.8のX4の様にツーパスアウェイ（3線ポジション）ポジションに位置するオフェンスを守る場合、片方の足をファウルレーンの中に入れ、ボールマンと自分のマークマン両方が見える位置にポジションをとる。このポジションはボールマンのドライブに対するヘルプと、❹へのロブパス両方に対応できる。

図1.9のようなスリーパスアウェイ（3線ポジション）ポジションの場合は、ディフェンスは完全にファールレーン内に入ってしまう。このポジションはベースラインドライブを止めるのに最適なポジションである。

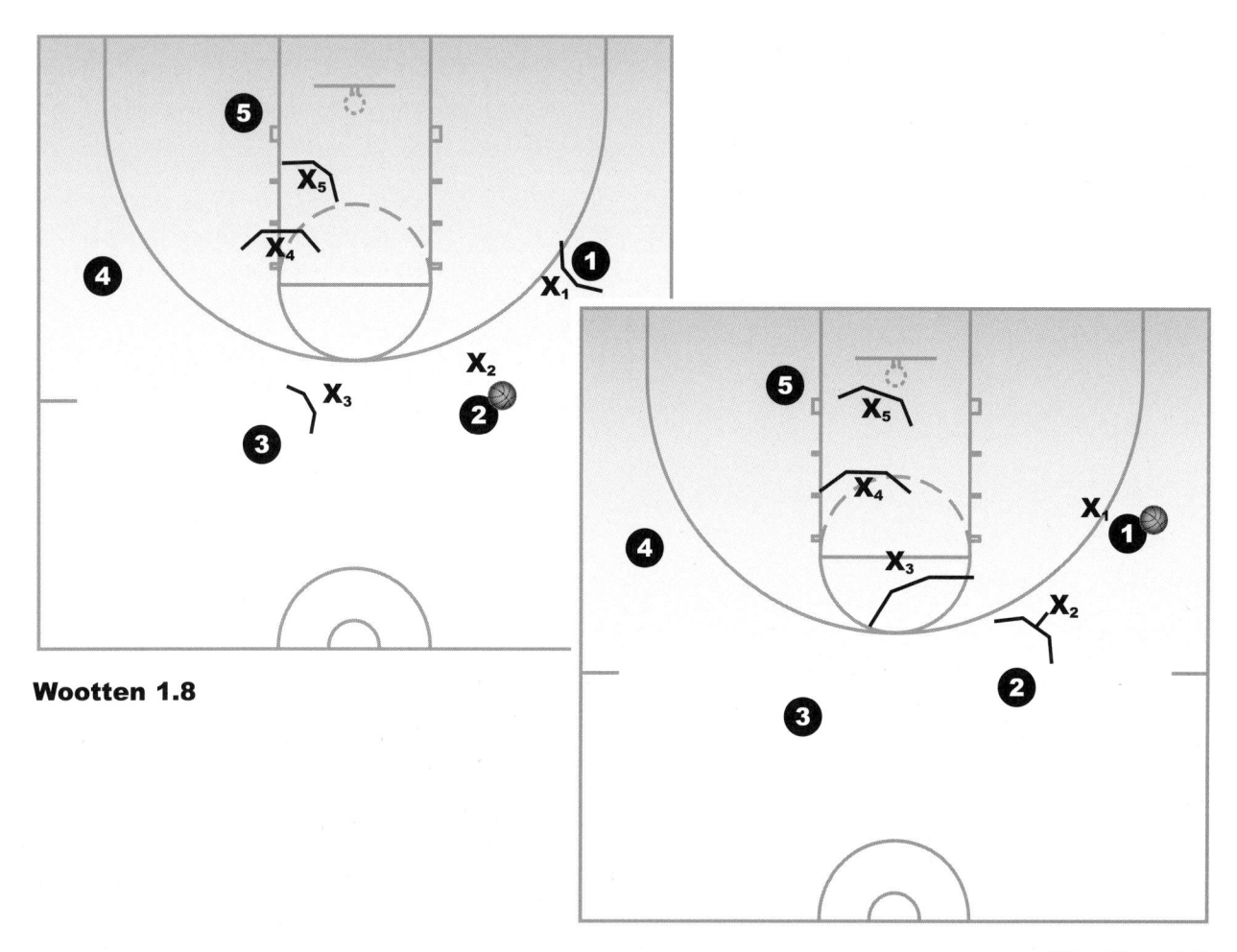

Wootten 1.8

Wootten 1.9

167

LESSONS FROM THIS LEGEND...

THE HORSESHOE DRILL（ホースシュードリル）
　#2ディフェンスの基本的な要素を身につけるために、私たちは"ホースシュードリル"と呼ぶ練習を行う。最初にチームディフェンスを始める時、8人で行うドリルを使用する。基本的にはガードがオフェンスディフェンス2人ずつ、ウィングもオフェンスディフェンス2人ずつの8人で行う。#2ディフェンスでは、ポストマンがどこに位置しようと（ハイポストでもミドルポストでも）ヘルプディフェンスからのローテーションには加わらないため、このドリルではポストマンは排除する。練習の初期の段階では、ポストマンがいないほうが選手たちはローテーションをよく理解する傾向があるからだ。しかし注意しておきたいのは、全員がこのドリルに参加するということだ。ポストマンがいないからといってセンタープレイヤーが参加しないということはない、なぜなら試合中状況によってはセンタープレイヤーがウィングプレイヤーをディフェンスすることもあり、ローテーションに加わらなければならないからだ。

図1.10：4人のディフェンダーはボールの位置によって適切なポジションをとる。もちろん基本的なルールは前述した#2ディフェンスの場合と同じである。ディフェンスがポジションについたら、オフェンスはペリメター（3Pライン付近）でパスを回す。例えば❹がボールを持っていた場合、❸にパスをする。その状態で❸はボールを止め、各ディフェンダーがボールポジションの変化に対応してディフェンスポジションを適応させたかをコーチ陣がチェックする。合図と同時に❷は❸か❶にパスをする、そして例で述べたようにディフェンスポジションをチェックする。このドリルはディフェンスの正しいポジション取りと役割を指導するためのものなので、ディフェンダーはパスをあえてカットしないようにする。しかし試合中はすべてのパスを防ぐようにディフェンスする。

　すべての選手がボールの位置に対応したディフェンスポジションを理解したら、今度はローテーションの練習に入る。私たちがローテーションを行う状況は、基本的には2つである。ドライブを助ける、つまり止めるために行うローテーションと、バックドアプレイに対して行うローテーションの2つであり、ローテーションをする際はスティールを狙いに行く。

図1.11：合図と同時にウィングはゴールに対してドライブする。X1は❶をあえてドライブさせる。逆サイドのウィング、X4はファウルレーン内をダッシュしてドリブラーを止めに行く。ドリブラーを止めに行く時、X4は出来るだけ大きな声を出しながら近づいて行くようにする。これには2つの意味がある。1つ目はドリブラーを妨害しドリブルを止めさせたり、あわよくばターンオーバーを引き起こしたりするため。2つ目は他のチームメイトに対してローテーションが行われたことを知らせるためである。X4がドライブを止めに行く間に、X3はレーン内まで後退しなければならない。なぜなら逆サイドにいるウィングのディフェンスはX3の責任であり、さらにこのポジションではレーンを超えるパスをインターセプトするチャンスが増えるからだ。X2はファールライン付近まで下がり、この危険なスコアリングポジションに入ってくるフリーのオフェンスをディフェンスする。もしシュートを打たれたら、ローテーション後のポジションで対応するオフェンスに対してブロックアウトする。X4は❶、X3は❹、X2は❸か❷、より近い方をブロックアウトする。すべての間違いを正した後、ディフェンスポジションをリセットして再度3Pライン付近でパス回しを始める。

ガードポジションからのローテーションはこれとは少し異なる。

図1.12：もし❷がX2の外側をドライブしたら、これを止めるのはX1の責任である。もしX1が❷のドライブを止められる位置になかったら、X4がレーンを超えて止めに来なければならない。
そしてX3はオフウィングエリアを埋める。

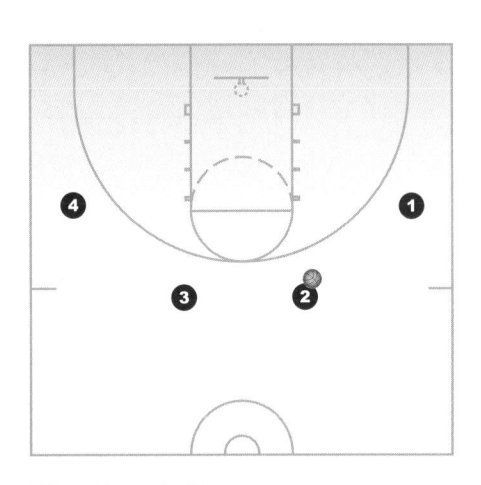

Wootten 1.10

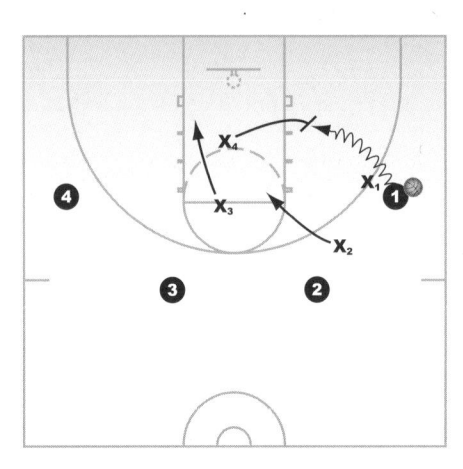

Wootten 1.11

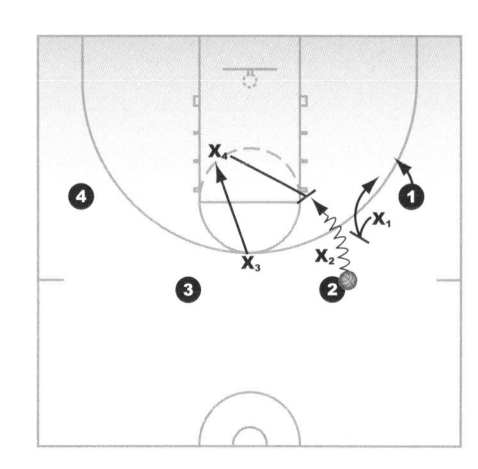

Wootten 1.12

LESSONS FROM THIS LEGEND...

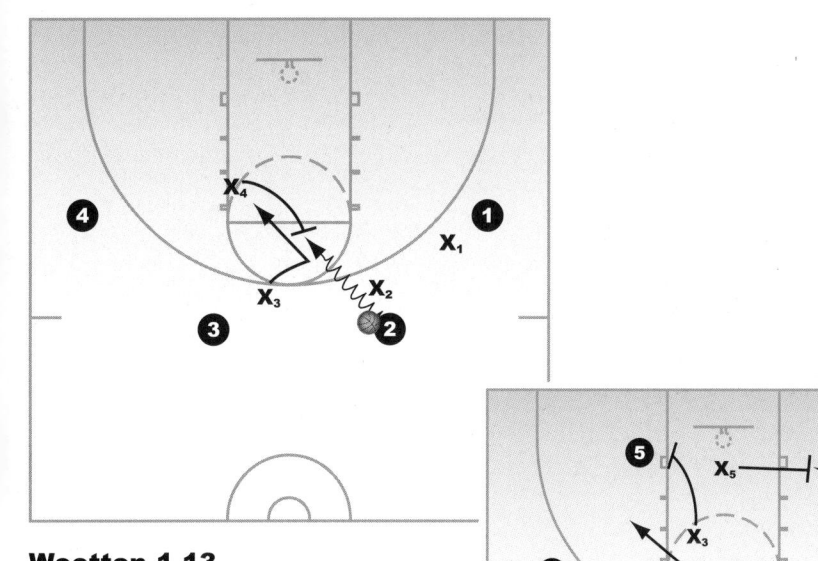

Wootten 1.13

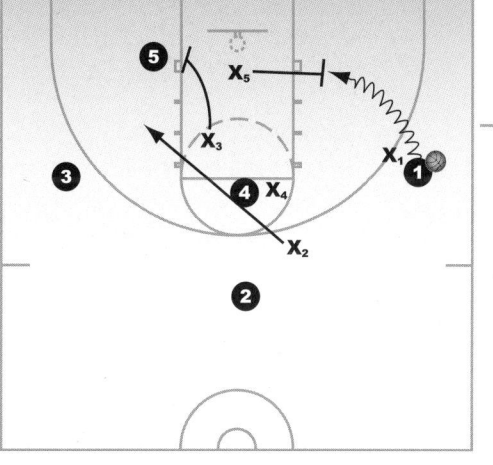

Wootten 1.15

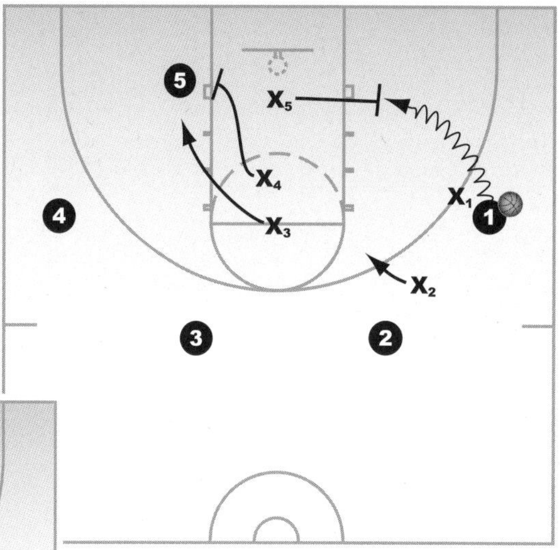

Wootten 1.14

X1 はオンウィングにいる❶を止める。

図1.13：もし❷がインサイドに入ってきたら、X3は❷が得点エリアに切り込んでくる前に止める努力をしなければならない。もしX3がドライブを止められないのなら、ウイングエリアを埋めにいき、代わりにX4がドライブを止めにいく。

シーズンが進んでいくにつれ、ポストマンも入れてこのドリルをしていく。

ハイポストとミドルポストに人をおいて、ドリルを進めることで、プレイヤーに完全なディフェンスの形をイメージさせる。しかしポストはローテーションには関係してこないので、決まりごとは以前と変わらない。

しかしながら、ローポストが入ってくると、決まりごとは少しだけ変化する。しかし原則は同じである。ボールサイドと逆側のフォワードとガードがボールに近い方向に1人分ローテーションするのである。

図1.14：ローポストのディフェンスはローテーションして、ドライブしてくる❶につく。X4はローポストにいるオフェンス❺をとめにいく。そしてボールと逆サイドのガードについているX3はそのサイドのウイングを埋めに行き、X2は前方のファールラインをパスカットを狙いつつ埋めにいく。

このホースシュー(馬蹄)ディフェンスはワンガードのときにも同じ規則にのっとって行われる。

図1.15：ローポストにいるX5はツーガードのときと同じようにローテーションする。しかし、ハイポストはローテーションに加わらない。

このドリルはあらゆるオフェンスのセットに対し使用する。そして決まりごとは全ての場合で同じである。
1. ハイポストは絶対にローテーションに加わらない。
2. ローポストと、ボールと逆サイドのフォワードとガードは、ボールの方向に1人分ローテーションする。

DRIBBLE-USED DRILL
ドリブルを使ったドリル

#2 ディフェンスを使用しているとき、ボールマンに対し絶対に完結したい2つの目標がある。まず1つ目は、オフェンスにボールをフロアにおかせること。第2に、ドリブルをつかせること。これは得点源としての彼の効力を無効とさせる意味がある。なぜなら私たちはディフェンスを直ちにクローズアウトにいかせるからだ。これはもちろんオフェンスのアウトサイドからのシュートの可能性を奪い、パスを難しくさせる意味がある。

この戦法を教えるために使うドリルはドリブルを使ったドリルである。これはホースシュー(馬蹄)ドリルを簡潔に行うのがよいことがわかった。なぜなら、同じディフェンスの配列を使うし、また、ディフェンスの教えに連続性を持たせるからである。

このドリルは5人のオフェンスと5人のディフェンスをもって行われる。オフェンスの一人はドリブルをつくように指示される。2

169

LESSONS FROM THIS LEGEND...

～3回ドリブルをついた後、そのオフェンスはボールを持ち、その人を守っていたディフェンスはオフェンスにへばりつきにいく。ほかの4人のディフェンスはそれよりももっと大げさに強くあたりにいく。オフェンス側のボールを持たない4人は、パスの受け手になれるようにできる限り動き回る。ボールマンがオフェンスにおける脅威でなくなったことから、ディフェンス側はその弱みに漬け込むことができる。もしボールマン以外についているディフェンス全員がきちんと相手についていれば、大体の場合5秒ルールやトラベリング、もしくはターンオーバーで終わる失敗のパスを誘発することができる。オフェンス側の各プレイヤーはドリルを始める機会をもっている。それゆえ、コーチ陣はディフェンス全員がきちんとディナイをしているか確認することができるのだ。#2 ディフェンスをしているとき、ドリブルが始まったらいつでも、ボールマンについているディフェンスは、"ドリブルついた！"と必ず叫ぶ。その合図で先のドリブルを使ったドリルで行ってきたことを始めるのだ。

OVERPLAY DRILL
オーバープレードリル

オフェンスプレイヤーに特定のプレーをさせないことを目的として、ディフェンダーが通常の動きの範囲を超えてディフェンスしたり、ある動きを強調したりすることである。たとえば、1対1のディフェンスで、相手の動きを予測して通常のポジションよりもどちらかのサイドに寄って位置を占める。
チーム全員はパスの受け手に対し被りぎみにつかなければならない。まず、オフェンスの❶がウイングの位置につき、そこから一番近いガードポジションにいるコーチからパスを受ける。X1 はディナイの位置につく。ディナイを教えるときには、2人のオフェンスプレイヤーを約3メートルほど離して配置する。1人がボールを持つ。その人はもう一人のオフェンスに向かってボールを床に転がす。その転がった道筋がパスの軌道となる。オーバープレーをしているときには、ディフェンスにマークマンとボールの間にいさせるようにする。このときボールに近いほうの手はパスの軌道上におく。また、手のひらはボール側に向いていること。さらに、自分のマークマンとボールの両方が見える位置にいなければならない。

このドリルは❶がポジションに走りこむところから始まる。このとき、ディフェンスの X1 はボールとマークマンの間のオーバープレーポジションをキープし、パスを出させないようにする。ウイング、もしくはもっとミドルコートに近いあたりでパスをもらえない❶はゴールに向かってバックカットをする。X1 は前足を出して、後ろ足でステップし、それをシャッフル。そして❶の進む道筋と自分との隙間を埋めることで❶についていく。❶が X1 に近づいてきたとき、X1 はボールに対しオープンになり、フリースローレーンを❶の前につきながら横切る。もし❶がコーチからのパスを受け取れなかったら、逆サイドのコーチからのパスを受け取ろうとしながらウイングまで走りきる。X1 はそのまま❶についていく。このとき、❶がゴールから遠くに行けば行くほど❶を離してつき、逆側の手はパスレーンに掲げ、そのサイド側の足は前に出しながら、X1 はディナイもしくはオーバープレーポジションにステイしておく。オーバープレーポジションにいる間ディフェンスは、マークマンとボールの間のまっすぐ前方を見る。しかしこのとき両者が見えるようにしなければならない。

このディフェンスはガード間で行われなければならない。なぜなら、ディフェンスにオーバープレーのポジションの感覚をつかませるためである。原理原則は以前のものと変わらない。

POINTS TO EMPHASIZE
強調すべき点

1. ディフェンスはオフェンスの最初に踏み出す一歩を無視することを学ばなければならない。ディフェンスは最初の一歩に反応してはならない。もし反応してしまうと、オフェンスはすばやく後ろに下がる一歩を踏み出せるようになり、パスを受け取れるようになってしまうからだ。ディフェンスはボールに対しオープンになるとき、遅すぎたり、早すぎたりしてはならない。しかし（図1.16で見たように）コンタクトに来たと思った瞬間や、もしくはパスを出されたと思った瞬間にオープンになる必要がある。
2. ディフェンスは絶対にポスト・エリアでは前に出なければならない。
3. コーチはオフェンスプレイヤーに対し、ボールを持たないときにゴールに激しく向かっていくよう指示しなければならない。オフェンスにバックカットをしてほしいとき、コーチ陣はそのオフェンスの名前を呼んでやる。これはオフェンスプレイヤーがゴールに向かいカットをするときの合図である。

ゲームではボールにプレッシャーがかかっており、バックドアパスを出すのはとてつもな

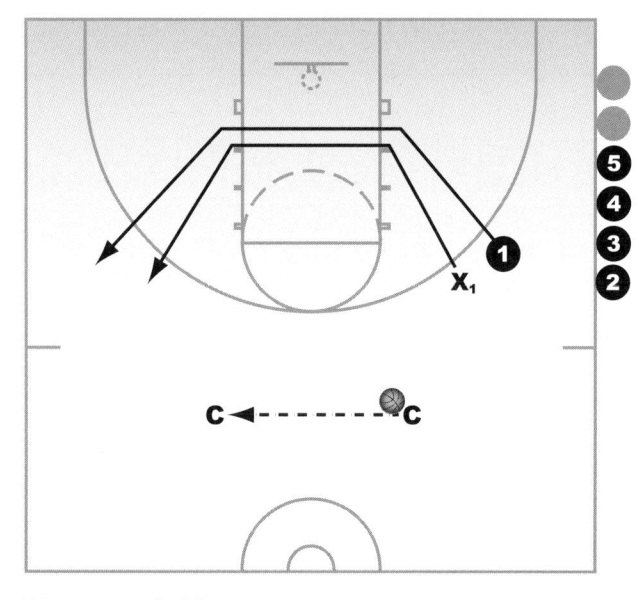

Wootten 1.16

LESSONS FROM THIS LEGEND...

く難しいということをコーチはディフェンスに定期的に、思い出させる。
その際に強調すべき6つの点は：

1. パスを奪い合う—オーバープレーポジションにつけ
2. カットしてくるオフェンスにはコンタクトせよ
3. ボールに対しオープンになれ
4. ポストエリアでは前に出よ
5. ボールと逆サイドでも激しく当たれ
6. もしパスが逆サイドで完結したのなら、1対1をせよ

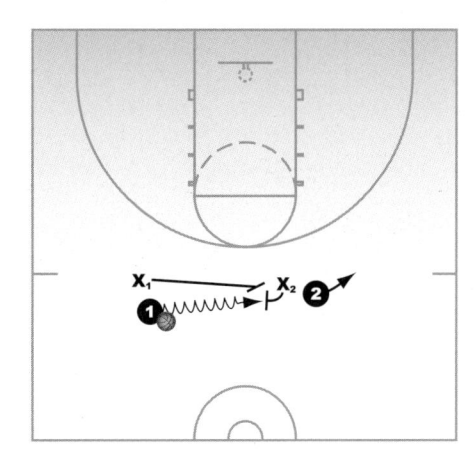

Wootten 1.17

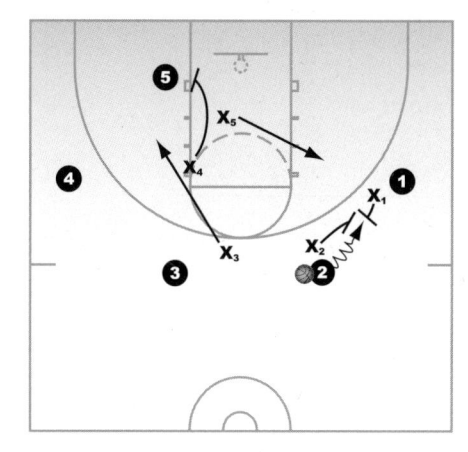

Wootten 1.18

シーズンの初めは、逆サイドにボールを振らないようしてこのドリルをする。そのかわり、コーチが一人フロアのサイドで指導をする。オフェンスはボールを受け取るためにカットインする。もしきちんとカットインできたなら、そのカットはバックカットとなる。もしパスが通らなかったら、その時点でドリルは終了となり、次の2人がドリルに入る。私たちは時折、ディフェンスにインターセプトさせたり、オフェンスに通りにくいパスを出したりする。これはデイフェンスに、ボールを持たないマークマンを離してもいいのだという自信を植え付けるために行う。これに加え、オフェンスが何度ボールをキャッチできたか統計をとる。ボールを何度も持たれてはならない。なぜなら、ボールがなければ得点につながらないからだ。さらに、高校生でボールを持たない動きをうまくできる選手はそうそういないからだ。

私たちはチームディフェンスの青写真を完成させるために、トラッピングとスイッチディフェンスをインストールしてもらっている。＃2と＃22シリーズに対して、ジャンプトラップ、ジャンプスイッチ、ブリッツトラップ、ブリッツスイッチの4つの基本プレーを加える。まず最初にこれらのディフェンスの用途を紹介し、それから、どのようなチームディフェンスに合うかを見せていく。

JUMP TRAP
ジャンプトラップ

ジャンプトラップはオフェンスがボールを持ってクロスしてきたときに行う。これはドリブルスクリーンを使ってくるチームに対しても有効である。

図1.17：❶は❷に向かってドリブルしていく。クロスが完結する前にX₂は自分のマークマンをおいて、ドリブルが来る方向に飛び込まなければならない。このとき、膝を少し曲げ重心を低く保ち、腕は高く上にあげておくようにする。足は大きく開かれているが、動きを制限するほどであってはならない。ドリブラーをトラップに誘導するようにディフェンスしていたX₁は、もう半分のトラップを作りにまわる。トラップは"V"の形をしており、得点可能ゾーンから離れたところでしかけられなければならない。たとえば、もしガード間でクロスが行われたとする。このとき、"V"の字の開いたほうは、オフェンスゴールとま反対の方向におきたい。もしクロスがガードとウイングの間で行われたら、"V"の字の開いた側はサイドラインに向かっているようにする。このトラップは足と体幹で行う。この"V"字を持って、オフェンスプレイヤーを挟み込む。そしてこのとき腕はオフェンスがパスを出しにくいように上下に動かす。この"V"トラップはドリブラーがかからないと簡単に突破されることから、トラップ

のオープンのサイドからドリブラーの注意をそらせたい。これをするためには、ドリブラーにこのトラップを突破させようとすることが大切である。トラップの原則がきちんと守られていれば、このダブルチームを突破することはほぼ不可能である。ゆえに、ディフェンスにはうまく演技するように教える。そして"突破しやすそうなトラップ"に見せかけるのだ。スティールは狙っていない。必要以上にスティールを狙いに行くディフェンスはオフェンスをファールライン側に追い込みすぎる。ジャンプトラップでやろうとしていることは：

A. チャージングをもらう
B. トラベリング、ダブル・ドリブルなどのヴァイオレーションをもらう
C. 悪いパスを出させる
D. ジャンプボールに持ち込む

ジャンプトラップはスティールにつながるローテーションを生み出す。

図1.18：このローテーションはホースシュードリルでやったものと同じである。ディフェンスがボールと自分のマークマンの両方を見ることができることから、トラップに関与しないプレイヤーも、トラップをかけはじめるのを見ることができ、そしてそれに沿ってローテーションすることができるのである。

LESSONS FROM THIS LEGEND...

JUMP SWOTCH
ジャンプスイッチ

図 1.19：ジャンプスイッチはジャンプトラップと同じ原理原則で動く。X1 は ❶ に ❷ に向かわせる。X2 は ❶ が ❷ に近づくのを待って、❶ の軌道に飛び込む。しかし X1 は X2 と共にトラップを仕掛けるのではなく、そのまま進んで、❷ についていく。なぜなら ❷ 以外にマークされていないオフェンスプレイヤーがおらず、ゆえにローテーションの必要もなく、その他 3 人のプレイヤーはそのまま #2 ディフェンスを続ければよいということになるからだ。

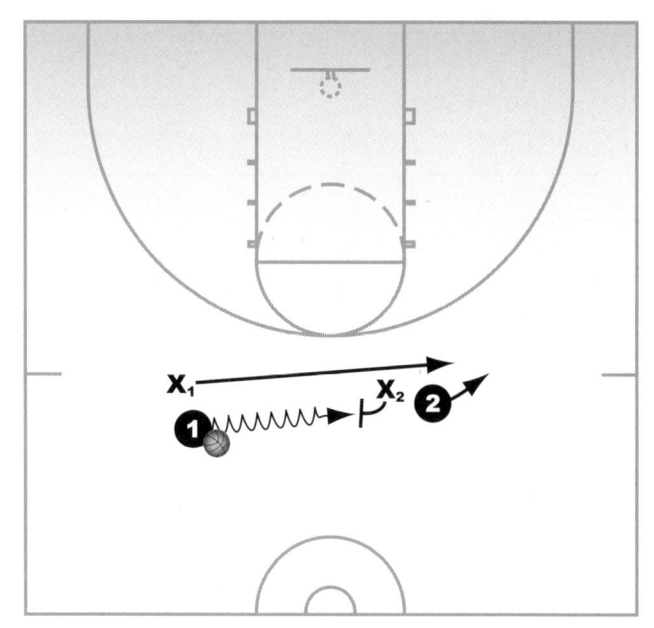

Wootten 1.19

BLITZ TRAP
ブリッツトラップ

ほとんどのチームは、オフェンスパターンの中で、ボールやプレイヤーをクロスさせない。このようなシチュエーションにおいて我々がトラップを仕掛けたいと思うとき、ブリッツシリーズを使用する。

ブリッツが効果的であるとき、ボールマンについている X1 はドリブラーを完璧に誘導しなければならない。ドリブラーをトラップにかけたいからだ。ここがオフェンスが自らを危険に投じ込むジャンプシリーズとの違いである。図 1.20 で示されているように、X1 は ❶ の左側からディフェンスする。そうすることで彼が左側にドリブルするのを阻止する。❶ はこうして X2 の方向に向かわされる。❷ が X2 から 3 歩ほどの距離に近づいてきたとき、X2 はブリッツを始動する。X2 は ❶ にまっすぐフルスピードで向かっていく。この動きをはじめた瞬間に大声で叫ばせる。これは ❶ にドリブルをつかせることを助成する。トラップがはじまったら、X1 と X2 はジャンプトラップのときに説明されたルールにのっとって仕掛け始める。ジャンプトラップと同じように、この作戦もボールに関わるディフェンス全員がローテーションを行う。

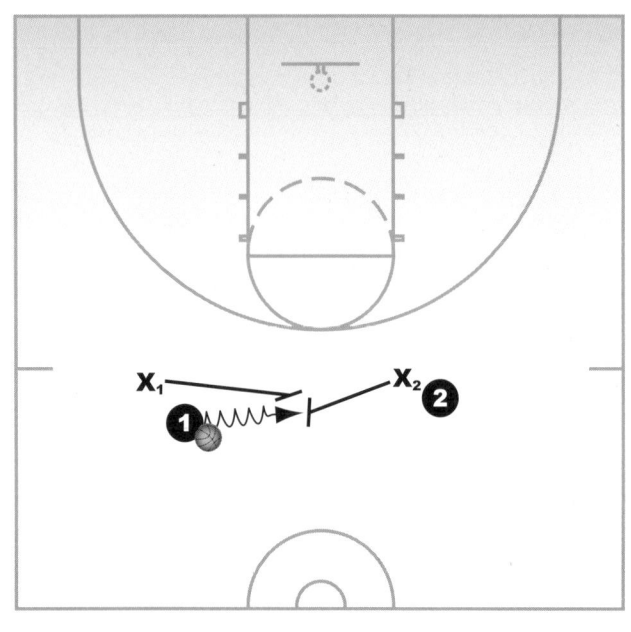

Wootten 1.20

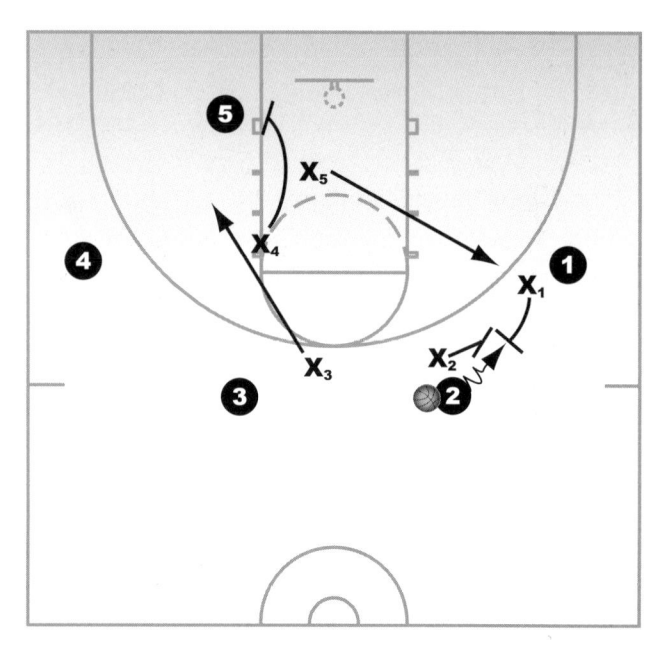

Wootten 1.21

LESSONS FROM THIS LEGEND...

図1.21：前回と同じように、オープンになるオフェンスは一番得点に絡む動きをしないと見られる者である。もし❸へのリターンによってブリッツトラップが破られそうならば、もとのローテーションに戻るのに十分な時間がある。もちろん、ジャンプトラップのときのように、これは賭けの要素を持つディフェンスであり、オフェンスが時折得点をしてしまう場合がある。しかし、私たちはこのディフェンスをやる価値があるほど多くのターンオーバーを誘発することができると信じている。

BLITZ SWICH
ブリッツスイッチ

図1.22のブリッツスイッチはブリッツトラップのときと同じ原理原則を使用する。❶は X_2 に向かうよう誘導される。❶が X_2 から3歩ほど離れたところにきたら、X_2 は❶に向かって叫びながら走る。X_2 が❶のところまで到達したら、X_1 は走りぬけ❷のディフェンスにつく。これはブリッツトラップが何度か行われた後に使用するのが有効である。なぜなら、❶は普通 X_2 を見るようになる傾向があるからだ。ゆえになるべく早くパスを出そうとする。もし X_1 が機敏であれば、そのパスをカットすることができるだろう。また、もしオフェンスチームが、ローテーションが完結する前にすばやくパスを出すことでこのブリッツトラップを突破するとすれば、ブリッツスイッチは、パスが受けられるようなオープンのプレイヤーを出すことなくゲームのテンポをコントロールするのに有効となる。

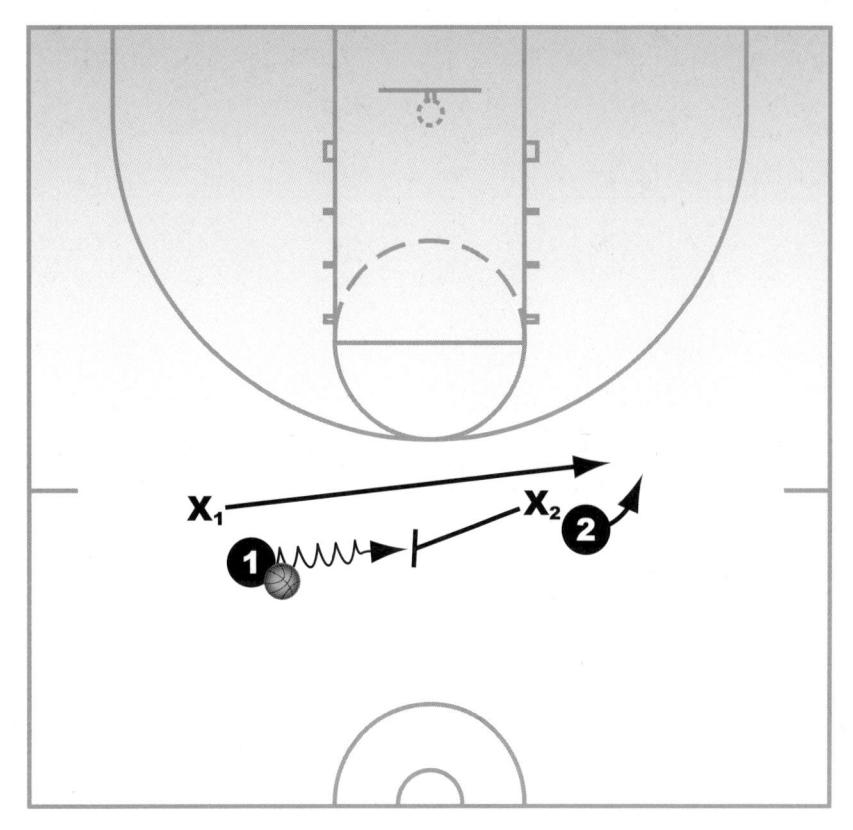

Wootten 1.22

私たちは、フォーメンドリルを通じてトラッピングとスイッチングのテクニックを支持してきた。
トラッピングとスイッチの元祖のテクニックは、成功に不可欠なものであった。
なぜなら、コーチはこの練習にだけ時間を費やせばいいとさえ感じさせるものであったからだ。
時が流れ、トラップとスイッチがややとり残されたものになっても、ホースシュードリルや、5対5のドリルの中でローテーションの実施を試すために、使われるべきである。

SOURCE
出典

・モルガン・ウッテン、ガロッタ・ハンク（1971年）。ブリッツ・ディフェンス、ワシントンD.C.：デマサ・ハイ・スクール。

LESSONS FROM THIS LEGEND...

JERRY KRAUSE

ジェリー・クラウスは、バスケットボールの指導を40年以上行い、優れた教師として、また講習会の講師として、広く知られている。バスケットボールの歴史を専門として、今までに27冊のコーチング教本を執筆、編集している。また、教則ビデオも30本以上発表している。NABC調査委員会の代表であり、以前はNCAAバスケットボール競技規則委員長も務めた経験を持つ。

1998年、クラウスは生涯を通じてバスケットボール界に貢献したことにより、名高いNABCクリフ・ウェルズ賞を受賞した。2002年、NABCガーディアン・オブ・ザ・ゲーム・フォア・アドボカシーより名誉を称えられた。それは20年以上にわたる、リングの調査を認められたためだ。クラウスは、リバウンドの平等な跳ね返りを求めて、あらゆる体育館のリング装置を調査したのだった。NAIAバスケットボールコーチの殿堂入り（2000年）、コーチとして、そして教師として体育学の殿堂入り（2000年）も果たしている。また、最近ではゴンザガ大学のバスケットボール・オペレーターとして活躍している。

RALPH L. Pim

ラルフ・ピムは、アメリカ陸軍士官学校ウエスト・ポイント体育学部の助教授である。指導ディレクターを務めると同時に、バスケットボールの指導員も兼任している。

ピムは大学レベルでのバスケットボール指導を30年以上続けてきた。ヘッドコーチとしては、アルマ・カレッジ（ミシガン州）、ライムストーン・カレッジ（サウスカロライナ州）のチームを作り、多くの成功を収めた。アルマのチームは全米での得点ランキング、および3ポイントシュート成功数ランキングで上位をマークした。1989年のチームは、アルマ・カレッジのチーム創設以来、47年間で最も好成績を残したチームだった。他にも、ピムはセントラル・ミシガン、ウィリアム・アンド・マリー、ノースウエスタン・ルイジアナ、そしてバーバートン高校（オハイオ州）などを指導した。1976年、バーバートン高校はオハイオ州大会の優勝を果たして、全米ランキングは第7位のチームとなった。

ピムはウェールズ・バスケットボール協会の技術アドバイザーを10年間務めた。ウェールズのトレーニング設備を充実させたと同時に、ナショナルチームの指導も手伝った。

ピムは「ウィニング・バスケットボール」の著者であり、「コーチング・バスケットボール」では、共著で編集を行った。これまでに、コーチングに関する数多くの論文を発表して、最近では、ネイスミス・バスケットボール殿堂・年間記録集の編纂に携わった。

ピムはスプリングフィールド・カレッジ（マサチューセッツ州）の卒業生である。オハイオ州立大学で修士号を取得した後、ノースウエスタン・ルイジアナ州立大学で博士号を取得した。

Basketball Coaching Series

バスケットボール ディフェンス
レッスンズ フロム ザ レジェンド

2010年2月22日初版第1刷発行

著　者　ジェリー・クラウス／ラルフ・ピム
監　修　倉石 平
翻　訳　三原 学　　倉石 大
　　　　原田博貴　　富田茉記子
企　画／ジャパンライム株式会社
　　　　〒141-0022　東京都品川区東五反田 1-19-7
　　　　TEL.03-5789-2061
　　　　FAX.03-5789-2064
　　　　http://www.japanlaim.co.jp
発行人　松田健二
発行所　株式会社社会評論社
　　　　〒113-0033　東京都文京区本郷 2-3-10　お茶の水ビル
　　　　TEL.03-3814-3861
　　　　FAX.03-3818-2808

本誌の無断転載および複写を禁じます。

BASKETBALL DEFENSE
LESSONS FROM THE LEGENDS

Copyright ©2009 by Coaches Choice Books